Truth In Fantasy 82

幻想生物 西洋編

山北　篤 著
シブヤユウジ 画

新紀元社

はじめに

久しぶりに、幻想生物の本を書いてみた。今回は、その起源にこだわって書いてみた。

世に、怪物・モンスターを扱った本はたくさんある。けれど、ほとんどの本は、その怪物はどういう奴だという解説を書いてくれているだけだ。

けれど、その怪物は本当に昔からそうだったのか。時代が移り変わるにつれて、だんだんと変化していったもので、遙かな昔はもっと違う姿、性質を持っていたりしなかったのだろうか。

そう言うことが気になって、どんどん幻想生物の過去を探索し始めた。英語文献だけでは足りずに、フランス語ドイツ語ラテン語の本まで引っ張り出して、読んでみた。

すると、出てくる出てくる、大昔の怪物の現在とは全く違う姿が現れてきたのだ。見た目からして全然違うものもたくさんあった。性質の違いなどは、無いものを探すのが少ないくらいだ。

また、逆も発見することになった。現在では有名な怪物として知られているもの、遙かな昔から存在していたかのように偉そうな顔をしている怪物が、意外と最近作られたもので、登場してから100年も経っていないことが判ったりする。それどころか、最初っから架空のものとして作られた怪物まで、登場するくらいだ。

つまり、いつの時代でも、人々は怪物が大好きで仕方がないのだ。だから、太古の時代から現代まで、次々と新しい怪物を考えてそのリストを充実させてきたのだ。

それらの中から、人々に親しまれてきたもの、内容が面白いものなどを紹介するのが、この本だ。さすがに、1冊で世界の怪物を網羅するのは不可能なので、今回は欧米諸国の怪物を中心にさせてもらった。

この本で、古代の人々の想像力、中世の、近世の、近代の、現代の人々の想像力によって生み出された様々な怪物と、その時代による違いを感じてもらえたら、幸いだ。

山北篤

contents

第2章 森

第3章 荒野

第4章 山・空

第5章　水域

第6章　地下

第7章　異界・特殊

第8章　その他

第1章

人里

Vampire
吸血鬼

人間の血を吸う怪物を吸血鬼という。それは、世界各地にその姿を残している。古来より、人間の血液は、生気の源であると考えられていた。このため、死者が生を欲するとき、生者の生き血を欲するというのは、古来より普遍的な考え方だった。

そのため、ほとんどの吸血鬼は、人間の姿をしている。青白かったり、赤黒かったり、膨れていたり、干からびていたりと、死者の特徴を持っているものの、基本は人間である。目に見えない吸血鬼も存在すると言うが、それでも姿は人間と同じだ。

だが、現在の我々が吸血鬼と言うとき、それは東ヨーロッパのスラブ民族の吸血鬼ヴァンパイアの伝承を継ぐ者のことだ。

世界中に分布している伝承のため、吸血鬼の生態は様々に異なる。それどころか、ヴァンパイアの性質についてでさえ、地域によって相異なるのだ。このため、以下の解説も、あくまでもスラブのヴァンパイアを中心にした解説であって、個別の事例を見ると異なっていることも多い。

吸血鬼は、元は人間で、死後吸血鬼になる。吸血鬼になる理由は様々だ。

まず、何らかの理由で自然死ではない場合。自殺だったり、殺されたり、刑死したりと、通常の死ではない場合に、無念の気持ちが死者を吸血鬼にする。

次に、生前に問題がある場合。魔女であったとか、人狼であったとか、私生児だったとか、破門されたといった場合には、その呪われた生が死者を吸血鬼にする。なんと、ワーウルフ（17ページ参照）は死ぬと吸血鬼になるのだ。死ぬに死ねない妄念が残っている場合も、吸血鬼になることがある。

最後に、葬儀に問題があった場合。死者の上を猫や犬が横切ったとか、死体をきれいに洗わずに傷を残したまま埋葬した場合にも、そこから不浄が入り込んで吸血鬼と化すという。

吸血鬼に殺されると吸血鬼になるというのは、ヴァンパイア本来の伝承ではない。ギリシャの吸血鬼ヴリコラカス[★1]（Vrykolakas）など、他の地域の吸血鬼のなりかただ。だが、創作的に面白いという理由で、ヴァンパイアにも取り入れられた。

逆に、死者を吸血鬼にしないためのまじないというのも、様々だ。

まず、死者をうつぶせで埋葬するというのがある。すると、死者は、棺桶から起き上がれず、吸血鬼にならないという。

比較的広まっているのは、死体の膝の腱を切っておくというものがある。こうすると、吸血鬼は立ち上がれず、そのまま死体となる。

また、死者を埋葬した土の上に、ケシの種やキビなどを蒔いておくというのもある。こうすることで、吸血鬼を一晩中土の

★1：ギリシャの吸血鬼。βρυκόλακαςと綴る。狼を食べた者、狼が殺した羊を食べた者は死後ヴリコラカスになる。赤い髪で灰色の目をしているという。夜中に家のドアをノックして、住人の名を呼ぶ。1度目のノックに返事をしないでいれば、害はない。このため、ギリシャでは、2度目のノックをするまで、返事をしないのだという。だが、返事をしてしまうと、夜中にヴリコラカスが胸の上に乗るので呼吸ができずに数日以内に死んでしまい、新たなヴリコラカスになるという。

吸血鬼（ヴァンパイア）

下に留めておけるという。

大鎌や鎌などを、棺桶の上に置くというのもある。これらは、大地に属する品物で、その力で吸血鬼化を防ぐ[★2]。

吸血鬼の行動はどういうものだろうか。

吸血鬼は、普段は棺桶の中で眠っているが、夜になると、虫やネズミに変身したり、霧と化したりして、棺桶の隙間から抜け出す。つまり、吸血鬼の変身は、本来は、棺桶を出入りするためのものだったのだ。

棺桶の蓋を開けて登場する吸血鬼というのは、映画の中の存在である。というのは、伝承の吸血鬼は普通の農民だったので、その棺桶は墓場に埋められる。だから、蓋を開けて出入りすることはできないのだ。棺桶の蓋を開けて出入りするのは、創作において貴族の吸血鬼が登場してからのことなのだ。納棺堂を持っているのは、有力な貴族だけなのだから。

吸血鬼は、恐ろしい怪物ではあるものの、弱点も多いことで知られている。

まず、太陽の光を浴びると灰になって死ぬと言われているが、これは眉唾だ。夜に活動するという点は普遍的だが、太陽で傷つくという伝承は少ない。20世紀になって、映画の中で判りやすい吸血鬼の弱点として考え出されたのが、太陽なのだ。その例証に、レ・ファニュ[★3]の『吸血鬼カーミラ』では、カーミラ[★4]はヒロインのローラと昼間に散歩しているし、ブラム・ストーカー[★5]の『吸血鬼ドラキュラ』でも、ドラキュラ[★6]伯爵は夕日を自分の目で見ている。

聖なるもの、例えば十字架やロザリオ、聖水などに弱いという伝承も存在するが、これも必ずしも一般的ではない。ドラキュラ伯爵は、十字架に触れても平気でいる。

弱点というわけではないが、吸血鬼は魂がないため、鏡に映らないという伝承もある。これは、必ずしも一般的特徴ではなかったが、『吸血鬼ドラキュラ』で採用されたため、現在では吸血鬼の普遍的特徴となっている。何より、映像的に見栄えがするので、映画などでは好んで用いられる。

だが、鏡に映らないだけならまだしも、そもそも姿を見ることができないという伝承もある。こうなると、弱点ではなく利点になってしまう。

★2：ヴァンパイア以外の吸血鬼にも、吸血鬼にならないための方法が知られている。
古代ギリシャでは、死体の口に硬貨を入れておく。こうすると、死者はステュクス川の渡し賃を払えるので、冥界へ行ける。別の説では、硬貨は口から悪霊が入り込むのを防ぐのだとも言う。
吸血鬼はニンニクを嫌うという説もあるので、口にニンニクを詰めておくという手もある。
キリスト教化したギリシャでは、死体の上に「イエス・キリストは征服す」と書かれた陶片を置くことで、吸血鬼になることを防ぐ。

★3：Joseph Sheridan Le Fanu（1814-1873）。アイルランドのホラー、推理作家。『吸血鬼カーミラ』（1872）が最も有名で、続く『吸血鬼ドラキュラ』などの怪奇小説に大きな影響を与えた。

★4：主人公の吸血女。この作品は、濃厚なレズビアン趣味でも知られている。

★5：Abraham Stoker（1847-1912）。BramはAbrahamの愛称で、ペンネームに利用した。アイルランドのホラー作家。その『吸血鬼ドラキュラ』は、続く無数の吸血鬼ものに決定的な影響を与えている。

★6：ドラキュラは、15世紀ルーマニアの串刺し公ヴラド・ツェペシュをモデルにしたとされる。名前は、彼の父の悪魔公ドラクルから。

また、一部地域では、吸血鬼は、招かれない限り他人の家に入ることはできないと言われる。1度許可されれば、それ以降は自由に出入りできる。だが、これは有名な創作で使われていないので、一般的でないままだ。

吸血鬼を殺す方法としては、木の杭で打ち抜くというのが最も有名だ。だが、それに使う木は、各地で違う。トネリコやサンザシ、樫の木など様々だ。また、打ち抜く箇所も、心臓、口、腹など各地で異なる。

首を斬るというのもある。そして、再びつながることがないように、最低でも1フィート（約30センチ）以上離して埋葬するのだ。

銀の弾丸で殺すことができるという伝承もある。これは、銀が清浄なものであるという考えから、不浄な吸血鬼を滅ぼすのだという。

東ヨーロッパで、吸血鬼が恐れられたのは、18世紀のことだ。それほど古いことではない。この頃、東ヨーロッパでは、西ヨーロッパから100年ほど遅れて魔女狩りが流行していた。それと同時に、吸血鬼騒動も流行し、何人もの死者が吸血鬼だと信じられて墓を暴かれた。

最も有名なのが、ペーター・プロゴヨヴィッチというセルビアの農民が、死後吸血鬼になり、村人9人を殺したというものだ。これが有名なのは、当時のオーストリア政府の公式記録に残っているからだ。彼は1725年に死んだが、その死後8日の間に、9人もの村人が病気に罹り、死んでしまった。被害者は死ぬ前に、皆、ペーターに首を絞められたと証言した。それどころか、ペーターの妻は、夫が現れて靴をくれるよう頼んだと証言した。

ペーターの墓は掘り返された。司祭の記録によれば、死後10週間経っているにもかかわらず、ペーターの死体は腐っておらず、それどころか髪や爪が伸びていた。そして、口には血があった。そこで、杭を心臓に打ち込むと、大量の血が流れ出した。村人は、これこそペーターが多くの人々から血を吸った証拠だと考えた。そして、最後にペーターの死体を焼き払って処置は終わった。

これが、オーストリア帝国の公文書に残り、その時、怪物と化したペーターを、ヴァンピール（Vampir）と記録した。最古のヴァンパイアの公式記録として、有名である。

だが、我々の持つ吸血鬼のイメージを決定づけたのは、創作のヴァンパイアである。

特に重要なのが、ポリドリ[★7]の『吸血鬼』(1819)、レ・ファニュの『吸血鬼カーミラ』(1872)、ブラム・ストーカーの『吸血鬼ドラキュラ』(1897) である。

それまで、ヴァンパイアとは、その辺の農民の死骸が変化するものだった。だが、ポリドリの『吸血鬼』は、ルスビン卿という美青年で知性と教養のある貴族のヴァンパイアを創造した。実は、ポリドリの吸血鬼の姿は、バイロン[★8]をモデルにしているとされる。

ヴァンパイアの顔色が青白いのも、バイロン卿が青白かったからだ。それまでの吸血鬼は、血を吸って赤黒い顔をしていた。

このポリドリの作品によって、貴族的なヴァンパイアが創作の世界に登場する。『吸血鬼カーミラ』も『吸血鬼ドラキュラ』も、ポリドリの作品を受けて存在している。

最古の吸血鬼映画と呼ばれているのは、アメリカの“Vampire of the Coast” (1909) というサイレント映画である。吸血鬼の牙は、この映画で初めて映像化された。それ以降、無数の吸血鬼映画が作られている。

血を吸う怪物という意味では、もっと多くの怪物が世界中にいる。

★7：John William Polidori (1795-1821)。イギリスの医師、作家。バイロン卿 (★8) の主治医であった。バイロンが遊びで、吸血鬼小説を書きかけたが、彼はすぐに飽きて放置してしまった。この断片を元ネタにポリドリが書いたのが『吸血鬼』である。このため、『吸血鬼』はバイロンの作と喧伝され、「あのバイロンがホラーを書いた」と非常に話題になった。

★8：Gorge Gordon Byron (1788-1824)。貴族であり、またロマン派を代表する詩人でもある。代表作は『ドン・ジュアン』など。

アドレット

例えば、北アメリカのイヌイットたちの間では、アドレット（Adlet）という犬に似た類人猿といった姿の吸血の怪物が知られている。赤い犬と結婚した女が産んだ子で、10の内、5頭は犬だった。彼女は、犬たちをボートに乗せてながした。この犬たちが白人の祖先となった。そして、残る5匹がアドレットとなって、人の血を吸うのだという。また、アドレットの子孫たちをエルキグドリット（Erqigdlit）といい、やはり人の血を吸うという。

Dhampir
ダンピール

ヴァンパイアと人間の間に産まれたとされる混血児。ヨーロッパの南西部、バルカン半島の人々の伝承に登場する。また、同地域を旅するジプシー★[1]たちの中に、ダンピールがいたという話が多い。別名として、グログ、ヴァンピリック（小ヴァンパイア）と呼ぶこともある。男だったら、ヴァンピール、もしくはダンピール、女だったら、ヴァンピレサ、ダンピレサと呼ぶ場合もある。

なぜこのような存在が生まれるのかというと、ヴァンパイアになっても家族の元に戻ってくる者がいるからだ。さすがに、家族から血を吸おうというわけではない。代わりに、家族と性交をする。特に、男のヴァンパイアは、元の妻と同衾したがるという。すると、そこからヴァンパイアと人間のハーフが生まれるのだ。これをダンピールという。

彼らは、外見的には普通の人間と同じだ。あえて言うなら、黒髪（少なくとも暗い色の髪）で頭が大きく、影が薄い（目立たないという意味ではなく、本当に影の色が薄い）。鼻が低く、骨や爪がないのではないかと思えるほど身体が柔らかい。

だが、彼らには、彼らだけの特殊能力がある。

まず、見えないヴァンパイアを見る能力だ。ヴァンパイアの中には、鏡に映らないどころか、人間の目で見えないものまでいる。だが、半分ヴァンパイアであるダンピールは、そんなヴ

★1：ヨーロッパを放浪する移動民族。ギリシャ語のエジプト人（アイギプトイ）からジプシーと呼ばれるようになったが、彼らはエジプトとは関係がない。言語学的研究によれば、彼らの遠い祖先はインドから来たらしい。彼ら自身は、自らをロマ（人間という意味）と呼ぶ。

ァンパイアも見ることができる。

伝承によれば、ダンピール以外にも、双子はヴァンパイアを見ることができるという。

次に、ヴァンパイアを殺す能力を持つ。通常のように、銀の弾丸や、心臓に杭を打つという方法で殺すこともできる。だが、ダンピールだけの力として、ヴァンパイアを殺す特別な儀式を行うという方法がある。ダンピールは、笛を吹き、走り回り、透明な敵と戦う仕草をするなど、様々な方法で象徴的にヴァンパイアを殺す。この儀式によって、目に見えないヴァンパイアを、本当に殺してしまうのだ。

もし、力が足りずにヴァンパイアを殺せない場合、ヴァンパイアに命じて、その地を退去させるということも行う。

この2つの力は、ダンピールの子孫にも遺伝するとされ、ダンピールの家系というものが存在した。

ダンピールは、このように人間にとって有用だが、にもかかわらず恐れられた。というのも、ダンピールは死ぬとヴァンパ

ダンピール

イアになると言われるからだ。このため、ダンピールの家系というのは、ジプシーなどの放浪民の中にあることが多かった。放浪民なら、いずれどこかに行ってしまうので、自分の家の近くで死んで新たなヴァンパイアになるという恐怖を味わわなくてすむからだ。

Werewolf
ワーウルフ

世界中に、獣に変身する人間の伝承が残っている。もちろん、ヨーロッパも例外ではない。その代表例がワーウルフだ。

ワーウルフは、ヨーロッパの民間伝承で、人間だが、呪いなどによって狼に変身してしまう者たちを呼ぶ。別名ライカンス

ワーウルフ

ロープ（Lycanthrope）とも言う。フランス語では、ル・ガルー（loup-garou）という。日本では狼男とか人狼とかいう。

元々は東ヨーロッパの伝説と言われるが、それ以外の地域でも狼と化す人間や狼の力を得た人間などの伝説は数多い。それらが、混ざって現在のワーウルフの伝説が作られた。

通常のワーウルフは、普段は人間の姿をしている。というよりも、人間の姿が、その者の本来の姿である。そして、狼の姿は、呪いによって発生したものなのだ。

ワーウルフが狼の姿をしているとき、その姿形は本物の狼と区別がつかないとされるが、大人ほどにも大きいので、特別な狼[★1]であることが判るという。ただし、ワーウルフには尻尾がないとか、目や瞳が人間の物だといった伝承もあり、この場合にはよく見れば区別できる。

狼に変身するのは、本来人間であるワーウルフにとっては負担が大きいのか、狼形態から人間に戻った時には、消耗しきっているとも言われる。そして、狼の姿で犯した悪行に、精神的にも憂鬱状態になっている。ワーウルフの行う悪行の1つに、埋められたばかりの死体を掘り出して喰うというのがあるが、そんなことをしたら平気でいられないのも当然だろう。

ワーウルフになる人間の見分け方として、最も多いのが眉毛だ。彼らは、両方の眉毛がつながっている。また、その肉体を傷付けると、その傷口から毛皮が見えると言う。ロシアでは、舌の裏側に剛毛が生えているという。

ワーウルフの他にも、獣に変身する人間の伝承はあちこちに残されている。

セルビアの狼男ヴルコドラクは、冬になると一堂に会し、狼の皮を脱いで木に掛ける。それから、他の者が掛けた皮を燃やしてしまう。呪いの皮を燃やすことで、呪いから免れるようにするためだという。

ハイチの人狼ジュ・ローゲは、夜になると、子供の母親のところに現れて、うまく騙して子供を連れて行く許可を得ようとする。騙された母親が「はい」と返事すると、子供は掠われてしまうのだ。

中央アメリカには、アステカ[★2]にナワル（nagual）という獣に変身できる力を持った妖術師がいる。彼らは、自分の中に隠れたもう1つの自我である動物の姿を呼び起こし、その姿に変

★1：『シートン動物記』に登場する狼王ロボは、子牛ほどもあったと言うから、大きな狼が即ワーウルフというわけではない。

★2：14～16世紀に現在のメキシコで栄えた文明。

身することができる。近隣のマヤ[★3]では、このような存在をワヨブ（wayob）という。

ほとんどのワーウルフは男とされるが、スカンジナビア半島の人狼は老女で、その爪には毒があり、視線で家畜などを動けなくすることができるという。

北欧には、狼男ではないが、ウールヴヘジン（úlfheðinn）という、狼の毛皮を着て狼のように激しく戦う戦士の伝統がある。ベルセルク（バーサーカー）[★4]と同じものだとも言われる。このような戦士の存在も、ワーウルフの伝説の成立に一役買っているかも知れない。

ワーウルフになる方法は、いくつも伝えられる。

まず、衣服を脱いで、狼の皮でできたベルトを身につけるというもの。これは、自分の意志で狼に変身する方法で、ワーウルフとは少し違うかも知れない。

他に、魔女の軟膏[★5]を塗るとか、なりたい動物の足跡に溜まった雨水を飲むというのもある。

これらは、自ら望んで獣の姿を取るものだが、それ以外に、一種の呪いか病気として獣の姿になってしまうものがある。いわゆるライカンスロープと呼ばれるものだ。これらは、中世ヨーロッパでは、神の呪いと考えられた。実際、ローマカトリック教会から破門された者を、ワーウルフになったと称することがある。

また、邪悪な妖術師の魔法によるものもある。妖術師の呪いによって、ワーウルフになってしまうというのだ。逆に、妖術師が自ら望んで獣に変身することもあるという。

そして、最後に奇妙な例がある。キリスト教の聖者が、自ら獣になったり、他人を獣にしたりするというものだ。実際、13世紀の大スコラ神学者トマス・アクィナスは、全ての天使は善なる者も悪なる者（つまり堕天使＝悪魔のこと）も、変身の力を備えていると主張している。また、聖パトリックは、ウェールズ王を狼に変えたという伝説がある。

実際、16世紀の法学者ジャン・ボダンは、魔女は獣に変身することができると主張している[★6]。これに対し、17世紀の医学博士ジャン・ド・ニノーは、ボダンに反論し、魔女の変身は幻覚を見ているにすぎないと主張している[★7]。彼によれば、そのような高度なことは、神の奇跡でなければ起こりえない。悪

★3：紀元前3～紀元17世紀にかけて、メキシコのユカタン半島で栄えた文明。

★4：北欧の戦士で、戦いに熱狂する狂戦士。熊の毛皮、もしくは鎧無しで戦い、自分が傷ついても感じないという。あまりに熱狂しすぎて、周囲にいるものなら身内ですら攻撃するので、不用意に近づいてはいけない。戦いの熱狂が終わると、しばらく虚脱状態に陥るという。

★5：後世になると、魔女がサバト（魔女集会）に飛んでいく時に塗る飛行薬とされたが、ここでは動物に変身できる魔法薬のことである。

★6：ジャン・ボダンの書いた『悪魔憑き』における主張。この本は、魔女狩りのバイブルと呼ばれるほどで、多くの魔女裁判のときに、異端審問官や裁判官が使用した。魔女を罪に落とすためならば、告白しさえすれば赦してやるなどと嘘をついても構わないとあり、わざと冤罪を作り出すつもりだったとしか思えない本である。

★7：ジャン・ド・ニノーの書いた『妖術師の狼憑き、変身、脱魂について』。この本は、魔女を赦せと主張している本ではない。単に、魔女の能力が、そんなに高くないことを主張しているだけで、魔女を処罰することには反対していない。

魔なら元は天使だから可能かも知れないが、低級な魔女ごときができるはずがないのだという。

ちなみに、「満月を見ると変身する」とか、「ワーウルフに噛まれた者はワーウルフになる」、「銀の弾丸で死ぬ」などといった伝承は、存在しない。これらは、1935年にスチュアート・ウォーカー監督の撮ったハリウッド映画“Werewolf of London”や、1941年のロン・チェイニーJr.主演の“The Wolf Man”の設定である。前者は、現存する最古のハリウッド製狼男映画である。両者ともに、続く狼男映画に多大な影響を与えた。このため、逆に伝承のほうが映画の影響を受けて変化してしまった。

記録に残る最古の人狼映画は、1913年の“The Werewolf”である（ただし、フィルムは現存しない）。こちらは、ナバホ族の女性が狼に変身する力で白人に復讐するというもので、いわゆる狼男とはイメージが違う。

Imp
インプ

英国の小悪魔もしくは邪妖精。インペット（Impet）ということもある。

基本的には、子供のように小さな人型の怪物で、コウモリのような羽根を持っているものとか、角が生えているもの、耳が尖っているものなど、様々な変化があり、確定した姿は無い。

では、インプとは何なのか。これには大きく分けて、悪魔説と妖精説がある。また、時代や、その言葉を使う者の背景によっても大きく異なる。小悪魔と邪妖精の間の曖昧な位置こそ、インプの立ち位置と言えるだろう。

まず、語源から考えてみよう。古英語において、“impa”とか“impe”という言葉があった。若枝とか挿し木用の枝といった意味だ。そこから、サタンから枝分かれした小悪魔のことを言うようになった。

次に魔女から見たインプはどうか。彼女たちにとって、インプは、ゴブリン（221ページ参照）などの妖精の一種と考えたほうが正しいだろう。実際、魔女の使い魔（ファミリアという）としてのインプは、キリスト教が勝手に悪魔と見なしたものだ。実際には、魔女はキリスト以前の古い信仰体系の末裔であり、その使い魔も悪魔というよりは妖精や精霊に近いものだった。

ところが、錬金術師にとっては、インプは瓶や指輪に封じ込めたデーモン[★1]を意味する。彼らは、儀式魔術によってデーモンを呼び出し、それらを使役するのだ。例えば16世紀の医師・錬金術師のパラケルススは、その剣の水晶の柄頭にデーモンを封じてあると言われていた。そこには、“Zoth”と描かれていたので、それをデーモンの名前だと思った人も多かったが、これはおそらく錬金術における活性水銀アゾート（Azoth）のことで、名前ではないと思われる。もちろん、パラケルススが水銀にちなんでデーモンの名前を決めたという可能性は残っているが。

キリスト教による狂気の魔女狩りの時代、魔女と使い魔は悪魔の下僕と考えられていた。その（キリスト教による偏見によって描き出された）魔女にとって、インプとは使い魔である。

★1：超自然の存在。キリスト教によって悪魔とされているが、本来は精霊や異教の神や小神などで、ネガティブなイメージはなかった。

インプ

普段は、黒猫、鼠、虫、ヒキガエルなどの姿をしている。だが、魔女に命じられると、インプの姿を現して邪悪な行為（他人を病気にしたり、家畜を殺したり）を行う。ただし、その代わりに魔女は、魔女の印[★2]からインプに血を与える。

民話では、「トム・ティット・トット」に登場するトム・ティット・トットがインペットであるという。この民話は、『グリム[★3]童話』の「ルンペルシュティルツヒェン[★4]」の英国版で、インペットが自分の名前を当てさせようとするものだ。

働き者だと誤解されて王の妃になった娘が、毎日糸を5かせ[★5]紡がないと首を斬られてしまう。娘が困っていると、インペットがやってきて、代わりに糸を紡いでくれるという。ただし、その代償として、娘を自分のものにするという約束をする。ただし、最後の日までにインペットの名前を当てられたら、約束は破棄されるので、娘は自由だ。娘は、ありとあらゆる名前を言うが、どれも外れてしまう。だが、最後の夕食のとき、王様が森の中で、自分の名前を歌っている黒いもの（インペット）を見た話を娘に聞かせてやった。そのおかげで、娘は正しい名前を言うことができて、助かるという話だ。

この話では、インペットは悪魔扱いされている。けれども、ドイツの同系の話では、ルンペルシュティルツヒェンが妖精だ。トム・ティット・トットも元は妖精だったのが、いつの間にか悪魔にされてしまったと考えるべきだろう。

英国のリンカン市には、サタンが送り込んだ「リンカーン・インプ」という2人組のインプがいる[★6]。それは14世紀のこと。町に騒動を引き起こしたインプたちは、大聖堂でも暴れようとしたが、賛美歌の本から天使が現れて止めるように命じた。1匹は蛮勇を奮い天使に石を投げたが、もう1匹は恐れてテーブルの陰に隠れた。天使は、石を投げたインプを石に変え、恐れた方に逃げるチャンスを与えた。

今では、リンカーン・インプとは、インプの形をした小さな装身具で、それを身につけていると、物を無くすのを防いでくれるのだという。これなどは、悪魔と言うよりも妖精のインプの例と言えるだろう。

『ジキル博士とハイド氏』や『宝島』で有名なスティーヴンソンの『南海千一夜物語』には、瓶詰のインプが登場する。

この瓶は、何でも望みを叶えてくれるが、ただしその瓶を持

★2：魔女の身体にある余分な突起物や乳首などのこと。ここには痛覚がないので、魔女審判を行う者は、それらしい箇所に針を刺して、魔女の印かどうかを調べた。

★3：グリム兄弟（ヤーコブ·グリムとヴィルヘルム·グリム）は、19世紀ドイツの言語学者、文献学者。グリム童話の編者として、有名である。

★4：こちらも、邪妖精が娘を手伝ってくれるが、期日までに名前を当てないと、酷い目に遭わせられる。そこで、娘が一生懸命名前を見つける話。こちらの邪妖精の名前は、ルンペルシュテルツヒェンという。

★5：「かせ」とは、糸車に糸を巻き取った状態をいう。また、そうなった一束の糸のことを言う。糸の太さによって、その長さは様々である。

★6：Great Britain Folklore Society著“County folklore”

ったまま死ぬと地獄行きになる。しかも、この瓶は、買った値段よりも安く売らなければ手放すことができないのだ。

瓶の中のインプは、ほんのわずか顔を見せるだけだが、ほとんど顔を見せないからこそ、恐ろしい話になっている。

Gremlin
グレムリン

英国の民間伝承に登場する妖精。20世紀になって登場した非常に新しい妖精だ。その語源は、古英語の"gremian"（イライラさせる）＋"Goblin"（ゴブリン）（221ページ参照）だとも言われる。

その姿は、飛行服を着た小さく歪んだ人間で、手にトンカチや鋸、手回しドリルなどを持っている。

グレムリンとは、機械に悪戯をする妖精だ。原因不明のまま

グレムリン

機械が異常動作したり、止まってしまったりするのはグレムリンが悪ふざけをしているからだという。実際、機械の原因不明の異常動作を「グレムリン効果[★1]」という。

グレムリンが最初に興味を持ったのは、飛行機だった。

グレムリンの噂は、マルタ島、中東、インドなどに駐在していた英国の王室空軍[★2]パイロットの間でささやかれ始めたのが最初だとされる。

最古のグレムリンの記録は、1929年4月10日とされる[★3]。だが、それが広まったのは、第2次大戦中のことで、その噂は王室空軍中に広まった。また、同盟軍であるアメリカ空軍にも広く知られるようになった。

「グレムリンについての質問」という雑誌記事には、グレムリンが雲の中から現れて翼の端から端まで駆け回るとある[★4]。実際にグレムリンを見たパイロットはごくわずかしかいないが、彼らの多くがその存在を信じている。また、パイロットは、いずれ必ずグレムリンの悪戯に遭うとも言う。

グレムリンが悪戯をすると、飛行機の計器が動かなくなったり、奇妙な値を指し示したりと、まともに動かなくなる。ただし、グレムリンの悪戯は、パイロットを殺してしまうほど酷いものではない。

現在では、グレムリンのターゲットは飛行機以外にも広まっている。地上に存在する機械類でも、グレムリンは異状を起こさせるようになった。

これには、イギリスの作家ロアルド・ダール[★5]とウォルト・ディズニーが一役買っている。ディズニーから発行されたダールの著書『The Gremlins』(1943)は、第2次大戦にパイロットとして従軍したダールの飛行体験を基にしたカラーの絵本だが、この本に書かれたグレムリンの話が、空軍の外にグレムリンを広めた。

それによると、バトル・オブ・ブリテンのころ、ガスというパイロットがハリケーン戦闘機でドーヴァー海峡を飛んでいた。その時、たまたま右手を見たガスは驚いた。翼の上に身長6インチ(15センチ)ほどの小さな人影があって、大きなドリルで翼に穴を開けているのだ。振り払おうと、逆さになったりしたが、それのブーツは翼にぴったり張り付いて離れない。これがグレムリンだ。その後も、グレムリンは色々と悪戯を行っ

★1:"Gremlin Effect"なので、略して"GE"とも言う。

★2:"Royal Air Force"略して"RAF"という。

★3:マルタ島で英国空軍の隊内誌として発行されていた"Aeroplane"誌。

★4:『王室空軍ジャーナル(Royal Air Force Journal)』1942年11月13日号

★5:Roald Dahl(1916-1990)。イギリスの作家で、奇妙な味の小説を書くことで有名。代表作としては『おとなしい凶器』や、児童文学の『チョコレート工場の秘密』、『マチルダはちいさな大天才』など。

て、パイロットたちを悩ませる。中には、機体の不調で着陸時に大けがをした者までいたほどだ。

この絵本によって、一般の人もグレムリンの存在を知った。また、グレムリンが地上の機械にまで悪戯をするようになったきっかけともなった。

だが考えてみると、第2次大戦中にこんなカラーの本を出しているのだから、まだまだ経済に余裕があることが判る。日本が戦争に負けるのも当然と言えるかも知れない。

Sandman
ザントマン

ドイツの民間伝承に登場する眠りの精。英語では、「サンドマン（Sandman）」といい、「砂男」とも呼ばれる。

ザントマンに出会う者は、その姿を見る前に眠ってしまう。このため、ザントマンの姿を見た者は誰もいない。しかし、伝承では、大きな袋を背負った老人だと言われる。眠っている人を起こさないように、靴を履かずにいる。背中の袋には、人を眠らせる魔法の砂が入っていて、それを人間の目に放り込むと、目を開けていられなくなって眠り込んでしまうのだ。

だが、ヨーロッパでは、夜更かしをする子供を脅しつけて寝かせるのにも使う。それは、「もしザントマンが来る時に起きていたら、目玉をくり抜かれるぞ」というものだ。ザントマンが眠らない子供に砂を投げつけると、子供の目は砂で充血して真っ赤になり、眼窩から飛び出してしまう。ザントマンは、奪った目玉を、月に持って帰って、自分の子供に与える。子供は、嘴で目玉をつついて食べてしまうのだという。

デンマークには、オーレ・ルゲイエ（Ole Lukøje）という眠りの妖精がいて、こちらは子供の目にミルクを1滴垂らして眠らせるという。

創作では、また、ドイツの作家ホフマンの怪奇小説『砂男』（1817）が最も有名だ。もちろん、砂男が直接登場するわけではない。だが、眠りの精の恐怖の面を取り入れたホラーとして、大変有名だ。
　この作品では、主人公は子供のころ、眠らない子供の目玉をえぐり取る砂男の話を聞かされ、父親のところに来る老弁護士コッペリウスを砂男だと信じてしまう。青年となった主人公は、コッペリウスそっくりの物売りから望遠鏡を買い、そこに見える娘オリンピアに恋をする。だが、オリンピアの家に行くと、彼女には、目が存在しなかった。彼女は、自動人形だったのだ。
　こうして、狂気に陥った主人公は、いったんは正気に戻るものの、最後には元の恋人を塔から突き落とそうとし、自分が落ちて死んでしまう。
　アンデルセンには、オーレ・ルゲイエの伝説を基にした『眠りの精オーレ・ロクオイエ』という物語がある。こちらは、童話だけあって、眠りの精の優しい面を取り出している。
　それによれば、眠りの精はこざっぱりした格好で絹のマント

ザントマン

を羽織っている。この絹のマントは、くるりと回ると赤や緑や青に光る素晴らしいマントだ。そして、両脇に2本の傘を抱えている。

彼は、靴を履かずに足音を忍ばせて部屋に入ってきて、子供たちの目に1滴だけミルクを垂らす。すると、子供たちは目を開けていられなくなる。次に、首筋にふっと息を吹きかける。すると、頭が重くなってくる。

こうして、子供が眠った後で、1本の傘を子供の上に広げる。よい子には、絵が描いてある傘を広げる。すると、その子は楽しい夢を見ることができる。だが、悪い子には何も描いてない傘を広げる。その子は、眠っていても全然楽しくなくて、夢を見ないまま朝になってしまう。

英国では、サンドマンとか、ダストマン（Dustman）と呼ばれるが、スコットランドには、ウィー・ウィリー・ウィンキー（Wee Willie Winkie）という眠りの精もいる。

Wee Willie Winkie rins through the toon,
ウィー・ウィリー・ウィンキー君、町中を走る
Up-stairs and doon-stairs, in his nicht-goon,
寝巻きのまま階段を上がったり下りたり
Tirlin' at the window, cryin' at the lock,
窓をたたき、鍵穴から声をかける
"Are the weans in their bed? for it's now ten o'clock."
「ちびども床についたかね。もう10時だよ」[★1]

紹介したのは、ウィリアム・ミラー[★2]がスコットランド英語で書いた原詩だが、通常の英語に翻訳されたものが、広く知られている。

ミラーは、この眠りの精の名をスコットランドの民俗伝承から得たのではないかとも考えられているが、残念ながらミラー以前にこの名を記録したものがいないので、創作なのか伝承なのかははっきりとしていない。

同様に、英国のランカシャー地方には、ビリー・ウィンカー[★3]（Billy Winker）という眠りの精もいる。他にも、フランスのラ・ドルメット[★4]（La Dormette）や、オランダのクラース・ヴァーク[★5]（Klaas Vaak）など、世界中に眠りの精はいる。

★1：ミラーが1841年に"Whistle-binkie: Stories for the Fireside"に発表した童謡。歌詞は5番まであるが、ここに掲載してあるのは1番だけ。原詩はスコットランド英語で書かれている。翻訳は『妖精事典』（冨山房）より引用。

★2：William Miller（1810-1872）。スコットランドの詩人。ウィー・ウィリー・ウィンキーの詩で現在でも知られている。

★3：赤い帽子をかぶった小人だという。

★4：「仮眠」とか「うたた寝」といった意味。

★5：「頻繁クラース」といった意味がある。アンデルセンのオーレ・ロクオイエは、オランダ語ではクラース・ヴァークと訳されている。

Leprechaun

レプラホーン

アイルランドの男の妖精。レプラコーン、レプラカーンとも言う。アイルランド語のレイブロガーン（leithbrágan）からきた名前だと言われている。これは、“leith”（半分）と“bróg”（靴屋）を合わせた言葉で、レプラホーンが片方だけの靴作りをすることから、こう言われる。だが、これは俗信であり、本当は古アイルランド語の“luchorpán”ではないかと言われている。これは、“lú”（小さな）と“corp”（身体）を合わせた言葉で、「小人」を意味する。

通常、赤い服に、これまた赤い帽子をかぶっている。ちなみに、最近では緑の服のレプラホーンも増えてきたが、これは20世紀になって広まったものだ。身長は人間より小さいことは確かだが、人間の指くらいに小さいとか、1メートルくらいはあるとか、様々な伝承がありはっきりしない。たいていは老

レプラホーン

人だが、中年男性である場合もある。

　レプラホーンは、一人暮らしの妖精だ。妖精の靴作り（もしくは靴直し）として知られるが、片方の靴しか作らない。けれども、妖精はそれでも気にしないのか、レプラホーンに靴を作ってもらう。

　彼らは、戦争の時に埋めて隠されたお宝を集めており大変な金持ちだ。だから、捕まえて脅せば、財宝を手に入れることもできる。ただし、ちょっとでも気を抜いたら、その瞬間にレプラホーンは消えてしまう。

　レプラホーンの姿は、以下のように書かれることもある。

He's a span
やつは1スパンと
And a quarter in height,
4分の1の背丈
Get him in sight, hold him tight,
やつを探して、しっかり握れ
And you're a made
それであんたも
Man!
お大人《たいじん》
（中略）
A wrinkled, wizen'd and bearded Elf,
しわくちゃしなびた髯エルフ
Spectacles stuck on his pointed nose,
とんがり鼻の上には眼鏡
Silver buckles to his hose,
靴下には銀のバックル
Leather apron - shoe in his lap -
革のエプロン―膝には靴― ★1

　1スパンは古い単位で、指をいっぱいに広げた時に、親指の先から小指の先までの長さを1スパンという。1スパン＝約23センチなので、このレプラホーンの身長は30センチ弱である。

　エルフ（74ページ参照）というのは、ここでは妖精といった意味で使われている。そして、革のエプロンは、靴作りの作

★1：19世紀アイルランドの詩人William Allinghamの詩“The Lepracaun or Fairy Shoemaker”の一節。

業着だ。膝に靴をのせて作業中なのだろう。

もう少し大きなレプラホーンもいる★2。善でも悪でもない妖精としてのレプラホーンだ。というのは、レプラホーンの父は悪しき精霊であり、母は退化した妖精だからだ。このため、レプラホーンは、産まれながらにいたずら者なのだ。

★2：David Russell Mc Anally著"Irish Wonders"(1888)

その身長は3フィート（約90センチ）で、赤い上着に膝までの赤い半ズボン、灰色か黒のタイツと帽子という、100年も前のファッションに身を包んでいる（ということは18世紀末ごろのファッションだということだ）。そして、襟はエリザベス朝風で、袖口にはレースの飾りがついている。

レプラホーンのお気に入りの遊びは、乗馬ならず乗羊や乗山羊だ。乗る動物が他にいなければ乗犬をすることもある。朝、妙に羊が疲れているときは、農民はレプラホーンが一晩中乗り回していたのだと考える。

司馬遼太郎★3の『街道をゆく31愛蘭土紀行2』（1988）は、著者のアイルランド紀行文だ。その「城が原」の章に、面白いエピソードがある。同行者（日本人）が、ガイドのアイルランド人に、以前に「小人が通るから注意（Leprechaun crossing）」という看板を見たが、あなたも見たことがあるかと、聞くのだ。ガイドは、「見たことがある」と返事しつつ、観光客向けではないかと意見を言うが、そんな田舎道を観光客がそうそう通るとは思えない。真剣な看板なのか、それとも「小動物に注意」という代わりに洒落てみたのかは、判らない。だが、レプラホーンが、ごく最近になってもアイルランド人にとって近しい存在であることは確かなようだ。

★3：本名は福田定一(1923-1996)。日本の小説家。『龍馬がゆく』、『坂の上の雲』、『梟の城』など、多くの歴史小説を書く。また、エッセーなども数多く書いている。

Nightmare

夢魔

古来より、人は夢を見てきた。良い夢もあれば、悪い夢もある。誰しも、悪い夢など見たくないのに、なぜか悪夢を見てしまう。そこで、悪夢を運ぶものとして夢魔が考えられた。

特に、中世ヨーロッパは、キリスト教の影響で、禁欲的モラ

夢魔

ルが重要視された。そのため、性に関することは、悪魔の仕業と考える人が多くなった。だが、こういうことは禁止してはいけないのだ。禁止すればするほど、人の妄想は大きくなるだけなのだから。こうして、夢魔の大きな仕事として、淫夢を見せることが含まれるようになった。

ナイトメアとは、本来は「白昼夢」とか「金縛り」とかを表す用語だったらしい。それが、いつしか悪夢を表す言葉になり、さらに悪夢をもたらす化け物を表す言葉になった。

というのは、ゲルマン人の伝承では、悪夢とは寝ている人の胸の上に、悪霊かゴブリン（221ページ参照）のような悪しき妖精が乗ることで見てしまうものだからだ。この胸の上に乗る化け物がナイトメアだ。北欧ではマーレ（Mare）、ロシアではモーラ（Mora）などと呼ぶ。これらの言葉は、インドで悪魔を意味するマーラー（Mara）が、ヨーロッパ圏で僅かに生き残った名残だと考えられている。

だが、このとき、“mare”が雌馬を表す英語だったために、「ナイトメア（夜の馬）」とは馬の姿をしていると考えられるようになった。ただし、これはここ100年程度の最近のことだ。

スイス人画家ヨハン・ハインリヒ・フュースリー★1の『夢魔（The Nightmare）』（1781）という絵画では、夢魔は女性の胸の上に座っているインキュバスとして描かれている。この絵は、非常に有名であり、当時の人々の夢魔のイメージを決定づ

★1：Johann Heinrich Füssli（1741-1825）。ドイツ系スイス人だが、18世紀のイギリスで主に活動した。

けた。エドガー・アラン・ポー[★2]は『アッシャー家の崩壊』(1839) において、主人公に、アッシャー家の当主の描く絵画と、フュースリーの絵画を比較させている。

英国海軍の医師ジョン・ウォラーも、ナイトメアとして人間の胸の上に乗るインキュバスを挙げている[★3]。

19世紀半ばまでは、ナイトメアを雌馬と考えることは無かったようだ。

では、インキュバスとは何か。インキュバスは男の夢魔で、女の夢魔はサキュバスという。ラテン語の「上に寝る (incubo)」と「下に寝る (succubo)」から、その名が付いたと言われる。つまり、性交の際、通常は男性が上に、女性が下になることを表している。

インキュバスは女性の夢に現れ、性的な夢を見せる。逆に、男性の夢には、サキュバスが現れる。彼らは、人間を誘惑するために、犠牲者の理想の異性に変身して現れるのだ。

だが、トマス・アクィナス[★4]は、この両者を同じデーモン[★5]だとした。そして、サキュバスに変身して男と交わり、その精液を集める。そして、インキュバスに変身して、集めた精液を女に注ぎ込むのだという。つまり、インキュバスによって妊娠した女は、どこの誰とも判らない男の子種を宿すことになるが、少なくとも悪魔の子を宿すわけではない。だから、不義の子ではあるが、キリスト教徒に育てることはできるというわけだ。

修道士ルドヴィコ・マリア・シニストラリ[★6]は、インキュバスをフォレットという邪妖精の一種であると主張している[★7]。男女の区別のある一種の生物なので、人間の男の精液を借りずとも、自分の力で女性を妊娠させることができるという。

他にも、夢魔に当たる怪物は、世界中にいる。

ギリシャ神話では、月の女神ヘカテー (Hekate) [★8]の眷属エンプーサ (Empusa) という女の夢魔がいて、眠っている男性の血を吸う。彼女らは、上半身は非常に美しく、男性の夢そのものである。だが、脚が1本しか無く (しかも、それはロバの脚である)、もう1本は青銅の作り物の脚を付けている。

ハンガリーのリデルク[★9]も夢魔の一種だ。黒い雌鳥が最初に産んだ卵を、人間の脇の下で暖めて産まれたのがリデルクだ。だが、リデルクは、人の恋人の姿に化けることができる。女性

★2：Edgar Alan Poe (1809-1849)。アメリカの作家、詩人。『モルグ街の殺人』で推理小説というジャンルを作った他にも、ホラーや幻想小説、詩などにも優れた作品を残している。

★3：John Waller著“A Treatise on the Incubus, Or Night-mare, Disturbed Sleep, Terrific Dreams, and Nocturnal Visions” (1816)　この本自体は、悪夢を科学的に考える本である。

★4：Thomas Aquinas (1225-1274)。その大著『神学大全』によって高名な、イタリアのスコラ神学者。スコラ学を大成した人物として知られ、カトリックでは聖人として崇められているほどの影響力を持った。

★5：異教の偽神、およびその眷属たちのこと。

★6：Ludovico Maria Sinistrari d'Ameno (1622-1701)。ナポリ近郊のアメーノ出身のイタリア人でフランシスコ会の修道士。

★7：ルドヴィコ・マリア・シニストラリ著『悪魔姦、およびインクブスとスクブスについて』(1700)

★8：ギリシャ神話の地母神。魔術の女神でもあるという。

★9：綴りは“Lidérc”。黒い羽根の鶏だが、変身能力を持つ。ただし、小さな悪魔の姿だという伝承もある。

の元には、男性の恋人として現れ、彼女を愛撫し、同時に彼女の血を吸うのだ。犠牲者は、身体が弱り、病気になってしまう。正体を暴くためには、紐で砂を集めるとか、ザルで水を汲むとか、そういう不可能なことを頼むとよいとされる。また、足跡を見ると、馬の足跡なので判るとも言われる。

Dullahan

デュラハン

ケルトの妖精の一種。アンシーリー・コート[★1]（Unseelie Court）と呼ばれる、人間に好意を持たない妖精である。創作作品では死霊の一種として扱われることもあるが、本来は1人で現れる妖精の一種だ。

ウィリアム・イエイツ[★2]によれば、首のない（もしくは首を小脇に抱えた）女の姿をしており、コシュタ・バワー（Cósta-bodhar）という首無し黒馬の引く棺を積んだ馬車に乗っている。

抱えた首は、恐ろしい笑みを浮かべ、口は耳まで裂けている。戦車はと言うと、虫食いだらけの黒のビロード（棺を覆うのに使われる）がかかっていて、持ち手や車輪のスポークなどには人骨が使われている。そして、頭蓋骨を提灯のように使って、夜道を照らしている。

デュラハンは、死者が現れることを予言するために現れ、まず辺りを走り回る。鍵をかけたり、門を閉じたりしても役に立たない。それらは、勝手に開いてしまう。そして、最後に、まもなく死者の出る家の前に止まり、扉をノックする。家人が扉を開けると、たらいいっぱいの血を浴びせて去って行く。

だが、デュラハンを、首無し（もしくは、首を盾代わりに左腕にかかえた）騎士であるという伝承も存在する。これは、アーサー王伝説に登場する首無し騎士や、『スリーピー・ホローの伝説[★3]』などが広く知られるようになったからだ。

首無し騎士の伝説とは、14世紀に書かれた作者未詳の長編叙事詩『サー・ガウェインと緑の騎士』などに登場する、アー

★1：アンシーリーとは、「祝福されざる」とか「神聖でない」といった意味。コートは妖精のこと。人間を憎み、害を及ぼす妖精たちの総称である。

★2：William Butler Yeats（1865-1939）。アイルランドの詩人、作家。幻想的な作品で、多くのファンを持つ。アイルランドの文芸復興に力を尽くした。

★3：元々は、ニューヨーク州で語られている都市伝説だった。伝説では、アメリカに移住してきたドイツ人の騎士である。首を斬られて死んだために、他の人間の首も斬ってやろうと、森の中で待ち構えているという。このためか、ニューヨーク州には、スリーピー・ホローという名の土地がたくさんある。

★4：John Ronald Reuel Tolkien（1892-1973）。イギリスの英文学者、文献学者、作家。『指輪物語』、『シルマリルの物語』で知られる。

サー王伝説にからんだ首無し騎士である。この本は、トールキン[★4]が愛好し、古英語から現代英語に書き直したことで、非常に有名になった。

そこでは、アーサー宮廷の新年の祝いに、全身緑の騎士が現れて、勝負を挑む。その勝負とは、自分の首を差し出し、相手から武器で一撃喰らうのだ。最初はアーサーが、この勝負を受けようとしたが、ガウェイン卿がそれは王のすべきことではないので自分にやらせてくれるよう進言した。

そこで、まず緑の騎士が首を差し出した。ガウェインが斧で緑の騎士の首を叩き斬った。当然、首は吹っ飛んだ。だが、緑の騎士は、自分の首を拾い上げ、今度はガウェイン卿の番だと宣言して、去っていった。

ガウェインは、1年経って、自分の首を差し出すために、緑

デュラハン

の騎士を捜す旅に出かけた。

そして、緑の騎士の前に、首を差し出した。さすがに、最初僅かに首をすくめてしまったが、次にはしっかりと微動だにしなかった。緑の騎士は、ガウェイン卿に斧で一撃喰らわせた。だが、それは、首の端っこを少し傷付けるだけのものだった。

実は、アーサーの異父姉モルガンが、緑の騎士に魔法をかけて、アーサー王を試してやろうと行ったことだった。

首無し騎士は、アメリカにもいる。アーヴィングの短編[★5]では、彼は、イギリス側で参戦していたヘッセン[★6]騎兵の幽霊だ。アメリカ独立戦争の時に、大砲の弾丸に頭を吹っ飛ばされた。だが、夜な夜な元の戦場を駆って、首を探しているのだという。

他には、首無しホブという妖精もいる[★7]。ホブと名の付く妖精は、人間に好意的なものが多いが、この首無しホブだけは邪悪な妖精だ。ハーワースとニーサムという町の間の街道に出没していた。だが、不思議にもケント川という小さな流れを渡ることができなかったという。けれど、首無しホブは退治されて、99年と1日の間、街道脇の大きな石の下敷きにされた。不運な誰かが、この石の上に座ると、そこから二度と立ち上がれなくなると言う。だが、この本が書かれたのは100年以上昔なので、もはや首無しホブは逃げ出してしまっているだろう。

★5：上記の伝説を、19世紀アメリカの作家ワシントン・アーヴィングが、小説化した『スリーピー・ホローの伝説』である。この作品は、短編集『スケッチブック』（1919）に収録されている。この短編集は、アメリカ版浦島太郎として知られる『リップ・ヴァン・ウィンクル』も収録していることで有名。

★6：ヘッセンは、ドイツの州の1つ。

★7：William Henderson著"Notes on the folk lore of the northern counties of England and the Borders"（1879）

コシュタ・バワー

Banshee
バンシー

アイルランドやスコットランドの伝承に登場する女妖精。ゲール語（アイルランドやスコットランドに残る古い言語）では、“bean sídhe”と書くが、“bean”とは「妻」もしくは「女」のことで、“sídhe”は「妖精」を意味する。つまり、文字通り「女妖精」という意味だ。

人徳ある人が死ぬ時、その死を知らせるために泣くという。だが、その声は泣くと言うより金切り声や悲鳴に近い。その姿は、長い髪、緑の服に灰色のマント、目は泣き続けたために真っ赤になっている。

ただ、アイルランドのバンシーは美しい女性だが、スコットランドのバンシーは醜い姿をしているという。

バンシーを幽霊と考える者もいる。特に先祖の霊だという説

バンシー（アイルランド）

は多い。

17世紀のファンショー夫人の目撃例では、バンシーとは、白い服を着て、赤い髪に青白い顔をした女の幽霊だ。

夫人がバンシーを見たのは、彼女がとあるアイルランド貴族の屋敷に滞在した時のことだ。その貴族の先祖が、かつて自分の子を宿した女を殺して川に投げ込んだという。それ以後、その女の幽霊が家人の死に目に現れるのだという。

19世紀には作家オスカー・ワイルド[★1]の母ワイルド夫人が、その著書でバンシーについて書いている。

それによると、バンシーは若くして死んだその家の処女の姿をしているという。そして、美しい声で歌うことで、身内の者に死が訪れることを知らせるのだという。

スコットランドの洗い女ベン・ニーァ（Bean nighe）もバンシーの一種である。“nigh”とは「洗う」という意味なので「洗濯女」といった意味だ。その名の通り、洗濯をする妖精で、小柄で緑の服を着て水かきのある赤い足をしているという。

人里離れた小川のほとりで、まもなく死ぬ人間の衣服を洗う。洗ってしまうと、もはやその人の死は避けられないが、ベン・ニーァが洗う前に小川と妖精の間に立ちふさがって邪魔をすれば、逆に3つの願いが叶えられるという。

ホルヘ・ルイス・ボルヘス[★2]の『幻獣辞典[★3]』では、バンシーは、もうすぐ死者の出る家の窓の下で、家人の死を予言するという。

★1：アイルランドの作家。『ドリアン・グレイの肖像』で有名。他の作品も、耽美的で退廃的なムードのあるものばかり。男色家としても有名。

★2：Jorge Luis Borges（1899-1986）。アルゼンチンの作家。『幻獣辞典』や短編『バベルの図書館』（『伝奇集』収録）などで、南米の作家としては例外的に、日本でも有名である。

★3：ホルヘ・ルイス・ボルヘスとマルガリータ・ゲレロによって書かれた空想の怪物の事典。

ベン・ニーァ

Pixie
ピクシー

英国の妖精。特に、コーンウォール半島など英国南西部に広く知られている。ピスキー（Piskie）、ピグシー（Pigsie）とも言う。

地方ごとに、その姿や大きさは異なる。だが基本的に人間より小さな妖精である。

サマーセット地方のピクシーは、赤毛で、鼻は反り返って、目はやぶにらみ、大きな口で、垢抜けない中年男だ。大きさは人間の手ほどしかない。ただし、人間サイズになることもできる。

デヴォンシャーのピクシーは色白でほっそりしているが、服を着ていない。

コーンウォールでは、ピスキーと呼ばれ、緑のぼろ服を着た老人だ。

彼らは、洗礼を受けずに死んだ子供の霊だとか、キリスト出現以前に死んだドルイド僧[★1]の霊だなどと言われる。いずれも、天国には入れないが、さりとて地獄に行くような悪事を犯しているわけでもないので、地上でピクシーになったのだという。

彼らは、悪戯も好きだが、基本的には人間の役に立ってくれる妖精だ。

例えば、とある百姓家で、刈り取った麦の穂を入れてあった納屋が騒がしい。誰もいないはずなのに、麦打ち[★2]をしている音がするのだ。百姓は、これはきっとピクシーの仕業に違いないと、扉を開けずにじっと待って、音が止んでからそっと扉を開けてみた。すると、納屋の中は、脱穀の済んだ麦の山と、束ねた麦藁に分けられているではないか。百姓は、感謝のしるしに、納屋にチーズパンを置いておいた。

翌日も音がするので、終わって開けてみると、やはり脱穀をしてくれている。こうして、毎日チーズパンを置いておくと、翌日には麦を脱穀してくれた。やがて、農家の麦は全て処理済

★1：ケルト民族の民族宗教であったドルイド教の僧侶。森で、口承によって教義を伝えたとされる。キリスト教の普及によって、次第に消えていった。

★2：麦の穂から、麦の実を落とす作業。

ピクシー（サマーセット）

ピクシー（デヴォンシャー）

ピスキー（コーンウォール）

みになったので、もうピクシーも来ないだろうと思っていると、なんと翌日は空っぽになったはずの納屋で麦打ちの音がして、麦の山と藁束が出現していた。どこかから魔法の小麦を持って来て、それを脱穀して置いておいてくれたのだ。

こうして、感謝のしるしにチーズパンをたっぷり置いておいた百姓の納屋は、それ以後も毎日麦の山が現れるもので、大変金持ちになったという。

しかし、ピクシーに感謝する方法を間違えてはいけない。別の百姓家でも、同じように、麦打ちをしてくれたピクシーがいた。百姓は、こっそりピクシーの仕事を盗み見て、彼らの服がボロボロなのに気付いた。そこで、感謝のしるしに新しい小さな服を作ってやった。

すると、ピクシーは「こいつはいいや、もう働くことはありゃしない」と言って、もう二度と現れなかったという。

ピクシーに服をあげると、二度と現れないというのは、多くの民話に共通している。ピクシーの助力がずっと欲しいのなら、服ではなく食べ物で感謝するのが良さそうだ。

ピクシーの悪戯の方はというと、ピクシーの惑わしが代表的だ。その名の通り、道に迷わせたり、同じところをぐるぐる回らせたりする。

だが、本当に悪い奴相手だと、ピクシーの悪戯も致命的になる。あるところに、毎日のように妻と子供を殴りつける百姓がいた。しかも、町に作物を売りに行くと、その金で全て飲んでしまい、家には一銭も持って帰らない。

この男が、ピクシーの悪戯にかかった。ピクシーは、男を底なし沼の方に誘導し、そのまま沼に沈めてしまった。男の乗っていたロバだけが帰ってきて、ロバの脚に沼の泥が付いているのを見て、男の運命を理解した妻と子は、躍り上がって喜んだという。

Domovoi/Домовой

ドモヴォーイ

ロシアの家の精霊。ドモヴォーイとは、「ドーモ（家）のヴォーイ（人)」といった意味がある。妻がいて、ドモヴィーハという。「ドーモ（家）のヴィーハ（女)」とでもいった意味だ。

その外見は人間に似ているが、毛深くて掌まで絹のような柔らかい毛で覆われている。小柄だが強そうで、角があるとか尻尾があるという伝承もある。

スラブ民族は、家1軒1軒に1人ずつドモヴォーイがいると考えている。たいてい、暖炉のそばか、入り口の敷物の下に住んでおり、その家を守ってくれている（ドモヴィーハの方は、地下室に住むという)。人々は、直接にその名を呼ぶことは避け、かわりに「爺さん」とか「家の主」とか「例のあれ」などと呼ぶ。

ドモヴォーイ

このようなドモヴォーイなので、家族が引っ越しをする場合は、ドモヴォーイも一緒に連れて行く。その方法としては、暖炉から燃え木を1本持ち出して、新しい家の暖炉に据える。もしくは、新しい家の暖炉の下にパンを一切れ置いておくなどがある。

ドモヴォーイの姿を人間が見ることはできない。それどころか、もしも見てしまったら危険だとされる。

しかし、ドモヴォーイの声は、しばしば人間に届く。普段は耳に優しいつぶやき声が聞こえる。しかし、すすり泣く声や、苦しそうなうめき声が聞こえると、それは家族の誰かに不幸が訪れる前兆である。

庭に住む精霊は、ドヴォロヴォーイという。「ドヴォール（庭）の人」という意味だ。ドモヴォーイに似ているが、少し野生化したような粗暴な感じがする精霊だ。

ドヴォロヴォーイは、白い毛の生き物（白猫や白馬など）が嫌いで、それらが現れると酷い目に遭わせようとする。ただし、白い雌鳥だけは別で、ドヴォロヴォーイを恐れない。というのは雌鳥は、雌鳥の神に守られているからだ。

ドヴォロヴォーイの好意を得るために、人は家畜小屋に、雄羊の毛、きらきら光るもの、一切れのパンを置く。そして、以下のような言葉を言う。「皇帝ドヴォロヴォーイよ、主にして親切な親しい隣人よ、わたしは感謝のしるしにこの贈り物を供えます。どうか家畜たちを愛想よく迎え、その世話をし、養い育ててください」と。

他にも、サウナ小屋の精霊で白髪と白髭の小柄な爺さんの姿をしたヴァンニクや、穀物倉の精霊で黒猫の姿をしたオヴィンニクなど、ロシアの人々は精霊に囲まれている。

彼らは、元々は至高神[★1]を取り巻く精霊だったと言われる。だが、彼らは至高神に謀叛をおこし、地上に落とされた。彼らのうち、家の屋根などに落ちて家に住みついたものが人間に好意を持ちドモヴォーイとなった。庭に落ちたドヴォロヴォーイも、人間と出会っているので、それほど悪意は持たない。だが、荒野や水中などに落ちてしまった者は、人間に好意を持たない悪霊となった。ルサールカ（195ページ参照）などが、その例である。

★1：最初に現れたベロボーグという神。ベロ（白い）ボーグ（神）で、善神である。それに対立するのが、チェルノボーグで、チェルノ（黒い）ボーグ（神）で、悪神である。

Frankenstein's monster

フランケンシュタインの怪物

ヴィクター･フランケンシュタインという若き天才科学者が、人間の死体を集めて作り上げた人造人間。伝説などではなく、メアリ・シェリー[★1]という女性作家によって作られた純粋に創作の産物である。

1818年に匿名で出版された『フランケンシュタイン、あるいは現代のプロメシュース』は、『ドラキュラ』と並ぶゴシックホラーの傑作だが、その科学的視点から世界最初のSF小説とも言われる作品だ。

間違えてはならないのは、怪物には名前がないことだ（作者のシェリーは、名前の無いことこそが作品にとって良いことだと考えていたようだ）。フランケンシュタインは、あくまでも怪物を作った医学生の名前である。このため、怪物は単に「怪物」と呼ばれるか、創造者の名を取って「フランケンシュタインの怪物」と呼ばれる。だが、不便なので、作品発表から程な

★1：Mary Wollstonecraft Godwin Shelley（1797-1851）。イギリスの女流作家。彼女は、詩人パーシー・シェリーと駆け落ち（彼には妻がいた）してスイスに滞在中、バイロン卿らと同じ屋敷に滞在していた。この頃、天候不順で隙だったので、バイロンが全員でホラーでも書いてみようと提案した。このとき、バイロンは断片だけしか書けなかったが、これを元ネタにその主治医であったポリドリが書いたのが『吸血鬼』である。メアリは、その時は書けなかったが、その時に思いついたモチーフで1年後に書き上げたのが、この小説である。

フランケンシュタインの怪物

くして、この区別は忘れられ、怪物を「フランケンシュタイン」と呼ぶ者も多くなった。

奇妙なことに、原典と派生作品（および我々のイメージ）では、様々な点でイメージが大きく違う。

原典では、怪物を作るのは、天才かも知れないが一介の医学生であるヴィクター・フランケンシュタインだ。後世の派生作品では、ドクター・フランケンシュタインとかフランケンシュタイン博士とか呼ばれることが多いが、実はまだ学生だったのだ。

また、怪物は、強靭な肉体と、恐ろしいほどの醜さを持つ点では、我々のイメージ通りだが、知性を持ち、人間の言葉を普通にしゃべることができる。激情に揺れることもあるが、それを押さえ理性的に話し合うこともできる。自己の孤独に悩み苦しむところなど、我々よりもよっぽど高級な頭脳を持っている。

怪物が暴れるのは、孤独な彼の伴侶となるべき女性を作ってくれという要求を、フランケンシュタインが拒否したからだ。孤独な怪物は、ならばお前も孤独にしてやるとばかり、フランケンシュタインの友人や婚約者を殺害する。仇敵同士となったフランケンシュタインと怪物だが、もはや世界で彼らと強い絆を結んでいるのは（憎しみという絆ではあるが）お互いだけだった。結局フランケンシュタインが死亡すると、もはや世界に何一つつながりを持たなくなった怪物も、氷の海に消えていった。

ところが、醜く強靭な肉体派の怪物が、哲学的知性を持つというのは、世間の人々には受け入れにくかったらしい。20世紀初めごろから次々と作られ始めたフランケンシュタイン映画では、怪物は知性どころか、まともに人語を話すこともできない怪物として登場するようになる。特に1931年に公開されたボリス・カーロフ主演の『フランケンシュタイン』は、頭頂が平坦で、広い額に、落ちくぼんだ眼窩、首から飛び出したボルトと、現代の我々が持つ怪物のイメージを決定づけた（原作の怪物には、首からボルトなど出ていない)。

Homunculus

ホムンクルス

ヨーロッパの錬金術師が作り出した人工生命体。人間と同じ姿をしているが、ずっと小さい。ホムンクルスとは、ラテン語で「小さな人間」という意味だ。

元々は、前成説[★1]において、卵か精子に入っているはずのとても小さな人間の原型をホムンクルスといった。

ならば、この小さな人間を人工的に育てれば、人間の力によって人間が作れるのではないかと考えた錬金術師たちが作り出したのが、ホムンクルスだ。

★1：動物の発生説の1つ。卵や精子の中には、その子の完全な姿が入っていて、それが大きくなって子供として産まれてくるというもの。18世紀以前には主流だった。

さて、ホムンクルスを造るのに必要なやり方は、次のごとくである。人間の精液を、四十日の間、蒸留器に密閉せよ。精液が生きて動き始めるまで腐敗せしめよ。見れば直ちにわかることである。この期間を過ぎると、人の形をした、だが透明でほとんど非物質的なものの姿があらわれるであろう。しかるのち、この生まれたばかり

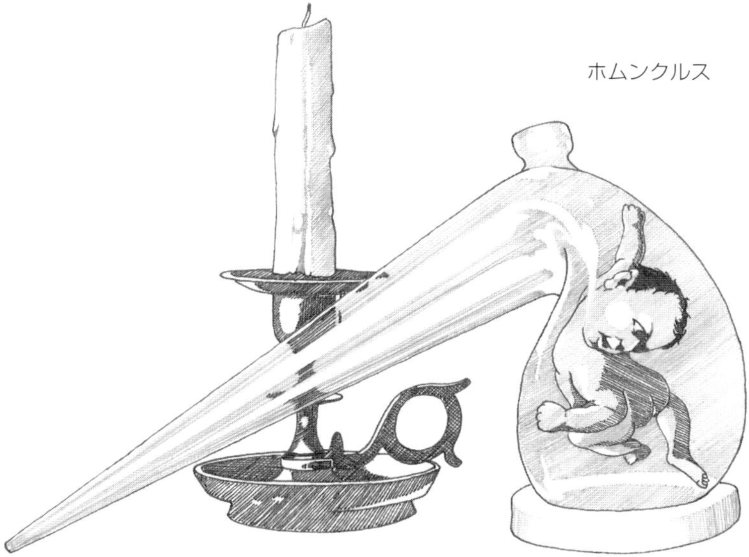

ホムンクルス

のものを、毎日、人間の血で慎重かつ細心に養い、かつ、馬の胎内と同じ温度のままで四十週間保存すれば、それはほんものの生きた子供となる。女から生まれた子供と同じく五体健全で、ただずっと小さいだけである。[★2]

精子から作っていることを除けば、現代生物学の実験で受精卵からの発生を見ているようだ。

文豪ゲーテ[★3]の『ファウスト』(1833) でも、第2部第2幕に、ホムンクルスが登場している。ワーグナーは、かつては主人公ファウストの弟子だったが、ファウストが若返って様々な体験をしている間に、有名な碩学となっている。このワーグナーが作り出したのが、ホムンクルスである。

ワーグナーは、数百もの物質を調合し、レトルト[★4]に入れて密封して、それを蒸留することでホムンクルスを作っている。こうして作られたホムンクルスは、作られた瞬間から人間の言葉を話し、また自然界の秘密について多くのことを知っている。それどころか、物語の主役の1人である悪魔メフィストフェレス (246ページ参照) と議論して負けていないほどの知恵を持っているのだ。

アレイスター・クロウリー[★5]は、大きく異なる考えを持っていた。彼は、ホムンクルスについての小論で、ホムンクルスとは人造の肉体のことではなく、それに宿った精霊こそが重要だと主張している。だから、人間の女が産んだホムンクルスというものも作り得ると考えていた。

胎児は、3ヶ月を過ぎると人間になるが、2ヶ月以前ではまだ人間になっていない。この時点で、何らかの精霊が胎児の肉体を受肉することで、ホムンクルスとなる。女を、できる限り人間の肉体を得たいと考えている人間の魂がさまよっていない場所 (砂漠など) で、魔法円の中におき、特定の霊以外の影響を受けないようにする。そして、受肉した霊が、十分に育つように、様々な儀式をし、女を教育し、また子供が生まれたら、その出生の惑星などに合わせた聖別を行う。こうすることによって、生まれてくる子供はホムンクルスとなり、人間でありながら、同時に天球の全ての知識と通力を得た存在になる。しかも、その存在を作り出した人物に従属するのだ。

これが、クロウリーの考え出したホムンクルスである。

★2：16世紀の医師・錬金術師であった、パラケルススの著書『ものの本性について (De Natura Rerum)』。訳は、セルジュ・ユタン著『錬金術』において引用されている部分より。

★3：Johann Wolfgang von Goethe (1749-1832)。ドイツの詩人、作家。小説『若きウェウテルの悩み』、戯曲『ファウスト』などで、世界的に有名。

★4：化学実験に使うガラス器具 (＊＊＊ページのイラスト参照)。

★5：Aleister Crowley (1875-1947)。近代西洋魔術師で、20世紀最大の魔人と言われる。黙示録の獣666を自称した。

Gargoyle

ガーゴイル

ガーゴイルとは、本来は怪物では無い。元々は、フランス語のガルグユ (gargouille) ★[1]が英語に入ってきたもので、さらに古くは、ラテン語の水の流れる音“gar”であると言われている。

その姿は、醜い悪魔を象った石像で、蝙蝠のような羽が生えていることが多い。

寺院などの雨樋の先に作られ、雨水を外に流す機構として作られたものだ。通常、胴体の中にパイプが通っており、口から水を外に流す。こうすることで、建物を雨水から守る。

だが、現在では、雨樋用のガーゴイルだけでなく、寺院などの建物に飾りとして付けられた石像もガーゴイルと呼ぶ。

そのような像が、なぜ建物に付けられたかというと、一種の魔除けの意味があると言われている。日本でも、鬼瓦のよう

★1：雨水を壁の表面に流すと壁が痛むので、屋根から雨樋を突き出させて、そこから水を落とす仕組みを、ガルグユという。ゴシック建築では、怪物を象ったものが多い。

ガーゴイル

に、あえて鬼を名乗る瓦を建物の端っこにのせる。つまり、恐ろしいものの姿の作り物を据えることで、本物の災厄を追い払おうという考えの産物である。

そのルーツは、古代ギリシャの建築などにも見られ、ライオンの口から、雨水が流れ出す仕組みなどが作られていた。

このような建造物としてのガルグユとは、全く異なる伝承も存在する。7世紀のルーアン大司教であった聖ロマンのドラゴン（202ページ参照）退治だ。かつて、セーヌ川左岸には広大な沼地があり、そこにガルグユと呼ばれる怪物がすんでいた。それは、口から水を吐く大蛇もしくはドラゴンで、船を転覆させたり洪水を起こしたりと、様々な悪事を行った。

聖ロマンは、今更何も失うもののない1人の死刑囚だけを手助けに、怪物を退治することにした。死刑囚を囮に使って怪物を陸におびき寄せ、手にした十字架で怪物をおとなしくさせた。そして、ストラ[★2]を引き綱のように使って、怪物を町中に連れて行って、そこで人々に怪物を殺させた。死体は燃やしたが、首だけはどうしても燃えなかったので、大聖堂に置いて神の力の証とした。

この手助けの功として、死刑囚は命を助けられた。それ以後、聖ロマンの跡を継ぐ司教には、1年に1人だけ死刑囚に恩赦を与えることができるという特権が与えられたという(1790年まで、この恩赦の特権は保持された)。

この水を吐く怪物の首が、水を吐く共通性から、建物のガーゴイルとなったという伝説である。

いずれにせよ、ガーゴイルは石像であり、怪物では無かった。

ところが、今にも動き出しそうなその不気味さから、現代のポップカルチャーの中で、石像の怪物として使われるようになった。これが、我々の知る怪物としてのガーゴイルである。つまり、ガーゴイルという怪物は、20世紀後半に作られたものだったのだ。

ディズニーのアニメ『ノートルダムの鐘[★3]』（1996）にも、ユーゴー、ヴィクトル、ラヴァーンの3人のガーゴイルが、主人公カジモドの親友として登場する。このガーゴイルたちは、主人公を励ましたり、冗談を言ったりと、非常に良い奴として描かれている。ユーゴーとヴィクトルは、明らかに原作者のヴ

★2：司祭が儀式の時に身につける、首からかける帯。

★3：本来の題名は『ノートルダムのせむし男（he Hunchback of Notre Dame)』で、世界中でこの題名で公開されているのだが、奇妙なことに日本でだけ題名を変えられた。ご丁寧なことに英語タイトルまで"The Bells of Notre Dame"にわざわざ変えてある。

ィクトル・ユーゴーからだが、ラヴァーンはおそらくディズニースタジオの近くにある地名“La Verne”から取ったものだと思われる。

Golem
ゴーレム

ユダヤ教の神秘思想の中に登場する自動で動く人形。

最も古くにゴーレムという言葉が登場するのは、『旧約聖書』である。

胎児であったわたしをあなたの目は見ておられた。[★1]

この「胎児」がゴーレムである。意味的には「形無きかたまり」といった意味である。そこから、ユダヤ教のミシュナー[★2]では、ゴーレムを「教養無き人」という意味で使っている。現

★1：『旧約聖書』詩編139章16節

★2：『旧約聖書』の最初の五書をトーラーという。ミシュナーとは、紀元前6～紀元3世紀ごろに書かれた、トーラーに関する注釈書である。

ゴーレム

代では、ゴーレムを、「愚か者」の意味で使うこともある。

だがユダヤ神秘主義では、ゴーレムは、徳の高い人間だけが作ることができる、土でできた人形である。というのは、生命を与えることは神にしかできないことだからだ。もちろん、ゴーレムは本物の生命ではないが、似たことをするためでも、神に近い徳の高さが必要になる。そこで、ユダヤ教のラビ（ユダヤ教の司祭のようなもの）がゴーレムを作ると言われるようになった。

ゴーレムを動かすためには、魔法の言葉か聖なる言葉によって力を与えられる必要がある。聖なる言葉には、神の名、数秘法で得た聖なる数、「真実」を表す“Emet”など、様々だ。また、それをゴーレムに記す方法も、口の中に書いた紙を入れる。額に記す。ゴーレムの体内に書いておく。などの方法が知られている。

逆に、この言葉を消去すれば、ゴーレムは動きを止めるか、崩れ去る。口の中の紙だったら、使う時だけ口に入れ、止める時は取り出しておくことができて便利である。額などに彫り込まれた場合は、それを削り取ることになるので、再び動かすのは大変だ。

特に有名なのが、“Emet”の“E”だけを削るというものだ。すると、“met”だけが残るが、これは「死」という意味なので、ゴーレムは土に戻ってしまうのだという。

ゴーレムを作ったラビの伝説はいくつもあるが、最も有名なのは、16世紀プラハのユダヤ人ゲットーにすんでいたラビ、イェフダ・レーヴ・ベン・ベザレルの伝説だ。彼は、ユダヤ人ゲットーをポグロム[★3]から守ったとして知られる人物だ。

★3：ヨーロッパでたびたび行われたユダヤ人に対する集団テロ、集団リンチなどのこと。

彼の物語は、19世紀の出版人Wolf Paschelesのユダヤ物語集“Galerie der Sippurim”（1847）に収録され、広まり始めた。

次に、1909年にオーストリアでプラハのゴーレム物語は発売され、これが世界各国に翻訳されて、世界中の人々にゴーレムというものを教え込んだ。

1915年に出版されたオーストリア作家グスタフ・マイリンクの小説『ゴーレム』は、その題名にも関わらずゴーレムが主題では無い（もちろん、ゴーレムは登場するが）。だが、創作ではあるものの、作者のマイリンクがオカルティストや神秘主義の団体にいくつも参加しており、そのような団体において様々な位階を得ていたことも知られている。このため、この本のゴーレムが、本当のゴーレムであると信じられるようになった。

同書によると、ゴーレムとは、カバラの秘法で造られた人造人間で、土塊で人間を象ったものだ。そして、歯の裏に魔法の数を書き込むことで、動き回るようにしたものだ。だが、その口の中の秘密の言葉が失われると、再び土に還ってしまう。

17世紀に、とあるラビが、下男兼教会の鐘突きとして作ったのが始まりだとされる。だが、そのかりそめの生命は、歯の裏に張られた護符の力によって動く。だが、ゴーレムは、昼間だけしかコントロールが効かない。夜には、護符を外しておく。だが、外すのを忘れたら、夜にゴーレムは凶暴になり暴れ出すのだという。

Zombie
ゾンビ

蘇った死者。腐った死体が動き回っているものをこう呼ぶ。

本来は、中南米でアフリカから連れてこられた黒人奴隷の精霊崇拝と、白人たちのキリスト教が混ざり合って作られたヴードゥー教の儀式によって生み出される生ける死者のことを言う。

本来のゾンビは、いわゆるゾンビ映画のゾンビとは全く違う。

そもそも、ゾンビという言葉の出所もはっきりしない。コンゴの黒人の「神・祖霊」を表す「ンザンビ（nzambi）」が元だという説のほかに、西アフリカで「呪物」を表す「ズンビ（zunbi）」や、アメリカ先住民の「幽霊」を表す「ジャンビ（jumbie）」説もある。

ヴードゥー教においては、ゾンビとは、ボコール★1によって蘇った死者のことを意味する。彼らは、死から蘇ってはいる（つまりゾンビは生きているのだ）ものの、自分の意志を持つことはなく、ボコールの完全な支配下にある。

こうやって作られたゾンビは、映画などと違って、外見的に

★1：ヴードゥー教の司祭。ゾンビの術のような恐ろしい魔術を使う司祭をボコールという。

は、普通の人間と変わらない。食事も普通にする。ただ、意志と個性とを持たないのだ。

では、どうやって、ゾンビを作るのか。そのためには、ゾンビパウダーと呼ばれる魔法の粉を必要とする。

ヴードゥーによれば、人間は5つの構成要素からなる。

ゼトアール	人の運命の星。元々人間の身体に宿っておらず、天空に存在する。
グロ・ボンナンジュ	大いなる守護天使と呼ばれる。人間の魂だが、まだ人格による差の芽生えていない、基本的情動の部分だ。それだけに、憎悪や色欲などに影響を受けやすい。
ティ・ボンナンジュ	小さき守護天使と呼ばれる。魂の個性を表す部分。人格などは、ここに宿る。
ナーム	肉の霊。肉体を活動させる力を持つ。
コール・カダブル	肉体そのもの。これだけが残った状態を、死体という。

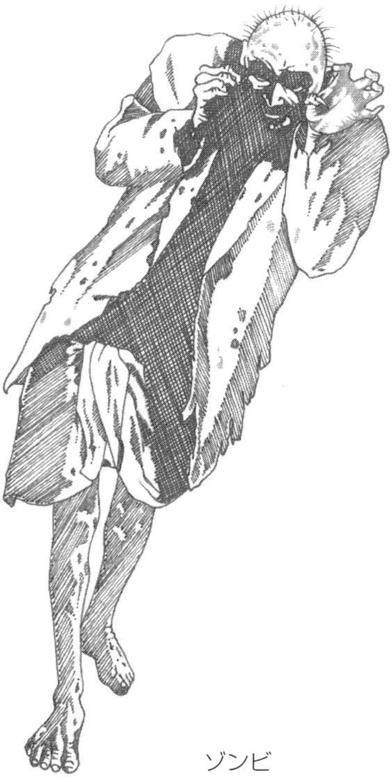

ゾンビ

ゾンビパウダーを摂取した者は、いったん死亡する。ただし、通常の死では、肉体であるコール・カダブルから、他の全ての部分が離れてしまうが、ゾンビパウダーによる死は異なる。いったんは、グロ・ボンナンジュとティ・ボンナンジュは肉体から離れる。これによって、人間は死んだように見える。しかし、ナームはまだ残っており、肉体が腐敗することはない。

そして、墓から掘り返された犠牲者は、ボコールの儀式によってティ・ボンナンジュを奪われ、壷に閉じ込められる。こちらを「魂のゾンビ」という。そして、肉体は、グロ・ボンナンジュ、ナーム、コール・カダブルの3つから構成され（ゼトアールは、元から肉体に宿っていない）、こちらを「肉のゾンビ」と呼ぶ。

肉のゾンビには人格がないため、意志のない肉体のまま、奴隷として働かされるのだ。

ボコールも、闇雲にこのようなゾンビを作るわけではない。

1つの理由としては、懲罰としてのゾンビだ。タブーを犯し、社会として許しておけなくなった者を、ゾンビとして意志のない奴隷として働かせることは、ある意味死刑以上に厳しい刑罰である。しかも、貧しい地方においては、労働力を失わずにすむありがたい方法でもある。

もう1つは、依頼によるもの。誰かをゾンビにして欲しいという依頼を受けて、行うのだ。普通は、恨みを晴らすために用いられる。まともなボコールなら、依頼者の話を聞いて、恨まれても仕方のない相手だけをゾンビにする。この呪法で何の咎もない人をゾンビにするのは、罪悪であると考えられている。もちろん、そんなことは気にしない邪悪なボコールが存在するのも事実だが。

これが、ヴードゥーにおけるゾンビである。

ここで、科学的分析の話をすると、このゾンビパウダーには、色々な材料が入っている。その中には、確かに人間を死に至らしめる恐ろしい薬物が含まれる。

ダツラ・ストラモニウム（シロバナチョウセンアサガオ）という麻酔薬の原料になる草の実がある。ハイチの人々は、これをゾンビのキュウリ（コンコンブル・ゾンビ）と呼ぶ。

フグ。もちろん、呼吸を止めてしまう恐ろしい毒テトロドトキシンを含む。
ガマ。ブフォ・マリヌスというこのガマの表皮からは、幻覚剤が取れる。
これらの薬物をうまいバランスで配合すると、人間は仮死状態に陥る可能性がある。そして、仮死状態をある程度短く、ちょうど良いくらいの時間保持しておくと、最も酸素不足に弱い前頭葉（意志を作る部分）だけがやられ、それ以外の部分は平気な状態で目覚めさせることができる。これがゾンビなのだと、科学者は推定している。
だが、現在の我々は、これらと全く関係のないゾンビを知っている。腐りかけもしくは、腐って皮膚が爛れ落ちているような外見で、人間を襲うという怪物としてのゾンビである。あのようなゾンビはいつ頃生まれたのか。
実は、あのゾンビは、映画が作ったものだ。
最も古いゾンビ映画は“White Zombie”（1932）という映画だが、これは、若いカップルの女性に横恋慕した男が、ヴードゥーの司祭に頼んで彼女を死なせ、カップルの男が諦めたところで、彼女を蘇らせようとするもので、ヴードゥーのゾンビそっくりの使われ方をしている。
その後も、ナチスがゾンビを使って死なない兵士を作ろうとする“Revenge of the Zombies”（1943）などもあるが、外見的には普通の人間の姿をしたゾンビが登場するものだ。
恐ろしいゾンビが人間を襲うという物語は、実はジョージ・ロメロ監督の『ナイト・オブ・ザ・リビングデッド（Night of the Living Dead）★2』（1968）が最初のものだ。つまり、腐りかけて人間を襲うゾンビというものは、ロメロ監督が作った非常に新しいものだったのだ。
それ以前に、ジョン・ギリング監督の『吸血ゾンビ（Plague of the Zombies）』（1966）というイギリス映画があるが、これは日本タイトルの付け方がおかしくて、ゾンビは血も吸わないし人間も襲わない。この映画に登場するゾンビは、墓から蘇らされて鉱山で働かされているという正統的ゾンビである。ただ、この映画における、ゾンビの青白い死体のような不気味な外見は、ロメロ監督に大きな影響を与え、間接的にだが人間を襲うゾンビの外見を決定づけたという点で重要である。

★2：実は同作では、怪物はリビングデッドであり、ゾンビとは呼ばれていない。同監督がゾンビという言葉を使ったのは、1979年の『ゾンビ』からである。

Calydonian Boar

カリュドーンの猪

　ギリシャ神話に登場する巨大で強力な猪。その姿に関して、特に伝承は無いので、形は通常の猪と変わらないものと思われる。だが、その強さは、ギリシャ神話の他の怪物に劣るものではない。

　そもそもこの猪が現れたのは、カリュドーン[★1]の王オイネウスが、その年の初穂を神々に捧げるときにアルテミス[★2]にだけ捧げるのを忘れてしまったのが原因である[★3]。

　アルテミスはこの仕打ちに怒って、強大な猪を送った。これがカリュドーンの猪と呼ばれる所以で、猪そのものには名前はない。猪が送られたのは、カリュドーン市の紋章が猪だったからだと思われる。

　猪は、土地を荒らして作物が生えぬようにし、家畜や人々を殺した。

★1：古代ギリシャの都市の1つ。

★2：ギリシャ神話の狩猟の女神。アポロンと双子で産まれた。

★3:アポロドーロス著『ギリシア神話』

カリュドーンの猪

このため、オイネウスはギリシャ中に英雄を求め、猪を殺してくれるよう願った。その報償は、殺した猪の毛皮である。

かくして、ギリシャ中から、数多くの勇士が集まった。だが、誰が集まったかにおいて、諸本は異同があり、はっきりとは判らない。だが、オイネウスの息子メレアグロスと、女性のアタランテーが含まれていることは、確かである。また、ヘラクレス[★4]が参加していない[★5]のも共通している。

オイネウスは彼らを9日間饗応し、10日目に狩りを行わせた。この時、何人かの者が、アタランテーを狩りに参加させることを拒否した[★6]。

だが、メレアグロスは、アタランテーに恋心を抱いており、彼女の参加を認めた。

この後は、諸本によって違うのだが、アポロドーロスによれば、以下のようになっている。

ヒュレウスとアンカイオス[★7]は猪に殺された。ペーレウス[★8]は慌てて猪ではなく、エウリュティオーン[★9]に投げ槍を当てて殺してしまう。

そして、アタランテーが最初に猪の背に矢を射て、次いでアムピアラーオス[★10]が目を射た。そして、メレアグロスが猪の脇腹を槍で突き刺して殺した。

ここまではよかった。メレアグロスは、賞品である皮を、最初に猪を傷付けたとしてアタランテーに与えた。だが、テスティオスの息子たち(メレアグロスの母の兄弟)は、女が賞を得るのは恥だと、アタランテーから皮を奪った。これに怒ったメレアグロスは、彼らを殺して皮をアタランテーに返してやった。

これに怒ったのが、メレアグロスの母アルタイアーである。実は、メレアグロスにはある予言がなされていた。それは、産まれてきたときに、炉の上にある燃え木が燃えてしまったときに、メレアグロスは死ぬというものだった。アルタイアーは、それを聞いて、燃え木を炉から取り出し、保存しておいた。

だが、兄弟を殺された怒りのあまりアルタイアーは、燃え木に火を付けてしまう。そして、燃え木が尽きると同時に、メレアグロスは死んだ。

メレアグロスが死ぬと、アルタイアーとクレオパトラー(メレアグロスの妻)は首を吊って死に、彼の死を嘆いた他の女たちは、鳥になった。この鳥が、メレアグリス（ホロホロ鳥）である。

★4：ギリシャ神話最大の英雄。ヘラクレスとは、「ヘラの栄光」という意味。ゼウスが、浮気をして産ませた子供なので、ヘラの嫉妬を畏れて、そのような名前にしたのかも知れない。

★5：ヘラクレスは、その当時、奴隷としてリュディアの女王オムパレーに仕えていた。彼女は、ヘラクレスを女装させて、自分の傍らに侍らせていたという。

★6：神話学者カール・ケレーニイによれば、狩りは男性だけで行うのがしきたりだったからである。

★7：アルカディアーより来たリュクールゴスの子。

★8：プティーアーより来たアイアコスの子。

★9：プティーアーより来たアクトールの子。

★10：アルゴスから来たオイクレースの子。

ちなみに、ギリシャ神話には、もう1頭の猪が登場する。それが、ヘラクレス12の難業の第4、エリュマントスの猪(Erymanthian Boar)である。

こちらは、エリュマントス山に棲む猪で、周辺のプソーピス[★11]などに害を及ぼしていた。

さすがにヘラクレスと言うべきか、ただ1人で鬨の声を上げながら猪を追って、深い雪の中で疲れ果てた猪を、生け捕りにした。

エリュマントスの猪が弱かったのではなく、ヘラクレスが凄かったのだと言うべきだろう。

★11：古代ギリシャのポリスの1つ。

Bogie

ボギー

英国の妖精。

日本でも、小さな子供を叱るときに、「そんなことじゃ人さらいに掠われるよ」とか「悪い子は、鬼に喰われるぞ」とか、そういう言葉がよく使われた。このような行為は世界共通らしく、英国でも同じように、子供を脅かすための妖精がいる。

それがボギーだ。

このため、ボギーには特定の姿というものがない。それどころか、隣の家のボギーは、全く別の姿をしていることすらある。男のボギーもいれば、女のボギーもいる。だが、子供の恐れる姿であることに変わりはない。

ボギーは、子供の持つ恐怖の体現であるから、殺すことも、逃げることもできない。人間に恐怖という感情のある限り、ボギーが消滅することはない。

ボギーは変幻自在の妖精で、英国だけでも無数の名前を持つボギーがいた[★1]。「黒い男(the Black Man)」、「ブガボー(Bugabo)」、「バグ(Bug)」、「バグベア(Bugbear)」、「ノッキー・ボー(Knocky-boh)」、「マムポーカー(Mompoker)」、「スクラット爺さん(Old Scrat)」、「パンキー(Punky)」、「トッド・ロウリー(Tod-lowrie)」、「トム・ポーカー(Tom

★1：Elizabeth Mary Wright著"Rustic Speech and Folk-Lore"(1913)

Poker)」。他にも、「トム・ドッキン (Tom Dockin)」、「ボギーマン (Bogeyman)」、「ボガート (Boggart)」など。まだまだあるが、書ききれないので、このくらいにしておく。

大人は、これらの妖精を恐れることは全くないが、小さな子供にとっては恐ろしい怪物だ。

このような存在は、世界各国にいる。ポルトガルでは「ヴェロ・ド・サッコ (Velho do saco)」というし、ブルガリアではトルバという袋を背負った「トルバラン (Torbalan)」である。フランスでは「クロケ・ミタン[★2] (le croque-mitaine)」という。スペインでは、「エル・ココ (El Coco)」もしくは、「エル・クコ (El Cuco)」という。ラテンアメリカでも、スペインの影響を受けて、「エル・クコ」という。ただし、ブラジルはポルトガル系なので、「ヴェロ・ド・サッコ」である。

★2：これは、「手袋喰い」という意味なのだが、なぜ怖いお化けが毛袋を喰うのかは、よく判らない。

スウェーデンでは、「モンストレ・ウンデル・サンイェン (Monstret under sangen)」という。「ベッドの下の怪物」という意味だ。この言葉は、英語圏にも広まって、“Monster under the bed”という言葉になっている。

ロシア圏では、「ブカ (Buka)」とか「ババイ (Babay)」、「ババイカ (Babayka)」などと呼ばれる。「ババイ」とは、タタールの言葉で「老人」という意味がある。つまり、怖いタタール人の爺さんがやって来るぞという脅しなのだ。いかにロシア人がタタールのくびき(タタール人に支配されていた時代)を恐れているかが判る事例である。

ボギー

Poltergeist

ポルターガイスト

日本語で「騒霊」と呼ばれる奇妙な霊現象、もしくはそれを起こす霊そのものを表す。この霊現象に悩まされる人々にとっては、ポルターガイストはまさに悪霊そのものと言ってもよいだろう。ポルターガイストとは、ドイツ語で「ポルター（騒がしい）」、「ガイスト（霊）」の合成語だ。この言葉は、現象を過不足無く表現しているため、世界各国でこのドイツ語をそのまま使っている。

目に見えない霊が様々な物体（コップや灰皿、毛布などの軽いものから、テーブルやタンス、ベッドなどの重量物まで）を動かし、もしくは吹っ飛ばす。また、何かを叩くような音や、発光、発火といった現象が起こることもある。これらの現象を、ポルターガイスト現象という。そして、それを起こす霊をポルターガイストと呼ぶ。そして、不思議なことに、このような現象が発生する家庭には、ほとんどの場合、小さな子供がいることが判っている。

このため、ポルターガイストは、霊ではなく、子供の無意識の超能力が発揮されたものだという主張もある。逆に、懐疑派は、子供の悪戯であると主張している。

このポルターガイスト現象は、1923年のルーマニアの「ポルターガイスト少女」エレオノーラ・ズグンがニュースとして配信され、それによって一気に世界中で通用する用語となった。つまり、ポルターガイストは、20世紀になって広まった言葉なのだ。

1923年、ルーマニアのタルパ村の農民の娘エレオノーラは、祖母のいる町まで出かけた。そして、途中で道端に落ちていた金を拾い、その金でお菓子を買って食べた。祖母は、魔女という噂のある女だったが、孫に、ドラク[★1]は彼女を試したので、もはやお前は悪魔のものだと脅した。

翌日から、ポルターガイストが現れた。窓が割られ、小物が飛ぶ。祖母は、孫が悪魔に取り憑かれたと思い、村に戻した。

★1：ドラキュラと同じ語源で、ルーマニアでは悪魔という意味がある。

だが、村に戻って3日後に、ポルターガイストは再び現れた。水の入った水差しがゆっくりと宙に浮く、オートミール入りのボウルが客に当たって怪我をさせるなど、激しくなる。

そこで、彼女を僧院に入れることになった。だが、3週間後、僧院でも同じことが起こった。彼女は、狂人の房に閉じ込められることになった。

普通なら、これで終わるところだったが、新聞がこの事件を聞きつけ、オーストリアの心霊研究家が調査を始めた。研究家が急死した後も、心霊愛好家の伯爵夫人の援助を受けることになった。伯爵夫人が独房を訪れたとき、彼女は汚れきって、怯えていたという。

伯爵夫人は、彼女を自分の屋敷に連れて行き、親切にしてやった。そして、彼女も精神的に安定してきた。しかし、霊現象は彼女の精神の安定とは無関係であることが判った。伯爵夫人の屋敷でも、ポルターガイスト現象は起こったのだ。それは、白昼にも発生した。

伯爵夫人自身、その奇妙な現象を目撃し、“Der Spuk von Talpo”（1926）という本を書いた。

とはいえ、それ以前にも、ポルターガイストらしき事件は存在する。ただ、個別の現象として扱われ、ポルターガイストという言葉が使われない場合も多かった。

はっきりとした記録で最も古いものは、イギリスのテッドワースで1661年に起きた事件だ。この当時はポルターガイストという言葉は広まっていなかったので、「テッドワースのドラマー」という名で記録されている。この事件は、当時の聖職者Joseph Glanvillの著書“Sadducismus Triumphatus[★2]”（1668）に紹介されている。

テッドワースの地主モンペッソンが、地元の鼓手を捕まえて、そのドラムを没収したことから始まった。彼が、ドラムを自宅に置いておくと、原因不明の音が発せられるようになった。地主は、鼓手が魔女だと考えて追求したが、鼓手が獄中にある間も、騒音は続く。著者が、昼間に調査に行ったが、そこでも彼が座ろうとした椅子が動き、スリッパが飛ぶなど、怪現象が起こる。夜になると、近隣にまで響くほどの騒音を出す。また、騒音は、人が数を言うと、その数だけ音を鳴らすなど、何らかの知性を持っていることが伺えた。

★2：この本は、魔女や邪悪な魔術の存在を肯定し、懐疑派を否定する本。懐疑派をユダヤ教サドカイ派になぞらえて『サドカイ派の勝利』という皮肉な題名を付けている。セイラムの魔女裁判にも影響を与えたと言われる本である。

ちなみに、モンペッソン家にも、7才と11才の女の子がいた。

Minotaur
ミノタウロス

ギリシャ神話に登場する怪物。ミノタウロスとは「ミノス王の牛」という意味がある。

アポロドーロスによれば、ミノスは、先代のクレタ王が子がないまま死んだとき、自分が王になろうと考えた[★1]。だが、周囲の反対があったので、彼は神々が彼に王国を授けたのだと称し、その証拠として彼の願いは何でも叶うのだと主張した。

その実例として、ポセイドン[★2]に犠牲[★3]を捧げながら、海底から雄牛が現れることを願った。ただ、その時、現れた牛は神に捧げることを約束した。

彼の願いは聞き届けられ、海底から雄牛が現れた。こうして、ミノスは彼の言葉を証明し、クレタ王国の王となった。そして、海上の覇権を握り、ほとんどの島を支配下にした。

だが、ミノスは海底から現れた雄牛があまりに見事だったので、生贄にするのが惜しくなった。そこで、この牛を自分の牛の群に加え、神には別の牛を捧げた。

このいかさまにポセイドンは怒り、ミノスの妻のパシパエをして、雄牛に欲情を抱かせた。パシパエは、殺人の罪によってアテナイ[★4]を追放されたダイダロス[★5]に命じて、雌牛の皮を張った木製の雌牛を作らせた。そして、自分はその中に入って、雄牛と交わった。

こうしてパシパエは、アステリオスという名の子を産んだ。このアステリオスこそが、ミノタウロスである。彼は、頭は雄牛であったが、それ以外は人間だった。

ミノスは、これを見て、ダイダロスに迷宮を作らせ、その中にミノタウロスを閉じ込めた。そして、支配下にあったアテナイに命じて、9年ごとに7人の少年と7人の少女を生贄として差し出させ、この怪物を養った。

★1:アポロドーロス著『ギリシア神話』

★2：ギリシャ神話の海神。ゼウスの兄で、オリュムポス十二神の1人。

★3：犠牲が何だったのかは、アポロドーロスも書いてくれなかったので、不明のままだ。

★4：古代ギリシャのポリスの1つ。アテネのこと。

★5：ギリシャ神話に登場する伝説的名工、発明家。この神話の他に、空飛ぶ翼なども発明している。

その3回目の生贄の1人として迷宮に入ったのが、英雄テセウスである。だが、彼はミノタウロスを倒す自信はあったが、迷宮を突破する自信はなかった。ミノスとパシパエの娘アリアドネは、テセウスに恋して、自分をアテナイへ連れて行って妻にしてくれるなら、助けようと話をした。

テセウスが誓ったので、彼女はダイダロスのもとへゆき、迷宮の出口を教えるように頼んだ。ダイダロスは糸玉を用いる方法を教え、アリアドネはテセウスが迷宮に入るときに、糸玉を与えた。

テセウスは、糸玉を入り口の扉に結びつけ、糸を引きながら奥へと入った。そして、迷宮の奥でミノタウロスを見つけると、これを拳で殴り殺し、糸を引っ張りながら、元の扉に戻った。そして、アリアドネと他の生贄の子供たちをつれて、クレタを出奔した。

こうしてみると、いかに英雄とはいえ、拳で殴り殺されてし

ミノタウロス

まうなど、ミノタウロスはそれほど強い怪物では無かったというべきだろう。

ちなみに、テセウスと一緒に出奔したアリアドネだが、途中でデュオニソス[★6]に見そめられ、掠われてレムノス島に連れて行かれ、神の子を産むことになった。

★6：ギリシャ神話の酒と陶酔の神。

Doppelgänger

ドッペルゲンガー

人間そっくりの怪物。ドッペルゲンガーは元々ドイツ語で、「ドッペル（分身）」、「ゲンガー（歩行者）」という意味だ。英語では「ダブル（double）」と言う場合もあるが、ドイツ語そのままで使われることも多い。フランス語でも「ダブル(double)」という。

ただし、一見ドッペルゲンガーに似ているが、違う事例も存在する。

人間には、そっくり同じ顔の人物が3人いるという。だが、これは人間同士が同じ顔をしているだけで、ドッペルゲンガーではない。

また、バイロケーション現象というオカルト現象がある。これは、同時複数箇所存在とでも訳すべき言葉で、同一人物が同時に2ヶ所に存在することだ。これはドッペルゲンガーのように、そっくりな何者かが現れるのではない。正真正銘本物が2ヶ所以上に同時に現れることを言う。一見似ているが、はっきりとした区別がある。

キリスト教では、バイロケーションはキリストの奇跡の1つである。最後の晩餐のとき、キリストは「ナザレのイエス」として出席しているにもかかわらず、そこに饗されたパンと葡萄酒は「キリストの肉と血」であるという一見矛盾に見える状況は、バイロケーションの奇跡として理解される。また、世界中で行われる聖餐式[★1]にも、キリストは奇跡によって同時に出席しているというのが、キリスト教における解釈である。

このような事例をドッペルゲンガーとは言わない。ドッペル

★1：カトリックでは聖体拝領、正教会では聖体礼儀という。最後の晩餐を摸して、信者たちにパン（ホスチアというウエハースや、アンティドルという聖餅）とワイン（葡萄ジュースのところもある）を配り、それを食する。パンはキリストの肉体、ワインは血であるという。つまり、世界中で聖餐式が行われているとき、その全ての場所にキリストの肉体と血がなければいけないことになる。

ゲンガーは、もっと恐ろしく、ある種の悪意に満ちた存在である。

当人と瓜二つな存在が、自分の周囲に現れる。他の人は、当人だと思って話しかけるが、無視される。そして、後で当人にその話をするが、当人はそんな場所に行ったことがない。これがドッペルゲンガーだ。

コラン・ド・プランシー[★2]の『地獄の辞典[★3]』にも、ダブル[★4]の項目は存在するが、「実のところ、ダブルには影しか存在しない」と書かれているので、実体はないのかも知れない。

だが、ドッペルゲンガーが他人に会っている間は、まだいい。もし、ドッペルゲンガーが当人の前に姿を現したとき、その人物はまもなく死ぬ運命にある。実際、何人もの有名人が、自分のドッペルゲンガーと会い、死んでいる。

『フランケンシュタイン』の作者メアリ・シェリーは、1822年7月8日に夫の詩人パーシー・シェリーを海難事故で失っている。だが、彼女は、友人に宛てた同年8月15日の手紙で、パーシーが死ぬ前に話した内容を伝えている。それによれば、彼は自分のドッペルゲンガーと会ったという。

また、アメリカ大統領のアブラハム・リンカーンもドッペルゲンガーを見た。

奇妙な夢か幻が、冬じゅうリンカーンを悩ませていた。投票の夜、11月6日の最初の電報で、自分が大統領に選ばれたのを知って、彼は自宅のソファに座り込んでいた。そこで彼は、タンスの鏡に映る自分自身の姿を見た。だが、その像には、2つの顔があった。

びっくりして立ち上がると、像は姿を消した。だが、もう1度座り込むと、再び2つの顔が見えた。片方は普通だったが、もう一方は青ざめた顔色だった。彼は立ち上がったが、当選の興奮の中で、そのことを忘れてしまった。だが、後で気になって、妻にその話をした。妻も、心配になった。

数日後、2つの顔の幻は再びリンカーンの前に現れた。だが、それが最後だった。亡霊は、二度と姿を見せることはなかった。彼は妻に、あれは自分が第2期も当選することを教えてくれているのだと言った。そして、片方の顔に青ざめた死相が浮かんでいるのは、彼が第2期を生きて終えることはないこと

★2：Jacques Auguste Simon Collin de Plancy（1793-1881）。フランスの著述家。『地獄の辞典』によって、後世に名を残した。

★3：コラン・ド・プランシーが1818年に出版した、オカルト・魔術・悪魔事典。版を重ねるたびに項目を増やし、1863年の第6版では、総項目3,799を誇る大著となった。

★4：同書はフランス語の本なので、「ドッペルゲンガー」ではなく、フランス語の「ダブル」という項目名になっている。

の前兆なのだと[★4]。

もちろん、リンカーン大統領は第2期の途中、1865年4月14日に狙撃され、翌日亡くなっている。

このように、奇妙な性質を持つドッペルゲンガーだけに、創作にもしばしば登場する。多いのは、ホラー作品に、恐怖の種として登場することだ。他にも、エンタテインメントにおいて、正義のヒーローと同じ強さの悪を登場させる時に、ドッペルゲンガー的状況を使うことも多い。

だが、後世に残る作品は、もう一捻り二捻りして、単なる分身では終わらせていない。

例えば、ドストエフスキーの『分身』(1849) は、小心者の役人ゴリャートキン氏の元に、彼そっくりなもう1人のゴリャートキン氏が現れる。元のゴリャートキン氏は、新たなゴリャートキン氏と仲良くなろうとするが、新たなゴリャートキン氏は、どんどん彼の理想像へと近づき、周囲の人間も新たなゴリャートキン氏との付き合いを喜ぶようになっていくというものだ。

なんと、分身のほうが人格者で、人々に愛されているという、ある意味、当人にとっての悪夢を描いている。

エドガー・アラン・ポーの『ウィリアム・ウィルソン』の主人公は、素行の悪い貴族だ。彼の前に、自分によく似た、同名の人間がライバルとして登場する。彼は、主人公が悪事をしようとすると現れて、阻止するのだ。主人公は、彼をついには決闘で殺してしまう。

だが、彼こそは、実は主人公の良心、彼の分身であったことが最後に判明する。別人だと思わせておいて、最後になって分身だと判明するという、通常とは逆の作品だ。

ドッペルゲンガーおよびその仲間たちは、今後も大いに創作の種となってくれることだろう。

★4：Carl Sandburg著 “Abraham Lincoln: The Prairie Years”（1926）

Chonchon

チョンチョン

南米のチリの先住民族マプチェ人の伝承に登場する怪物。一種の鳥の化け物だ。

その姿は、人間の頭に巨大な耳と、爪がついたようなものだ。ただし、頭の下に鳥の胴体が付いているという説もある。

チョンチョンは、カルク（Kalku）[★1]が変身したものだ。もちろん、カルクだけの秘術である。

カルクは、魔法の秘薬を喉の周りに塗ると、自分の頭を取り外す。すると、取り外された頭がチョンチョンになるという。別の説では、頭が取り外されるのではなく、胴体が縮んで鳥になるとも言う。

チョンチョンは、人間の頭に翼と蹴爪が生えたような姿をしている。耳が、異常なほど大きくなって、翼の役目を果たす。この翼で、新月の夜空を飛び回るのだ。

チョンチョンは、妖術師の頭が飛んでいるものなので、当然妖術師の力を保持したままだ。また、チョンチョンは一般の人

★1：マプチェ人の妖術師。

チョンチョン

間には見ることができない。見ることのできるのは、他の妖術師だけだ。

ただし、チョンチョンの鳴き声や羽音は聞こえる。チョンチョンは、「チュエチュエチュエ」という鳴き声を立てながら飛ぶ。

チョンチョンを退治する方法として、秘密にされている12語の呪文を2度唱え、地面にソロモンの印（六芒星）を描く。さらに、チョッキを特別な広げ方をして地面に置く。すると、チョンチョンは姿を現して地面に落ちてしまい、他のチョンチョンが助けに来るまで、地面をもがき回ることしかできなくなる。

ただし、遊び半分でしない方が良い。チョンチョンは、自分を馬鹿にした者に必ず復讐するからだ。

ある人が、外でチョンチョンの鳴き声がするので、ソロモンの印を描いた。すると、七面鳥ほどもある大きな鳥が落ちてきて、それがチョンチョンだった。そこで、首を斬って頭を犬に与え、胴体は屋根の上に放り投げた。そして、翌朝屋根の上を見てみたが、チョンチョンの死骸は見あたらない。

それから少し経って、町の墓守がこういう話をした。その日に、見知らぬ人々が死体を埋めにやって来た。だが、後で気付いたが、その死体には首がなかったという。

こちらは、胴体が鳥の胴体に変身するチョンチョンだったのだと思われる。

他にも、チリには多くの怪物がいる。

アリカントという金を食べる鳥は夜行性で、翼から黄金の光が輝いている。アリカントには翼はあるが、金を常食にしているため、そ嚢《のう》★1が重くて飛べないのだ。空腹だと素早く走るが、満腹だと這って歩くのがやっとになる。銀を食べるアリカントもいて、こちらは銀色に輝く。山師たちは、アリカントの跡をつけて、金山のありかを探そうとするが、アリカントは敏感で用心深く、追跡に気付くと羽根の金の光を消して暗闇に姿を消す。

★1：鳥にある内蔵。食道の一部が膨れて、食べたものを一時的に蓄えることができる。

ハイドというタコは、カウハイド（牛の皮）を平たく伸ばしたほどの大きさがあり、その縁に無数の目がある。さらに、頭には4つの目がある。そして、水に入った人や動物を海中に引き込んでは食べてしまうのだという。

頭の怪物という意味では、北アメリカのイヌイットの伝承に、女の怪物カチュタユーク（Katyutayuuq）がいる。大きな頭に直接足が生えている怪物だ。乳房はほおにぶら下がっていて、アゴの先に性器がある。そして、誰もいない家で大きな音を立てて人を驚かせたりするという。雄は、トゥニチュアクルック（Tunnituaqruk）といい、顔中に入れ墨を入れているという。

Dragon of Philip the Apostle

使徒フィリポのドラゴン

キリスト教の十二使徒の1人フィリポ（ピリポとも言う）が、ドラゴン（202ページ参照）を制した話が残っている。

ヤコブス・デ・ウォラギネ[★1]の『黄金伝説[★2]』では、フィリポがスキュティアの地で異教徒に捕らえられ、マルス（ローマ神話の戦いの神）に香を捧げよと強要されたときのこと。

マルス像の下から大きなドラゴンが現れ、マルスの神官の息子を殺し、神官を2人殺した。さらに、毒の息を吐いたので、その場にいた人々は全て病気になった。

そこで、フィリポは言った。

「私の言うことを信じて、偽りの神像を壊し、主の十字架を崇めなさい。そうすれば、病人を治し、死者を蘇らせてあげよう」

すると、毒気に当てられた人々は、答えた。

「お願いですから、病気を治してください。そうすれば、すぐにでも偶像は破壊します」

その答えを聞いて、フィリポは、ドラゴンに、その場を去って人間の害にならないところに行けと命じた。すると、ドラゴンは二度と姿を現さなかった。

そうした後で、フィリポは病人を治し、死者も蘇らせてやった。こうして、マルスの信者たちは、全てキリストの信者になったという。

★1：Jacopo da Varazze（1228-1298）。ジェノヴァの大司教で、『黄金伝説（legenda aurea）』の著者として有名。

★2：聖者・殉教者の列伝。中世ヨーロッパでは『聖書』の次に読まれた本として知られている。

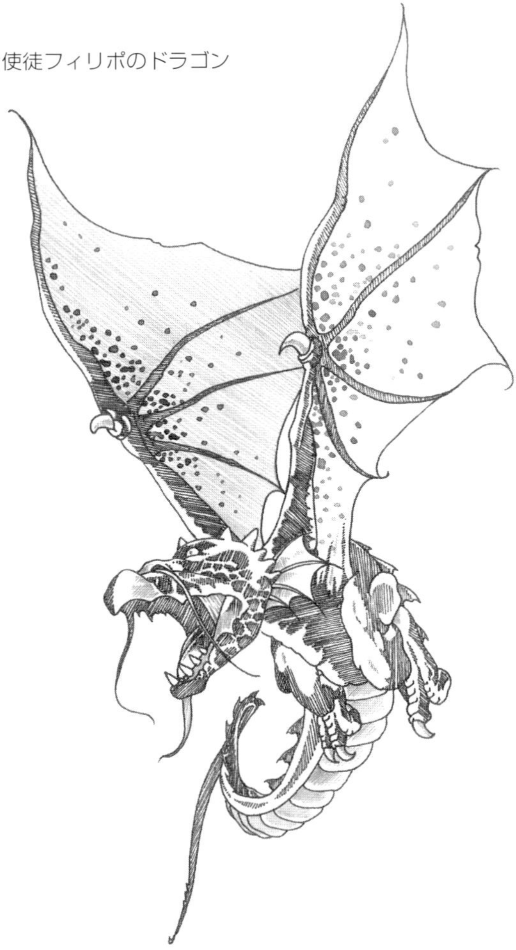

使徒フィリポのドラゴン

Dragon of St.Margarita

聖女マルガリタのドラゴン

アンティオケイア（古代シリアにあった都市）の聖女マルガリタ（英語ではマーガレット）が、神に祈ってドラゴン（202

ページ参照）と戦ったことがあるという。

ヤコブス・デ・ウォラギネの『黄金伝説』によれば、マルガリタは、キリスト教の迫害のために牢に入っていた。

この時、彼女は神に、自分と戦う敵を目に見える形で示してくれるよう祈った。すると、大きなドラゴンが現れて、彼女に襲いかかった。

ドラゴンがまさに襲いかかろうとしたとき、彼女が十字を切った。すると、ドラゴンは消え去ったという。だが、異伝では、もっと派手な話になっている。

ドラゴンは、上顎を彼女の頭の上に、舌を足の下にあてがって、一呑みで彼女を飲み込んでしまった。彼女は、ドラゴンの腹の中で、十字を切った。すると、ドラゴンは十字の力によって、真っ二つに破裂してしまい、マルガリタは腹の中から傷一

聖女マルガリタのドラゴン

つ無く生還したという。

マルガリタは、安産の聖人であるが、これは腹の中から無事に現れたということから来ている。そして、妊婦の腹に巻く帯[★1]のことをマルガリタ帯という。

★1：日本で言う岩田帯。

彼女を描いた絵画は、ドラゴンと一緒に描かれることが多い。ラファエロの『龍を退治する聖マルガリータ』などの名前が知られている。

A Bao A Qu

ア・バオ・ア・クゥー

ホルヘ・ルイス・ボルヘスの『幻獣辞典』(1967) に登場する架空の怪物。

だが、ここで問題がある。『幻獣辞典』の原著はスペイン語で書かれて、各国語に翻訳されているが、その内容が、それぞれ異なるのだ。

日本語訳された『幻獣辞典』には、ア・バオ・ア・クゥーは、リチャード・バートン版の『千夜一夜物語』の注釈に載っていると書かれている[★1]。

★1：柳瀬尚紀訳『幻獣辞典』(1974)

では、英語版はどうだろうか。

Andrew Hurley訳の英語版『幻獣辞典』に、それは書かれていた。

だが、Norman Thomas di Giovanni訳の英語版には、全く違うことが書かれている。

そこには、ボルヘスは、C.C.イトゥルヴル (C.C.Iturvuru) の『マレーシアの魔術 (On Malay Witchcraft)』(1937) という本からその知識を得たとある。確かに、"v"と"b"が違うだけの、よく似た名前のカエタノ・コルドバ・イトゥルブル (Cayetano Cordoba Iturburu) というアルゼンチンのジャーナリスト兼詩人は実在する (しかも、彼はボルヘスの友人である)。しかし、彼が、このような本を書いたという記録はない。

では、スペイン語の原著は、どうなっているのか。実は、版によって異なっている。バートンのことが書かれている版もあれば、イトゥルヴルのことが書かれている版もある。ただし、バートン版『千夜一夜物語』を見ても、そのような注釈は無いのだ。

要するに、ア・バオ・ア・クゥーは、ボルヘスが冗談で『幻獣辞典』の中に潜ませた、でっち上げの怪物なのだ。そして、その冗談に、友人であるイトゥルブルを登場させたのだ。様々な神話と伝承にある幻獣たちを紹介する中に、わざと存在しない架空の伝承を創造して内容に加えることで、「これに騙されてくれるかな」と、ニヤニヤ笑っていたのではないかと考えられる。

バートン版云々という記述は、ボルヘスが、他国の人間はイトゥルブルの存在など知らないから、判りやすくするために別の悪戯に変更したのかも知れない★2。

★2：これは、あくまでも山北の想像にすぎない。だが、多少の根拠はある。本文には、Captain Richard Francis Burtonの"The Thousand and One Nights"とあるが、バートン卿はそんな本は書いていない。卿は、ナイト爵を得てからは、"Captain"ではなく、"Sir Richard Francis Burton"と記載されるし、その著書の題名は"The Book of the Thousand Nights and a Night"である。スペイン語の原著でも、著者名は"capitán Burton"だし、題名は"Las mil y una noche"となっており、バートンの『千夜一夜』のスペイン語版"Libro de las Mil Noches y una noche"と異なっている。

さて、それではア・バオ・ア・クゥーとはどのような怪物なのか。

インドのチトール（ラジャスターン州チットールガル）にある勝利の塔（この塔がちゃんと実在するところが、ボルヘスの憎いところだ）の最下層には、目に見えない幻獣ア・バオ・ア・クゥーがいて、塔の螺旋階段を上る者がいると、その影に入り込んで一緒に上っていく。

最初は透明だったア・バオ・ア・クゥーだが、階段を1段上るたびに色と輝きを増し、最上段まで上れば完全な姿となる。

だが、この塔を一番上まで上った人間は涅槃に達することが出来、そうするともはや影を落とさなくなる。影にいられなくなったア・バオ・ア・クゥーは、苦しみながら階段を転がり落ちる。そして、せっかく得た輝きや色を失ってしまう。

もちろん、人間が途中で諦めた時は、ア・バオ・ア・クゥーも一緒に下がるしかない。

こうして、今回も完全な姿を得られなかったア・バオ・ア・クゥーは、現在でも塔を上る者を最下層で待ち続けている。

ア・バオ・ア・クゥーがどのような姿をしているのかは、定かではない。ただ、半透明の皮膚を持っていること、階段を上ると色合いが強烈になり、青みを帯びた輝きが増し、より完全な姿に近づいていく（ただし、その姿がどのようなものかは判らないのだが）ことだけは明らかにされている。

第2章

森

Elf

エルフ

北欧神話に登場する妖精族。古ノルド語[★1]ではアールヴ（A'lfr）と発音していたらしい。

元々は、低位の神族であったらしく、実際、『韻文エッダ（古エッダ）[★2]』「グリームニルの歌」では、「その昔神々はフレイに歯の贈物としてアールヴヘイムを贈った」とある。豊穣神フレイが、歯が生えた祝いとして、アルフヘイム（エルフの国）を手に入れた（王になった）という意味だ。つまり、エルフは、高位の神を王とする種族だった。

とはいえ、そもそもエルフとは何かという問題は、非常に答えるのが難しい。というのは、エルフは、英国、アイルランド、アイスランド、スカンジナビア諸国などに存在しているが、それぞれの国で言うエルフは相異なり、とても同じものと

★1：中世スカンジナビア半島、およびそこから移住した人々が住んでいる地域で使われていた言語。文字は、ルーン文字を使っていたが、キリスト教化が進むにつれて、ラテン文字を使うようになった。

エルフ

は思えないのだ。

まず、大きさが違う。人間サイズのエルフもいるが、小さな妖精のエルフ（背中に羽が生えていたりする）もいる。

もはや、エルフという一種族が存在するのではないと考えるしかないだろう。いくつものファンタジー種族の総称としてエルフという言葉がある。つまり、「あれはエルフだ」というのは、「あれは妖精だ」というのと同じで、エルフにも色々な種族があるのだ。

とはいえ、多くのエルフに共通する点もある（もちろん例外だってあるが）。

まず、彼らの姿は大変美しく魅力がある。

次いで、彼らは長命もしくは不死である。

さらに、魔法の力を持っていることが多い。

エルフ（英国）

★2：北欧神話を記録した『エッダ』と呼ばれる文献は2つある。

1つは、1220年頃にアイスランドの詩人スノリ・ストゥルルソンの書いた『散文エッダ』もしくは、『新エッダ』である。『スノリのエッダ』と呼ばれることもある。

もう1つが、『韻文エッダ』または『古エッダ』と呼ばれるもので、古ノルド語で描かれた古代歌謡集だ。1643年にアイスランドで発見された『王の写本』がその大半を占めるが、それ以外にもいくつかの写本が発見されており、それらを含めて『韻文エッダ』と呼ばれる。『新エッダ』に引用されている歌謡をたくさん含むので、その引用元と考えられたため『古エッダ』と呼ばれるが、『王の写本』が編纂されたのは1270年頃とされ、『スノリのエッダ』より新しい。

　このように優れた種族であるが、彼らは身体のどこかに人間としては何か欠けるところがある。例えば、身体の後ろ側ががらんどうだとか、足が蹄であるとか、牛の尻尾があるとか、そういった点である。

　このため、エルフはその部分を隠そうとする。足の蹄を隠すために、長く地面まであるスカートをはくとかだ。逆に、その点を発見され、指摘されると、彼らは姿を隠してしまう。

　では、各国のエルフは、それぞれどうなっているのだろうか。

　まず、英国のエルフだ。

　英国のエルフは、他の国のエルフと大きく違う。というのは、英国のエルフは、とても小さいのだ。妖精の女王ティターニアも、「我が小さきエルフたち」と言っている[★2]。そして、背中に昆虫の羽根があり、花の蜜を吸って生きている。いわゆるフェアリー（小妖精）（80ページ参照）とほとんど変わらない存在だ。

★2：シェイクスピア著『夏の夜の夢』

　これに比べ、スコットランドでは、エルフはもっと大きくて、人間サイズだ。

　ただし、エルフと呼ばれることは、どちらかというと蔑称に近いものとして、当の妖精には受け取られたようだ。

Gin ye ca' me imp or elf,
わしをインプとかエルフと呼んだ時は
I rede ye look weel to yourself;
お前に目にもの見せてくれる。
Gin ye ca' me fairy,
わしをフェアリーと呼んだ時は、
I'll work ye muckle tarrie ;
お前をすごく困らせてやる。
Gin guid neibour ye ca' me.
わしを善いお隣さんと呼んだ時は、
Then guid neibour I will be ;
そんときゃ、善いお隣さんとなってやろう。
But gin ye ca' me seelie wicht,
でも、わしを祝福された人と呼んだ時には、
I'll be your freend baith day and nicht.

昼も夜も、わしはあんたの友達だ。★3

つまり、妖精にとって、エルフと呼ばれるのは、インプ（20ページ参照）と呼ばれるのと同等に腹立たしいことなのだ。

北欧神話では、エルフはもっと神々しい。先に書いたように、豊穣神フレイの民である。そして、エルフは「リョースアールヴ（光のエルフ）」と「デックアールヴ（闇のエルフ）」に分かれる。現在、ファンタジー小説などで、ライトエルフとダークエルフという分類が使われることがあるが、それはこの言葉から来ている。

ただし、その意味合いは全然違う。

デックアールヴとは、邪悪なエルフではない。ドワーフ（211ページ参照）などの地下に住む妖精を表す言葉なのだ。

リョースアールヴは美しく、灰色の服に白いヴェールを着ている。しかし、どこか人間とかけ離れた部分がある。だが、それがばれるのを恥じる。

北欧のエルフは、牛の尻尾がある。人間に紛れて、ダンスをしていたエルフのスカートの下から尻尾が見えていたとき、とある男性は、ぶしつけに指摘するのではなく、エレガントに「お嬢さん、ガーターが下がっていますよ」と言った。このため、エルフの感謝を得て、生涯幸せに暮らしたという。

デンマークのエルフは、前から見ると普通だが、後ろから見ると中が空洞になっているというもの。

だが、我々のエルフ観に最も大きな影響を与えたのは、神話伝説ではなく、トールキンの『指輪物語』である。

ここに登場するエルフは、背が高く（人間よりも少し高い）、高貴で（唯一神に最初に作られた種族）、寿命がなくて永遠に若いままで生きる（死ぬのは、生きることに疲れた時だけ）。少し耳がとがり、スマートなエルフである。

現在の我々の知るエルフは、ほぼトールキンのエルフに則っている。

★3：原文は、Robert Chambers著 "Popular rhymes of Scotland"（1870）に掲載されている詩で、スコットランド英語で書かれている。

Puck
パック

イギリスの森の妖精。他のヨーロッパ諸国にも同様の妖精がいて、アイスランドではプーキ（Puki）、アイルランドではプーカ（Pooka）、ウェールズではプカ（Pwca）などという。

ギリシャの牧羊神パーン（ローマの牧羊神ファウヌス）と同じような、山羊の脚、頭に角という姿をしている。

悪戯好きの妖精だが、人を傷付けたりするような悪辣な悪戯をするわけではない。

例えば、バターを作る攪乳器（ミルクをかき混ぜる器具）の中で踊ったりする。すると、ミルクは固まらず、バターができない。また、誰かが椅子に座ろうとすると、その椅子をこっそり引っ張って、思いっきり尻餅をつかせたりする。そのくらいの、罪のない悪戯がパックのやることだ。

それどころか、弱者や貧者、困難に出会った恋人たちなど、困っている人々をパックが助けてくれるという物語も多い。

シェイクスピア★1の『夏の夜の夢』に登場するパックが、最も有名だ。彼は、妖精王オーベロンの一番のお気に入りで、別名ロビン・グッドフェロー（善人ロビン）とも呼ばれている。妖精の宮廷における道化師だ。

シェイクスピアの物語では、このパックが、妖精王オーベロンに命じられて、妖精の女王ティターニアに媚薬を使うことになったが、悪戯好きのパックは、勘違いからそれ以外の人間にも媚薬を使ってしまう。こうして、恋人たちの関係が混乱し、困ったことになるが、色々騒ぎの末に恋人たちの関係も収まるべきところに収まって、めでたしめでたしで終わるというコメディだ。

シェイクスピアは、パックの姿について何も記述していないが、ほとんどの舞台（『夏の夜の夢』は戯曲であり、舞台公演されるもの）では、一般的なパックの姿で登場する。

シェイクスピアにとっては、パックとホブゴブリン（222ページ参照）は、似たようなものと見なされていた。実際、第2

★1：William Shakespeare（1564-1616）。イギリスを代表する劇作家。『オセロ』、『ハムレット』、『リア王』など、多数の傑作を書いた。

パック

幕第1場では、

仙女　　ホブゴブリン様とか、深切なパック様とかお前をよぶ
　　　　人々のためには、
　　　　仕事をしてやり、幸運を授けてやる、
　　　　それもお前でないかえ？
パック　仙女さん、お前のいふ通り★2

★2：シェイクスピア著『夏の夜の夢』

という風に、パックはホブゴブリンと呼ばれても、気にしていない。

この『夏の夜の夢』を踏まえてのことだと思われるが、ドイツの文豪ゲーテの『ファウスト』でも、オーベロンとティターニアの結婚式が行われ、パック（岩波文庫版ではプックとなっているが）も登場する★3。だが、こちらのプックは、同じく道化者だが、意地の悪い台詞を言うようになっている。

★3：ゲーテ『ファウスト』第1部「ワルプルギスの夜の夢」

シェイクスピア以前には、14世紀の詩人ウィリアム・ラングランドの『農夫ピアーズ（Piers the Ploughman）』のように、パックを悪魔とみなし、地獄を「プーカの檻」と呼ぶような場合もあったが、シェイクスピアのパックが、そのような視点を一掃してしまった。

パックの別名にはウィル・オ・ウィスプ（179ページ参照）というものもある。この場合、ウィル・オ・ウィスプは、鬼火ではなく悪戯好きの妖精になるし、その行為も悪戯の範囲に収まっている。ただし、恐ろしいウィル・オ・ウィスプもあるが、それはそちらの項目を参照して欲しい。

Faery/Fay
フェアリー／フェイ

フェアリーとは、「妖精」を意味する英語だ。だが、元々は妖精はフェイ“fay”といいフェアリーとは、フェイのかける魔法を表す言葉だったとされる。それが、だんだんと魔法をかける者を表すようになって、フェアリーがいつの間にか妖精を表すようになった。

では、“fay”の語源はというと、ラテン語における、運命の三女神ファタ“Fata”であった（人の運命と死を司る恐ろしい神でもあった）。それが古フランス語のファエ“fae”となり、英語の“fay”となるにつれて、だんだんと恐ろしさが無くなってたくさんいる妖精のこととなったらしい。

ちなみに、現在ではフェアリーというと、昆虫の羽の生えた小さな妖精というイメージが強い。もちろんそのような妖精も、昔から存在した。だが、より一般的なフェアリーは人間と同じくらいの大きさで、超常の力を持つ神に近い存在だった。

それが、小さな妖精のほうが一般的になったのは、1916年のコティングリー妖精事件が原因である。この事件は、昆虫の羽の生えた小さな妖精を、2人の少女が写真に撮ったというものだ。これを、シャーロック・ホームズの作者として高名だったコナン・ドイルが信じて、雑誌に本物として公開してしまったことから、妖精ブームが到来した。

実際の妖精写真はというと、本のイラストを真似て少女が描いた妖精の切り抜きを地面に立てて、それを撮影しただけのお粗末なものだった[★1]。だが、コナン・ドイルの名声が悪い方に働いた。ホームズの作者ともあろう者が騙されるはずがないという思い込みから、人々はこの写真を信じた。なんと、フェアリー＝昆虫の羽の生えた小さな姿となったのは、20世紀になってからのことだったのだ。

では、このような捏造写真に影響されない、本来のフェアリーとはいかなるものだったのか。

イギリスのケルト伝承のフェアリーは、人間と同じか少し高いくらいの身長で、トゥアハ・デ・ダナーン（ダーナ神族）と呼ばれる一族だった。彼らは、魔法の力を持っていたが、冷たい鉄に弱く、触れると死んでしまう。研究者によれば、ケルト人がブリテン島にやってくる前から住んでいた先住民族[★2]の記憶が、このように変形したのだと言う。

だから、アイルランドの農民は、畑を掘り起こすとたまに出てくる石の矢尻は、フェアリーの矢の矢尻だったと考えている。だから、この矢尻には、魔法の薬効があるという。

だが、フェイが最もたくさん登場するものと言えば、アーサー

フェアリー

★1：調査によれば、二重露光などのトリックはないことがわかっている。これは当然で、紙に描いた妖精を、その場に置いて、実際に写真に撮っているのだから、二重露光などの作為が発見されるわけがない。

しかし、妙にはっきり映りすぎている。飛んでいるはずなのに羽が全く動いていないなど、当時から多くの疑問が出されていた。

★2：ストーンヘンジなどを作れる高度な文明だったが、鉄を知らない石器文明だったらしい。

王伝説になるだろう。

そもそも、アーサーの異父姉が、モルガン・ル・フェというフェイなのだ。ただし、15世紀に書かれたトマス・マロリーの『アーサー王の死』などでは、もはや彼女は妖精ではなく、魔術師として描かれているのだが。

また、円卓の騎士ランスロットを育てた湖の貴婦人ヴィヴィアンも、アーサーにエクスカリバーを与えた湖の貴婦人ニミュエなどもフェイである。アーサー王伝説には、他にも湖の貴婦人と呼ばれる女性が多数登場している。湖の貴婦人そのものが、フェイの一種なのだと考えた方が良いだろう。

シェイクスピアの『夏の夜の夢』に登場するフェアリーも人間サイズだ。このため、「フェアリー」や「妖精」と訳すと違和感があるためか、「仙女」と訳されることも多い。オーベロンとティターニアも妖精王と女王だが、本当は彼らもフェアリーの王、フェアリーの女王なのだ。

また、フェアリーは、人間型とも限らない。

トゥアハ・デ・ダナーンの妖精馬“fairy horse”とか、妖精犬“fairy dog”のように動物の姿をしたもの、ウィル・オ・ウィスプ（179ページ参照）のように光というか炎の固まりが空中に浮いているものなども、フェアリーとされる。

Ent

エント

トールキンが創造した森の巨人。

その語源は古くゲルマン語“etunaz”に由来し、このヨトゥンという言葉が、アングロ＝サクソン語に入ってエントになったと考えられている。スコットランドの人喰い巨人エティン（216ページ参照）（Ettin）も、同系統だ。ただし、エントは特定の種族を表す言葉ではなく、それこそ日本語の「巨人」と同じく人型の巨大なものなら全てエントという言葉で表せる。それこそ『ベーオウルフ[★1]』に登場するグレンデル（168ページ参照）もエントだ。

★1：8世紀ごろに書かれたとされる中世イギリスの英雄叙事詩。2部構成になっており、前半は若き英雄ベーオウルフがグレンデルという魔物を退治する物語。後半は、老境に入ったベーオウルフが、ドラゴンと戦う物語である。

この言葉を、トールキンが自作に取り入れ、オリジナルの要素を追加したのが、トールキンのエントである。その意味で、古い伝承のエントとは大きく異なったものとなっている[★2]。

トールキンのエントは、巨人といっても、人間の姿とはかなり異なる。エントは、人間の形をした樹木だ。彼らは、身長4メートル以上にもなり、その大きさに相応しい怪力の持ち主でもある。普段は、森の中に住んでおり、じっとしていると普通の木と区別ができない。

エントは、元々ヤヴァンナ（唯一神エルに従う小神の1人）が、敵から逃げる術を持たない植物たちを守るために、植物の守護者として作り出したものだった。

奇妙なことに、エントには男性しかいない。元々は、女性のエントもいたのだが、彼らの嗜好は異なっていた。男性のエントは森の木々を好み、森に住むことを選んだ。だが、女性のエントは草花を好み、野原や果樹園など広々としたところに住む

★2：J.R.R.トールキン著『指輪物語』

エント

ことを選んだ。このため、男女のエントは分かれて住んでいた。

ところが、太陽の第2紀が終わるころ、野原は荒らされ、それとともに女性のエントたちも姿を消した。エントが易々と殺されたとも思えないので、もしかしたらどこかへ移住したのかも知れない。だが、いずれにせよ、その行方は判らず、男性のエントたちにとって女性のエントは失われてしまった。また、中つ国の歴史においても、女性のエントの記録は、存在しない。

男女がそろわないので、新たなエントが産まれることもなくなった。

エントは、強力な種族で、人間のように寿命で死ぬことはない。だが、それでも古い樹木がだんだんと衰えて枯れてしまうように、長い年月の内には枯れ衰えて死ぬ。また、その身体は樹木なので、斧で切ったり、火を付けたりすれば殺すことは可能だ。

エントは、エルフ（74ページ参照）のことは好んでいる。樹木を愛し、世話をするからだ。だが、ドワーフ（211ページ参照）は斧で木を切り倒し、燃料にしたりするので、嫌っている。

エントは、指輪戦争において、大きな役割を果たした。闇に堕ちた魔法使いサルーマンの砦を、フオルン（Huorn）たちとともに攻撃し、陥落させたのだ。

ちなみに、フオルンとは木の精である。エントの影響を受けてか、樹木の中にも、話したり、動いたりできるようになった者が現れた。彼らは、普段は森の中でじっとしているが、必要なら素早く動いて敵を倒す力を持っていた。彼らは、外見的にはエントに似ているが、エントとは異なる種族だ。

Baba Yaga/Баба-Яга

バーバ・ヤーガ

ロシアの人喰い山姥。「魔女の婆さん」と訳されることもあるが、人間というよりも超自然的な魔法の生き物である。ちなみに、ムソルグスキーの組曲『展覧会の絵』の中の1曲の曲名に『バーバ・ヤーガの小屋』とあるため、「バーバ・ヤーガ」という名称が一般的になったが、ロシア語での発音はバーバ・

バーバ・ヤーガの小屋

バーバ・ヤーガ

イガーに近い。バーバとは「老女」もしくは「祖母」のことで、イガーとは「怠け者」といった意味がある。

東欧にも、同様の存在がいて、ポーランドではジェシュダ（Jezda）やイェンザババ（Ienzababa）、チェコではジェシ・ババ（Jezi Baba）などと呼ばれる。語感からわかるだろうが、単語を反対にしたヤーガ・バーバが各国語に変換されたものだ。

外見的には、骨と皮ばかりの老婆で、鶏の足が生えた小屋に住んでいる。小屋は、足で常に歩き回っている。小屋にも、その周囲にも、喰われた犠牲者の髑髏が積み重なっていて、その空ろな眼窩には目だけが残って光っている。

バーバ・ヤーガは、普段はその小屋に寝転がって過ごしている。だが、移動する時は、細長い臼に乗る。臼はわずかに浮かんでいるので、手に持った杵で地面を突けばぐんぐん進む。

基本的には、敵役で主人公（特に子供）を喰ってしまおうとする。

19世紀ロシアの民俗学者アレクサンドル・アファナーシェフ[★1]の『ロシア民話集』にも、何人ものバーバ・ヤーガが登場する。

★1：1826-1871。ロシアのグリム兄弟とも言われるロシア民話研究家。

多くのバーバ・ヤーガは恐ろしい化け物だが、一部の民話では、よい魔法使いの婆さんとして登場することもある。

例えば、『りりしい鷹フィニストの羽根』では、娘がいなくなった夫を捜し回るのだが、その旅の途中で3人のおばあさんが登場する。彼らは、娘に「銀の紡ぎ車と金の紡ぎ針」、「銀の皿と金の卵」、「金のししゅう台と針」をプレゼントしてくれる。このおばあさんたちも、バーバ・ヤーガだと考えられている。

Dragon of St.Martha

聖女マルタのドラゴン

聖女マルタが、怪物タラスク（Tarasque）を退治したという伝説がある。

ヤコブス・デ・ウォラギネの『黄金伝説』では、マルタ、その妹[★1]マグダラのマリア、その他の人々は、イスラエルを追放され、舵のない船[★2]に乗せられて海に放り出された。だが、船は神の恩寵によって、現在のフランス、マルセイユの辺りに漂着した[★3]。

そして、そこでキリスト教の布教を行っていた。

その頃、南フランスのローヌ河のほとりにある森に、タラスクという名の半獣半魚のドラゴン（202ページ参照）が棲んでいた。

そのドラゴンは、胴体は、牛より太く、馬より長い。歯は、剣のように鋭く、角のようにとがっている。全身が硬い鱗で覆われている。敵に襲われて逃げるときには、投石機のようにあたりに汚物を投げ散らかす。そして、その汚物をかぶってしまった者は、炎を上げて燃え上がる。

この怪物は、『聖書』にも登場する海の怪物レヴィアタンが、ガラテヤ（現在のトルコの一部）の獣オナクスと交わって産んだものだ。元々はガラテヤに棲んでいたが、海を渡って、このガリア（フランス）にやってきた。

このような怪物が、水中に潜んで、船を転覆させ、人々を喰い殺していた。

人々は、聖マルタに、このドラゴンを何とか退治してくれるように頼んだ。

マルタが森に入ると、ドラゴンは、ちょうど人間を喰ってい

★1：当時のローマ教会は、マルタとマグダラのマリアは姉妹だという見解を取っていた。だが、他の教会はマルタの妹のマリアはマグダラのマリアとは別人だという見解であった。また現在では、ローマ教会も別人説を採用している。

★2：舵の無い船とは、帰還を許されない追放の象徴だと思われる。

★3：当時の地中海は、ローマ帝国の支配下にあって治安も良かったので、難破船では無理にせよ、きちんとした船ならイスラエルからフランスまで航海することも可能だったと思われる。

るところだった。彼女は、即座に聖水をドラゴンに振りかけ、十字架を突きつけた。すると、ドラゴンは降参し、小羊のようにおとなしくなった。そこで、彼女は腰帯で、ドラゴンを縛った。

そのうちに、他の人々も到着し、石と槍で、ドラゴンを殺した。

キリスト教の教えでは、ドラゴン＝悪魔なので、聖水や十字架によって弱ってしまうのだろう。

現在でも、フランスのタラスコンという町では、このタラスク退治を祝った祭りが行われている。

その祭りに登場するタラスクの山車は、全長7メートルほどもある、亀の甲羅と鋭い背びれのついた、6本脚の怪物だ。ただし、聖女マルタが1世紀の人であるのに、この祭りが始まったのは15世紀だ。1500年も年代差があるのだから、このタラスクの姿はあまり当てにはならない。

聖女マルタのドラゴン

Ladon

ラドン

ギリシャ神話に登場する怪物。

ラドンは、不死の百頭竜で、テュポーン（102ページ参照）とエキドナ（96ページ参照）の子である[★1]。

ラドンは、決して眠らず、ヘスペリスの園にある黄金の林檎を守っていた。

だが、ヘラクレスがその12の功業の11番目として、黄金の林檎を取りに現れた。といっても、ヘラクレスはラドンと戦ったわけではない。

知恵のあるプロメテウス[★2]を助けた時、助言として自分で取りに行かずに、アトラス[★3]に頼むと良いと言われたからだ。

★1：アポロドーロス著『ギリシア神話』

★2：ティターン神族の1人。人間に火を与えたために、ゼウスによって永遠の拷問にさらされていたが、ヘラクレスによって救われた。

★3：ティターン神族の1人。双肩に天を載せて空を支えている。

ラドン

アトラスは、ヘラクレスの頼みに、しばらく自分の代わりに天空を支えていてくれるなら、代わりに取って来てやろうと答えた。そこで、ヘラクレスは人間の身でありながら天空を支え、アトラスは林檎を3つ取って来て、代わりに林檎を持って行ってやろうと言う。アトラスは、天空を支えるのに飽き飽きしていたからだ。

だが、ヘラクレスは、プロメテウスの助言で、アトラスがそう言うのを予測していた。そこでヘラクレスは、アトラスに頭の上の支え枕の円座を整えるので、その間支えていてくれるようアトラスに頼み、アトラスが天空を肩に乗せると、そのまま林檎を持って立ち去った。騙そうとしたアトラスが騙し返されたのだ。

だが、別の説では、ヘラクレスは自ら蛇を殺し林檎をもいだのだという。そして、ヘラ[★4]はラドンを天空に上げて竜座としたという。

★4：ゼウスの妻で、神々の女王。結婚の女神だとも言う。

ラドンを殺した方法として、有名なのが、ヘラクレスはヒュドラー（164ページ参照）の毒で毒矢を作り、それを射たというものがある。自分の妹に当たるヒュドラーの毒で殺されるなど、ラドンも哀れな話だ。

この名前が、東宝映画『空の大怪獣ラドン[★5]』（1956）の元ネタだと考える人も多いが、プテラノドンを略したもので、ギリシャ神話とは関係がないという。

★5：ゴジラ、モスラとともに、東宝三大怪獣の1頭。英語表記は、“Radon”であり、この綴りが、“pteRAnoDON”から取ったことがわかる。

Carbuncle

カーバンクル

南アメリカで、スペイン人の征服者たちが目撃したという謎の生物。ホルヘ・ルイス・ボルヘスの『幻獣辞典』に取り上げられたことで、世界的に有名になった。

カーバンクルとは、元は宝石のガーネット（石榴石《ざくろいし》）のことで、ローマ時代には護符としても用いられた。その中で、丸い山形に研磨したもの（カボション・カットという）をカーバンクルと言い、十字軍の兵士たちがお守りとして身につけた。

コナン・ドイルのシャーロック・ホームズシリーズの短編で『青い紅玉』というのがあるが、これも原題は“The Adventure of the Blue Carbuncle”だ。盗まれた青いガーネットを巡る推理小説だが、当然ガーネットは赤いので、青ければ非常に貴重なものだ。実は、この当時、青いガーネットは発見されておらず、ドイルの空想の産物である。だが、20世紀後半になって、普段は赤いが、蛍光灯に当てると青く見えるガーネットが発見されている。

だが、この単語が、16世紀南アメリカで、コンキスタドール★1たちの間で別の意味で使われるようになった。

16世紀に総督に付き従ってこの地に現れた神父マルティン・デル・バルコ・センテネラは、「私が見た時は、カーバンクルはそれほど離れてはいなかった」として、自身で目撃したことを書いている★2。だが、詩にある情報は「燃える石炭のごとく輝く鏡を頭にのせた小さな生物」とあるだけで、この生物が哺乳類なのか鳥類なのか爬虫類なのかさえわからない。

彼は、カーバンクルを探して、パラグアイの川の流域やジャングルの中を狩りに行ったが、苦労以外手にすることはなかった。

★1：Conquistadorとは、スペイン語で「征服者」を意味する普通名詞である。ただ、特にコンキスタドールというと、15〜17世紀ごろ、中南米を武力で征服したスペイン人のことを言う。中南米の文明を破壊し、女性を凌辱し、黄金を奪い取ったことで悪名も高い。

★2：Martin del Barco Centeneraの 詩“La Argentina”の第3節

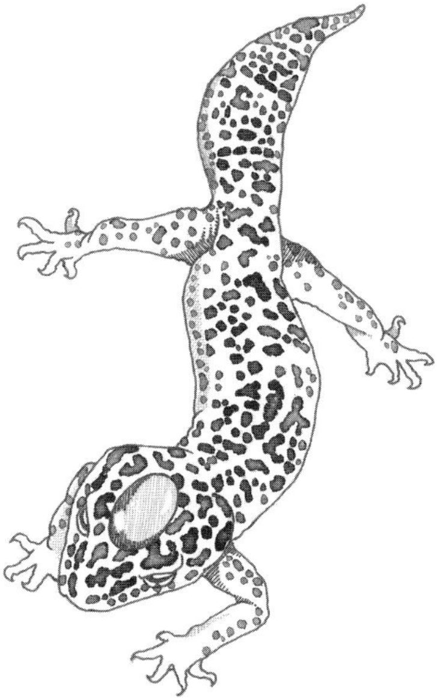

カーバンクル

★3：Gonzalo Fernández de Oviedo y Valdés著 “La historia general y natural de las Indias”（1526）a

また、16世紀の史家オビエドのゴンサーロ・フェルナンデスは、マゼラン海峡を通過する時に、カーバンクルの頭の鏡の輝きらしきものを目撃したと記録している[★3]。

伝説では、この「輝く鏡」とあるのはカーバンクルの頭にある宝石だという。そして、その宝石を手にしたものは、富と幸運が手に入り望みが叶うと言う。

だが、実際にカーバンクルを発見し、宝石を手に入れたものは、1人もいない。

Jabberwock

ジャバーウォックとその仲間たち

★1：Lewis Carol（1832-98）。本名チャールズ・ラトウィッジ・ドジソン。イギリスの数学者で、キャロルは作家としてのペンネーム。『不思議の国のアリス』で不朽の名声を築いた。

★2：“tulgey”の訳。thick（茂った）＋bulgy（ふくらんだ）＋bosky（影の多い）から、作られたキャロルの造語らしい。

★3：“vorpal”の訳。verbal（言葉の）＋gospel（福音の）から、作られたキャロルの造語らしい。それを、翻訳者が、「くさなぎ」を1文字ずらすという日本語の言葉遊びに直したもの。

ルイス・キャロル[★1]がその著書『鏡の国のアリス』（1871）の中の『ジャバーウォックの歌』で作り出した架空の怪物。

『ジャバーウォックの歌』は、鏡文字（左右反転した文字）で書かれており、鏡に映さないと読むことができない。

その詩によると、「くらいつくその顎、かきむしるその爪」があり「らんらんたる眼燃やしたる」怪物で、「おぐらてしき[★2]森の奥より、飄飄と風切り飛びきたり」主人公を襲う。だが、「けしにぐの剣[★3]」を持った主人公には敵わず、首を取られてしまう。

その姿は、ジョン・テニエルによる挿絵が決定版とされ、ひょろ長いドラゴン（202ページ参照）とでもいう姿である。

ルイス・キャロルが創造した架空の怪物は、ジャバーウォックだけではない。

バンダースナッチ（Bandersnatch）、ジャブジャブ（Jubjub）、スナーク（Snark）などが有名だ。

その中でも、スナークは、『スナーク狩り』というナンセンス長編詩が書かれたことで、知られる。

スナークには、少なくとも3種類の亜種がいる。1つは、羽根があって噛み付くスナーク。次に、髯があって引っ掻くスナーク。そして、最も危険なブージャム（Boojum）だ。ブージャムに出会った者は、静かに消えてしまい二度と戻らない。

スナークが住むのは、英国から何ヶ月も航海した先で、陸地1つ書かれていない真っ白な海図にある（描かれていない）島だ。

その特徴は、味にある。薄くて空ろでぱりぱりしている。胴回りをきつく締めすぎたコートのような感じで、鬼火のような香りがするらしい。

とてつもない遅寝遅起で、夕方の5時頃に朝食を取り、翌日に晩餐を取る。食事は野菜らしい。

冗談は全くわからず、冗談を聞くと悲嘆の底に沈んだ者のように吐息をつく。しゃれを聞くと、深刻な顔つきをする。

非常な野心家でもある。

奇妙なことに、海水浴用更衣車（海水浴の時に着替えをするために運ばれる移動着替え室）が大好きで、常に運んでいる。

スナークを捕まえる方法も知られている。

まず、指ぬきを使って探す。

発見したら、フォークと希望で狩り立てる。

鉄道株で命を脅かし、微笑みと石けんで金縛りにするのだ。

スナークは火を付けるのに便利な生き物だと言われる。火を

ジャバーウォック

吐く生き物か、さもなければマッチをこするのにちょうどいいざらざらした皮膚を持っているのだろう。

猛鳥ジャブジャブ（Jubjub）というのもいる。年中発情していて、とても荒々しい性質だ。甲高い悲鳴をあげるが、その音は石版に軋らせた鉛筆の音だ。

服装の趣味は、流行を千年も先取りしているばかげたものだが、1度会った友達は決して忘れないし、賄賂にも見向きもしない、しかも慈善事業の集まりでは募金をすると、なかなか立派な性格だ。

味はすばらしい。調理法は、おがくずで煮て、糊で塩味を付け、イナゴとサナダムシと一緒に煮詰める。

バンダースナッチ（Bandersnatch）は『鏡の国のアリス』と『スナーク狩り』に登場する。「おどろしき」＝「恐ろしい＋おどろおどろしい」生き物だという。残念ながら、その姿や大きさについては、一切の記述がない。

バンダースナッチは、“bandog”（猛犬）＋“snatch”（引っ掴む）を合わせた言葉だと解釈される。『鏡の国のアリス』によれば、非常に素早いことは確かだ。

第3章

荒野

Echidna

エキドナ

上半身が美女（厳密に言えば人間ではなく女妖精）で、下半身が蛇という姿で、神の一族につながるのだが、多くの怪物たちの母となったことから、邪神か魔神と考えられている。

英雄ペルセウスがメデューサの首を刎ねたとき、その血の中から、2人の子が生まれた。その前に、メデューサは海神ポセイドンと寝ているので、彼らはポセイドンとメデューサの間にできた子と考えられている[★1]。

その子とは、片方は有名な空飛ぶ馬ペガサス（154ページ参照）だ。そしてもう一方は、黄金の剣（クリュセイオン・アオル）を持って生まれたことからクリュサオルという。

このクリュサオルが、オケアノス[★2]の娘カリロエと共寝し

★1：ヘシオドス著『神統記』

★2：ギリシャ神話の大西洋（当時は巨大な河だと考えられていた）の河の神。大洋を表す英語"ocean"は、この神の名から来た。

エキドナ

た。だが、クリュサオルは、ヘラクレスに退治されてしまう。ところが、クリュサオルが退治されたときには、カリロエはエキドナを身ごもっていた。そして、クリュサオルの死後に、人にも神にも似ないエキドナを産み落としたのだ。

その上半身は、瞳のきらめく美しい妖精、下半身はまだら模様の大蛇である。

人里離れた山の中の洞窟に棲み、地下に住むアリモイ人[★3]の間で見張り番をつとめているという。その意味では、このアリモイ人の女神だったのかもしれない。

★3：ギリシャ神話の中にだけ登場する民族で、どのような民族なのかは、判っていない。

エキドナはテュポーン（102ページ参照）（嵐の神ともされる）との間に。牧羊犬オルトス、50の頭を持つ冥界の番犬ケルベロス（235ページ参照）、レルナー湖沼の大蛇ヒュドラー（164ページ参照）を産んでいる。

だが、本によっては大きく違う説を主張している[★4]。

★4：アポロドーロス著『ギリシア神話』

まず出自が違う。エキドナは、タルタロス[★5]とガイア[★6]の娘である。

★5：原初から存在する神で、奈落の神、もしくは奈落そのもの。冥府ハデスのさらに下にある。

★6：ギリシャ神話の地母神。原初からいた女神。

さらに、こちらではエキドナは不死ではない。全身に目があるアルゴスによって、眠っているあいだに殺されてしまう。

さらに、エキドナはテュポエウス[★7]との間にキマイラ（99ページ参照）や、黄金のリンゴを護る百頭竜ラドン（89ページ参照）、牝猪パイアを産んでいる。

★7：テュポーンのこと。

このように、エキドナの出自や、その子孫たちについては、著者ごとに差があり、確定した答えを出すことはできない。

エキドナという名前こそ出てこないが、興味深い伝承がある。アジア大陸に広がる遊牧民族スキュタイ人の先祖に関わる話だ[★8]。

★8：ヘロドトス著『歴史』第4巻

ある時、ヘラクレスが冬場にスキュティアに現れ、ライオンの毛皮をかぶって寝ている隙に、乗馬がいなくなってしまった。探し回っていると、ヒュライアという地で、半身が娘の蝮を見つけた。彼女に聞いてみると、馬は彼女の許にあり、自分と交わってくれれば返すという。そこで、ヘラクレスは彼女と交わり、馬を返してもらった。

去り際、彼女は自分は3人の子を孕んだとヘラクレスに告げる。するとヘラクレスは、予備の弓を残し、その弓を引き帯を締める子がいれば残し、そうでない者は追放するように言って去った。生まれた子は、上からアガテュルソス、ゲロノス、スキュテスと名付けられたが、上の2人は弓が引けず、追放された。だが、末子のスキュテスだけは弓を引き、帯を締めたので、彼だけが国に残った。スキュタイ代々の王は、このスキュテスの子孫だと言う。

残念ながら、この女がエキドナかどうか、確証はない。だが、上半身が女性で下半身が蛇と言えば、ギリシャではエキドナかラミア（200ページ参照）であり、ラミアはアフリカ側の伝承であったことを考えると、エキドナであった可能性は高い。

ところが、キリスト教においては、エキドナは売春婦の象徴とされている。下半身が醜い（穢れている）からである。

Catoblepas

カトブレパス

大プリニウス★1の『博物誌』に登場する怪物。カトブレパスとは、ギリシャ語で「下を見るもの」という意味だ。

カトブレパスは、西エチオピア★2に棲むという牛に似た姿の怪物だ★3。その特徴は、頭が重く、常に地面に垂らしている。

ナイルの水源は、ニグリスという泉で、そこにカトブレパスが棲むという。それほど大きくもないくせに、動きは緩慢で、特に重すぎる頭を動かすのは困難だ。

だが、その目を見たものは即死するとされる。

クラウディウス・アエリアヌス★4は別の説を唱えている★5。それによると、リビアに住む動物で、大きさは牛ぐらいだが、ずっと醜い。その目は、牛の目よりも細く血走っている。頭には、ふさふさした毛が冠のように生えていて、それが顔を隠すように前に垂れ下がっている。

また、その吐く息は嫌な刺激臭がして、周囲の空気を汚す。このため、カトブレパスに近づいて、汚れた空気を吸ってしまった動物は、酷く苦しみ、声も出せず、死ぬような痙攣を起こすことになる。

カトブレパスは、創作に登場することもある★6。聖人の幻想としてたくさんの怪物が登場する。その中にカトブレパスもい

★1：Gaius Plinius Secundus（23-79）。『博物誌』の著者として知られる、ローマの政治家、軍人にして博物学者。息子の小プリニウスと区別するため、大プリニウスと言われる。

★2：当時は、「エチオピア」という言葉を、「アフリカ」というくらいの意味合いで使っていることが多い。

★3：プリニウス著『博物誌』

★4：Claudius Aelianus（175-235）。ローマの修辞学者。

★5：Claudius Aelianus著“De Natura Animalium（動物の特性について）”

★6：19世紀フランスの写実主義作家フローベールの書いた『聖アントワヌの誘惑』

カトブレパス

るが、そこでは黒い水牛と描写されている。そして、細くてグニャグニャした首は重い頭を支えられず、頭を転がしては、自分の毒息で濡れた草を喰っているとされる。

もちろん、致死性のある視線などは、そのまま踏襲されている。

Chimaira

キマイラ

ギリシャ神話に登場する怪物。よく知られた姿は、蛇の頭の尻尾を持つライオンで、背中から山羊の頭が飛び出している姿だ。だが、その姿は、必ずしも正確なものとは言えない。

おそらく、キマイラの登場する最も古い文献はホメロスの『イリアス』で、紀元前8世紀のものだ（文字に記録されたのは紀元前6世紀とされるが）。

キマイラというのは、人間から生まれたものではなく神の種族で、

体の前の部分は獅子、後部は蛇、胴は山羊という怪物、口からは恐ろしい勢いで炎々たる火炎を吹き出す。[★1]

この頃は、まだ頭は3つ無かったらしく、山羊なのは胴体で、蛇は後部ということになっている。

だが、紀元前7世紀には、既に違っている[★2]。キマイラはヒュドラー（164ページ参照）の娘となっている。そして、前から順に、獅子、牝山羊、ドラゴン（202ページ参照）の3つの頭を持つ。そして、真ん中の牝山羊の頭は、燃えさかる炎を吐くのだ。

だが、時代がさらに下ると、獅子の頭、竜の尾、真ん中は山羊の頭と、少しだけ違う[★3]。また、テュポーン（102ページ参照）とエキドナ（96ページ参照）の子となっており、ヒュドラーとは姉妹の関係になる。

同時代のローマでは、テュポーンとエキドナの子であることは変わらないものの、頭部はライオン、下半身はドラゴン、胴そのものは山羊とされる[★4]。

それぞれの神話で、少しずつ違うが、いずれにせよライオンとドラゴン（もしくは蛇）、そして山羊からなる怪物であることは変わりない。

キマイラを育てたのは、カーリア王アミソダロスという男だ

★1：ホメロス著、松原千秋訳『イリアス』第6歌171～211行

★2：ヘシオドス著『神統記』

★3：アポロドーロス著『ギリシア神話』

★4：ヒュギーヌス著『ギリシャ神話集』

キマイラ

った★5。だが、彼の名は、このことと、2人の息子がトロイヤ戦争で戦ったことだけで知られており、その人となりは判っていない。

では、このキマイラを殺したのは誰かというと、いずれの本でも、ベレロポンテスがペガサス（154ページ参照）に乗って殺したとされる。ベレロポンテスは、コリントス王シーシュポスの子グラウコスの子とされる。ただし、グラウコスの本当の父はポセイドンなので、ベレロポンテスはポセイドンの孫にあたる。

彼は、ペガサスで高く飛び、上空からキマイラの背を見て、矢で射る。さすがのキマイラも、背中側には目はなく、射殺されてしまった。

もちろん、紀元前1世紀のローマの哲学者ティトゥス・ルクレティウス・カルス★6のように、「炎は地上に住む肉と血からなるもの全てと同じく、ライオンの栗色の体をも焼き焦がすものなのだから、3つの身体が1つになった、頭はライオン、尾はドラゴン、胴はキマイラそのものというものが、どうしてその体から口を通して、もえさかる炎を吐き出すことがありえようか？」と、常識論を説く哲学者も古代からいた★7。

このキマイラの、複数の生物が入り交じっているところから、生物学において遺伝情報の異なる細胞が入り交じっている状態、もしくはそのような個体をキメラと呼ぶようになった。

また、この入り交じったところから、「訳のわからないもの」という意味合いの言葉でも使われるようになった。日本におけ

★5：ホメロス著『イリアス』

★6：Titus Lucretius Carus（前99-前55）。ローマの哲学者で、原子論の祖としても知られている。

★7：ティトゥス・ルクレティウス・カルス著『物の本性について－宇宙論－』

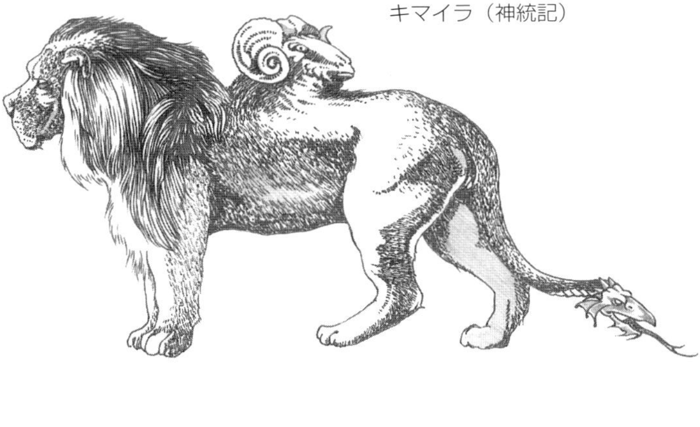

キマイラ（神統記）

る「鵺《ぬえ》」と同じような使い方である。

Typhon

テュポーン

★1：ギリシャ神話の雷神。クロノスの跡を継いで至高神になった。

★2：アポロドーロス著『ギリシア神話』

ギリシャ神話に登場する神。だが、ゼウス[★1]たちオリュンポス神に敵対し、また数多くの怪物たちの父となった魔神である。テュポエウスとも言う。

アポロドーロスによれば、ティターノマキア（ティターン戦争）、ギガントマキア（巨人戦争）と連勝して、オリュンポス神族は世界の覇権を握った[★2]。それに対し、地母神ガイアは、自分の子供たち（ティターン神族も、巨人たちもガイアの子孫である。そう言う意味ではオリュンポス神族もガイアの子孫なのだが）を殺されて、怒った。

そこでガイアは、タルタロスと契り、キリキアーの地でその

テュポーン

末子であるテュポーンを産みだした。

テュポーンは、人と獣の混合体で、その大きさと力は、ガイアが産んだ全てのものに勝るものだった。その姿は、腿まででは人間で、そこから下は毒蛇である。その上、全身には羽毛が生え、眼からは火を放っている。

大きさと言えば、全ての山よりも高く、星に手が届くほどだ。腕を両側に手を伸ばせば、一方は西に他方は東に届くほどで、その腕からは100匹の竜の頭が生えている。そして、口からは火を吐くことができるのだ。

神々は、テュポーンの突進に恐れをなし、エジプトに逃げて動物の姿になった。だから、エジプトの神は動物の姿をしているのだとも言う。

さすがにゼウスは逃げ出さず、遠くからは雷霆で、近づくと金剛の鎌で戦った。テュポーンが逃げ出すとカシオス山まで追って、そこで取っ組み合いになった。だが、テュポーンは、そこでゼウスの鎌を奪い、逆にゼウスの手足の腱を切り取って動けなくした。そして、キリキアーのコーリュキオンの洞窟に押し込め、半獣の竜女デルピュネーを見張りとした。

ところが、泥棒の神でもあるヘルメス[★3]とアイギパーン[★4]が、腱を盗み出し、ゼウスにつけた。おかげでゼウスは力を取り戻し、空飛ぶ馬に引かせた戦車に乗って、雷霆を撃ちつつ、テュポーンを追った。

逆にテュポーンは、運命の女神に騙され、力を得る果実と信じて、「無常の果実」を食べてしまい、力を失ってしまう。

だが、それでもテュポーンは強かった。トラキアの地では、ハイモス山そのものを持ち上げて対抗したが、雷霆によって撃たれた山に押しつぶされ、多くの血を流した。さらに、シシリーまで逃げたとき、ゼウスがエトナ山をテュポーンの上に投げつけた。この巨大な山を動かすことはさすがに力を失ったテュポーンには不可能で、その下敷きになって動けなくなった。

エトナ山が火を噴いているのは、この時投げつけられた雷霆のためだとも、下敷きになったテュポーンが暴れているからだとも言う。

テュポーンとエキドナ（96ページ参照）の間には、キマイラ（99ページ参照）、ネメアーの獅子、双頭の犬オルトス、百頭竜ラドン（89ページ参照）、スフィンクス（144ページ参

★3：ギリシャ神話の伝令と盗賊の神。

★4：「山羊のパーン」の意味で、パーンの別名。

照)、牝猪パイアといった怪物たちが生まれている。

また、テュポーンは荒々しい風たちの親でもある。ただし、南風(ノトス)、北風(ボレアス)、西風(ゼピュロス)は、テュポーンの子ではない。彼らは、神々の子で、人々に有益な風だからだ。だが、テュポーンの子は、いたずらに海を吹きすさび沿岸に至る。そして、船を沈めたり、作物を台無しにしたりと、人の災いとなる風なのだという。

ただし別の説もある。テュポーンは、ゼウスの浮気に怒ったヘラが独力で産んだとされる[★5]。そして、ピュトン(139ページ参照)に育てさせたという。

★5:『ホメロス讃歌』

Hecatoncheir
ヘカトンケイル

ギリシャ神話に登場する巨人。ヘカトンケイルとは、ギリシャ語で「百手」を意味する言葉である。

彼らはウラヌス[★1]とガイアの間に産まれた子で、れっきとした神々の血を引く巨人である[★2]。その名前を、コットス、ブリアレオス、ギュゲスという。

その姿は、肩の上には50の首があり、胴体からは100本の腕が生えている。粗暴な巨人であり、その力は強く、誰も近づくことすらできないほどだ。

だが、ウラヌスは、彼らを母親ガイアの胎内に戻してしまう。ガイアは大地そのものなので、ガイアの胎内に戻すというのは、地下に閉じ込めることと同意で、すなわち彼らはタルタロス[★3]に幽閉されたのだ。彼らの運命は、サイクロプス(134ページ参照)たちと同じだったのだ。ガイアがクロノス[★4]にウラヌスを倒すよう唆したのは、サイクロプスと同様、彼らのことも心配だったからだ(サイクロプスの項目参照)。

だが、クロノスもまたヘカトンケイルの力を恐れ、彼らを再びタルタロスに幽閉する。

ガイアは、今度は孫に当たるゼウスを唆し、ティターノマキア(ティターン神族とオリュンポス神族の戦い)を起こして、

★1:ギリシャ神話の天空神。最初の至高神だったが、ガイアの怒りを買って、息子であるクロノスに陰茎を切られて、至高神の座から転げ落ちる。

★2:ヘシオドス著『神統記』

★3:冥府のさらに下にある奈落の神、もしくは奈落そのもののこと。ここでは、奈落そのものの意味で使っている。

★4:ギリシャ神話の時間神。ウラヌスの跡を継いで至高神になったが、やはりガイアの怒りを買って、ゼウスとの戦いに敗れて、タルタロスに幽閉された。

ヘカトンケイル

クロノスを打倒させた。
　アポロドーロスによれば、ティターノマキアにおいて、ヘカトンケイルたちもサイクロプスたちと同じくゼウスの味方についた。そして、ティターン神族たちがタルタロスに幽閉されると、彼らはタルタロスに戻されたが、今度は囚人としてではなくティターン神族の牢番としてであった。
　ヘカトンケイルは、この恩を忘れず、以後ずっとゼウスに忠実であった。

ゼウスの妻ヘラが、ポセイドンとアテナ[★5]の力を借りてゼウスに反抗しようとした時には、テティス[★6]の警告を受けたヘカトンケイルたちは、襲撃者からゼウスを守った。

★5：ギリシャ神話の戦争（戦争の技術と知性の面）の女神。ゼウスの娘で、オリュムポス十二神の1人。

★6：海のニンフであるネレイスの1人。

Gigas
ギガース

ギリシャ神話に登場する巨人族。複数形ではギガンテス（Gigantes）という。「大地から産まれた」という意味から、ゲゲネイス（Gegeneis）と呼ばれることもある。名前だけなら、100人以上のギガースがいたことになっているが、その事績が判っているのは少数である。

ギガース

クロノスが、謀計をもってウラヌスの陰茎を切り取ったとき、そこからおびただしい血が流れてガイア（大地）にかかった。これによって、ガイアは復讐の女神エリニュスと、巨人たち、そしてニュンペ（女精霊）を産んだ。この巨人たちがギガースである[★1]。

彼らは、産まれたときから煌めく鎧を身につけ、長槍を手にしていた。

ティターノマキア（ティターン戦争）によって、ティターン神族が敗北したのは、ガイアにとって良きことだった。というのは、それによって彼女の子供であるサイクロプス（134ページ参照）やヘカトンケイル（104ページ参照）がタルタロス（ギリシャ神話の地獄）から出されたからだ。だが、負けたティターン神族がタルタロスに封じられるのは良くないことだった。彼らもまた彼女の子供であるから。

アポロドーロスによれば、このとき、ガイアがティターン神族の復讐のためにウラヌスによって産んだのがギガースである。

彼らは身体の巨大なこと比類無く、力は無敵で、頭と顎から濃い毛を生やし、足は竜の鱗よりなる。初期は普通の人間の姿と同じだったギガースが、後世になると、足が蛇の巨人として描かれているのは、このアポロドーロスの記述を採用したためである。

産まれた場所は、アッティカ[★2]のプレグライもしくはパレーネーに産まれたという。

ギガースの生まれはいずれにせよ、ガイアはオリュンポス神族を倒すため、ギガースたちを武装させ、戦いを挑ませた。この戦争がギガントマキア（巨人戦争）である。

ギガントマキアの詳しい戦いは、以下のようになっている[★3]。24人のギガースを、神々とヘラクレスが倒すという筋書きだ。

オリュンポス神族は激しく戦ったが、勝利できなかった。というのも、この戦いには、人間の助けがなければ勝利できないという予言があったからだ。

神々の女主人ヘラは、「どんな神もギガースを殺すことはできない。獅子の皮を着た人間だけにそれができる。しかも、その者も、地上の秘密の場所に生えている不死身の薬草を探さなければ、できない」と予言した。獅子の皮を着た人とは、明ら

★1：アポロドーロス著『ギリシア神話』

★2：ギリシャの半島。アテネなども、このアッティカ半島にある。

★3：イギリスの詩人R.グレーヴスの書いた『ギリシャ神話』による。

かにヘラクレスのことであった。

そして、ゼウスは神々に地上を照らすことを禁じ、仄暗い星の光の中で、ヘラクレスはアテナに案内されて地上を手探りで探り、薬草を見つけることに成功した。こうして、神々の反攻準備は整った。

ヘラクレスは、ギガースの首領アルキオネウス（騒々しくわめく者）に矢を射た。彼は死んだが、にもかかわらず前より強くなって生き返ってしまった。というのも、戦いの場が、彼の生地であるプレグライだからだ。アテナが「彼を、よその土地に引きずって行きなさい」と叫び、ヘラクレスはアルキオネウスを国境を越えて引きずって行き、そこで棍棒で殴って殺した。

続くポルピュリオンは、天井へと侵入しヘラを襲った。この時、エロスの矢がポルピュリオンに刺さったため、巨人の怒りは欲情へと変わり、ヘラの衣装をはぎ取った。自分の妻が犯されようとするのに怒ったゼウスが雷霆を投げた。いったん斃れた巨人だが、予言通り再び立ち上がった。だが、この時に、帰ってきたヘラクレスが二の矢を放って、巨人を殺した。

以下も同様で、神々が巨人を倒すのだが、最後に息の根を止めるのは、常にヘラクレスの役目だった。

エピアルテースは、戦神アレス[★4]をねじ伏せたが、アポローン[★5]の矢で左目を貫かれた。デュオニソスが杖でエウリュトスを倒した。ヘカテーが松明でクリュティオスを焼いた。ヘパイストス[★6]が、柄杓に汲んだ溶けた金属でミマースに火傷をさせた。アテナが石で、パラスを押しつぶした。これらのとどめを刺したのは、当然ヘラクレスだ。

こうして、巨人たちは負け戦に逃げ出した。逃げる途中で、アテナはエンケラドスに巨大な石を投げて押しつぶした。これがシシリー島である。ポセイドンは、三つ叉の矛で大地の一部を千切って、ポリュボーテースに投げつけた。これがニーシューロス島である。

生き残ったギガースたちは、アルカディア[★7]のトラペズースで最後の抵抗を試みた。ヘルメスは、ハデス[★8]から隠れ帽子を借りて、ヒッポリュトスを突いた。アルテミスは、グラティオーンを矢で射た。運命の女神たちは乳棒でアグリオスとトアースの頭を砕いた。アレスは槍で、ゼウスは雷霆で、巨人たちを打

★4：ギリシャ神話の戦争の神。アテナと違って、荒々しい戦いの神。

★5：ギリシャ神話の予言と芸術と弓の神。ゼウスの子。

★6：ギリシャ神話の鍛冶の神。ゼウスとヘラの息子。

★7：後世には、理想郷の意味で使われた言葉だが、ここでは、ギリシャにある山岳地帯を指す。

★8：ギリシャ神話の冥府の神。ゼウスの長兄。

ち倒した。だが、この時もとどめを刺したのはヘラクレスだった。

こうして、ギガントマキアもオリュンポス神族の勝利に終わった。

Nymph
ニンフ

ギリシャ神話に登場する下級の女神もしくは精霊の種族を言う。全て女性の種族である。

オリュンポス神族のような偉大な力を持っているわけではないが、それでも不死もしくは人間を超える長命を持ち、特別な力がある。

その多くは、自然の精霊で、木や水、山など、自然の地形や

ニンフ

植物などを守護しており、その守護する物によって違う種族名を持つ。姿は、基本的に人間の女性と変わらないが、種族によっては、一部異なる部分がある場合もある。

ネレイス（Nereis）は、海のニンフである。ネレイスは1人の精霊を意味し、複数形ではネレイデス（Nereides）という。ギリシャ神話の海の神ネレウス[★1]と妻ドリスの間に産まれた娘たちで、50人（100人という説もある）いる。美貌の人魚だが、人間態を取ることもできるし、イルカやアザラシなどの海棲生物に変身することもできる。有名なネレイスには、ポセイドンの妻アムピトリテや、アキレウス[★2]の母テティスなどがいる。

★1：海の娘とも言われる、海のニンフ。

★2：ギリシャ神話の英雄。

同じく海の神オケアノスの娘たちに、オケアニス（Oceanis）というニンフたちがいる。こちらも複数形はオケアニデス（Oceanides）という。こちらは、川や泉、地下水などの精霊で、全部で3,000人もいるという。その長姉が冥界を囲む川の女神ステュクスだ。ちなみに、ネレイスたちの母であるドリスもオケアニスの1人だ。なぜ海神の娘が河の神なのかというと、当時は大西洋は海ではなく大陸の周囲を流れる大河だと考えられていたからだ。つまり、オケアノスは当時は河の神だった。

同じく川や泉のニンフとされるのがナイアス（Naias）だ。こちらの複数形はナイアデス（Naiades）だ。ホメロスによれば、ゼウスの娘とされるが、オケアノスの娘とされることもある。また、河のナイアスは、その河の神の娘とされることも多

ナイアス

い。彼女たちには、その水を飲むものの病気を治す力があるとされる。ただし、彼女らの水で水浴することは、彼女らに対する冒涜であり、その罰として、病気を送りつける。人間の妻になることもあり、英雄の系譜を見ると、先祖にナイアスがいることも多い。

木の精霊はドリュアス（Dryas）[★3]という。英語でドライアドと呼ばれるのが彼女らだ。彼女らは、不死ではない。彼女たちは、それぞれ1本の木を守護していて、その木が枯れると、同時に彼女たちの命も尽きる。だから、彼女たちは、守護する木を傷付けようとする人間には、厳罰を与える。

★3：複数形はドリュアデス（Dryades）。

他には、山の精霊はオレイアス（Oreas）[★4]という。木霊の神話で有名なエコーも、オレイアスの1人だ。また森の精霊はアルセイス（複数形はアルセイデス）、谷の精霊はナパイアー（複数形はナパイアイ）という。

★4：複数形はオレイアデス（Oreades）。

太陽神ヘリオスの3人の娘（5人説もあり）ヘリアス（Helias）[★5]も、ニンフの一員とされる。おそらくは、光のニンフだと思われるが、はっきりとしない。というのは、彼女たちの弟パエトーンが、父ヘリオスの太陽の馬車を暴走させた。ゼウスは、その暴走を止めるために雷霆を投げ、それに当たったパエトーンは死んだ。このため、彼女たちは嘆き悲しんで、ポプラの木に姿を変えたという。神話において活躍することなく、木になってしまったために、その機能がはっきりしないニンフである。

★5：複数形はヘリアデス（Heliades）。

Hag
ハッグ

イギリスの伝承に登場する鬼婆。かぎ鼻で、髪振り乱した恐ろしい外見の老婆だ。

古英語の“hægtesse”（魔女）が変形してできた言葉だと言われ、魔女に非常に近い存在だ。

ハッグには、幾つもの名前がある。地方によって、また民話によって、ハッグは別の名前を持っていることも多い。

例えば、「ブラック・アニス（Black Annis）」も、ハッグの一種だ。蒼い顔をして、鉄の爪を持ち、デイン・ヒルズという丘陵地帯に住んでいる。そこの洞窟にひそみ、前を通りがかった子供や家畜を襲って喰う。夜になると、洞窟を出て、辺りを徘徊して獲物を探す。なので、この地方の人々は、ブラック・アニスの歯軋りが聞こえたら、戸口にかんぬきをかけ、窓から離れるようにした。この地方の家の窓が小さいのは、ブラック・アニスが腕しか突っ込めないようにするためだ。腕だけなら、窓から離れていれば掴まらないですむからだ。

スコットランドには、「ケラッハ・ヴェール（Cailleach Bheur）」というハッグがいる。彼女は、青白い顔をした冬の化身で、雪を降らせる。冬が終わると、彼女は石になり、再び冬が来るまで眠りにつく。一種の季節の精霊である。

だが、ケラッハ・ヴェールには、別の伝承もある。冬が終わると、彼女は妖婆から美しい少女へと変身するのだという。つまり、冬の化身から春の化身へと姿を変えるのだ。

ブリテン島とアイルランド島の間にあるマン島では、「カラッハ・ナ・グローマッハ（Caillagh ny Groamagh）」という。

ハッグ

これは現地の言葉で「陰気な老婆」という意味だ。こちらも、冬の精であり、悪天候の精でもある。

だが、彼女は非常に運の悪い精霊のようだ。山から山へと一またぎで歩こうとした時、足を踏み外して谷間に落ちてしまう。この谷間は、それ以後「カラッハ（老婆）の谷」と呼ばれ、彼女の足跡が今でも残っているという。

マン島は年中悪天候に襲われることが多く、彼女は年中働いている。だが、毎年2月1日[★1]に、彼女はその年に使う薪を集める。ところが、その日に雨が降っていると薪集めができない。すると、夏場に悪天候を続けると寒くて薪が足りなくなる。そこでやむを得ず天気をよくして薪を節約する。このため、2月1日が悪天候なのは、その年の夏に好天が続く前兆だとして喜ばれる。2月1日に天気がいいと、彼女が大きな鳥に変身して、薪を咥えて飛ぶのが見られるという。

★1：アイルランドの聖者ブライドの祭日。

アイルランドには、「カリァッハ・ヴェーラ（Cailleach Bera）」がいる。こちらは、あまり冬の精というイメージはなく、単なる山姥だ。前掛けにいっぱいの石を運び、前掛けの紐が切れたところに、その石を積み上げて山を作るという。

アルスター地方（アイルランド北部）では、「カリー・ベリー（Cally Berry）」という。こちらは、悪意のある人食いの妖婆だ。

Basilisk
バシリスク

ローマの伝承に登場した怪物。バジリスクとも言う。元は、ギリシャ語のバシリコス（小さな王）から来た言葉と言われている。

1世紀ローマ帝国の博物学者である大プリニウスは、バシリスクは蛇の一種とした[★1]。そして、キュレナイカ（古代のリビア東部をこう呼んだ）原産で、体長は24センチほど。頭には、王冠に似た白い飾りがあると。

★1：プリニウス著『博物誌』

シュという音（これが鳴き声なのか、それとも身体の一部がすれて起こる音なのかは不明である）をたてて、他の蛇を恐れさせる。この音を聞くと、他の蛇は逃げ出すという。

他の蛇のようにとぐろを巻いて進むのではなく、頭を高く持ち上げて進む。

バシリスクの恐ろしさは、その毒にある。

視線にすら毒があり、その目を見るものは即座に絶命する。

また、呼気にも毒があって、藪を枯らし、草を焼き、岩を砕く。

もちろん、身体にも毒がある。かつて、馬に乗った人間が槍でバシリスクを殺した。すると、毒素が槍を伝わって登り、その人間を殺した。それどころか、人間を毒素が伝わって、馬まで死んでしまったという。

だが、バシリスクにも天敵はいる。それがイタチである。イタチの毒は、バシリスクにも有効である。イタチの穴にバシリスクが投げ込まれると、イタチはその臭気でバシリスクを殺す。だが、バシリスクの毒も同時にイタチを殺し、相打ちに終わる。

これが、中世ヨーロッパの伝承となって、大きく発展した。

バシリスク

6〜7世紀セビリア（現在のスペインとポルトガル）の聖人イシドールス[★2]はその著作“Etymologiae（語源）”第12巻において、バシリスクを蛇の王として紹介している。そして、その死の視線と、毒の息についても記述している。

7〜8世紀英国のキリスト教聖人ベーダ・ヴェネラビリスは、バシリスクが、雄鳥の産んだ卵から産まれるという伝説を記録している。

12世紀の聖女ヒルデガルド[★3]の『聖ヒルデガルドの医学と自然学』では、バシリスクの息が死をもたらすとする。産まれたばかりのバシリスクの息は、地面に深さ2メートルもの穴を開ける。バシリスクは十分育つまで、その穴の中に潜む。そして、育ったバシリスクは、生き物を見かけると、冷気をあびせ、次に邪悪な息を吹きかける。この息を浴びた生物は、瞬時に倒れて死ぬ。また、バシリスクが死に、死骸が腐敗すると、その土地は不毛の大地と化す。

アルベルトゥス・マグヌス[★4]も、アリストテレス[★5]の注釈書『De animalibus（動物について）』で、バシリスクの死の視線について書いているが、他の伝承については否定的に扱っている。

このように、だんだんとバシリスクの話が大きくなっていった。最初は小さな蛇だったはずが、鶏冠《とさか》が生え、翼があり、鶏のような身体と脚を持つようになった。さらには、雄牛のように大きいとか、火を吐くとか、より強い怪物になっていった。

また、コカトリス（171ページ参照）と混同されるようになり、コカトリスの伝説をも含むようになった。バシリスクを雄、コカトリスを雌と見るようになったのも（雄雌が逆の組み合わせになる伝説もある）、この影響だ。例えば、雄鳥の産んだ卵が、蛇かヒキガエルによって孵化させられてバシリスクになるというのは、元はコカトリスの伝承だったのが、バシリスクに取り入れられたものだ。

チョーサー[★6]の『カンタベリー物語』では、混同された結果バジリコックという怪物名になってしまっている。

このような変遷を経て、現在の我々の知るバシリスクという怪物ができたのだ。

★2：San Isidoro de Sevilo (56?-636)。彼は、様々な情報を収集分類した人物で、その縁でインターネットの守護聖人にもなっている。

★3：Hildegard von Bingen (1098-1179)。ドイツのベネディクト会女子修道院長。神学者、薬草学者、作曲家など、多数の顔を持つ。中世ヨーロッパ最高の賢女と言われる。

★4：Albertus Magnus (1193-1280)。大アルベルトとも呼ばれるドイツの神学者。アリストテレスの注釈書で有名。

★5：Aristotélēs（前384-前322）。ギリシャの大哲学者。

★6：Geoffrey Chaucer (1343-1400)。イギリスの詩人。中世英語を使った最初の文学者である。

Manticore

マンティコラ

★1：意外かも知れないが、ギリシャ神話には、マンティコラは登場しない。

ギリシャの伝承に登場する怪物[★1]。マンティコア、メメコレオウスなどとも呼ばれる。エチオピアとかインドとか、ギリシャから遠く離れた土地に棲む怪物である。

その名前は、中世ペルシャ語の「人喰い」を意味する「マルティヤ・クワール」から来たものとされる。

元々は、ペルシャ神話の人食い怪物だったという。

ローマの博物学者大プリニウスの『博物誌』によれば、エチオピアに棲む怪物で、顔と耳は人間のようだが、櫛の歯のようにかみ合う3列の歯があり、眼は灰色で、身体は血のように赤い。体躯はライオンで、サソリのように尻尾で刺す。

その声は、パンの笛とトランペットが混じったようで、人間の言葉をまねる。脚が速くて、人間がことのほか好物だという。

★2：同書は、散逸して残っておらず、そこから他書に引用された文章が残るのみである。

紀元前5世紀の医師クテシアスの『インド誌[★2]』にも、"Martichora"という名前で登場する。といっても、『インド誌』

マンティコラ

は散逸して写本も残っていない。ただ、パウサニアス[★3]の『ギリシア案内記』9.21.4に、マンティコラについて書かれている部分が引用されている。

それによれば、インドで「マルティコラ」と呼ばれる生き物（この言葉は「人食い」という意味だとされる）がいるが、パウサニアス自身は虎のことだと思っている。だが、インドの伝承では、その顎には三重の歯があり、尻尾の先にトゲがあり近くで戦うときに使う。さらに、遠く離れた敵には、トゲを矢のように使うとある。

ただし、そもそもインドの伝説に、そんなものはない。

16～17世紀のイギリスの聖職者エドワード・トプセルの“The History of Four-footed Beasts（四足獣の歴史）”（1607）は、多くの動物を紹介している本だが、その中には伝説の生物も区別せずに載せているので、様々な幻想生物の宝庫であるが、その本には当然のようにマンティコラの項目があり、奇妙な図が載っている。

★3：Pausanias。2世紀ギリシャの地理学者、旅行家。『ギリシャ案内記』の著者。彼は、ギリシャおよび周辺地域を自分で旅行して、その経験の上で本を書いた。そのため、あまりに奇妙な話に対しては、それはないと書いている。

Unicorn
ユニコーン

一角獣とも言われる、額の真ん中に1本の角が生えた、馬に似た伝説の生き物。ラテン語でモノケロス（monokeros）とも言う。

伝説では、高貴な生物であり、処女の娘を好みその膝の上で眠るので、清らかな娘を使ってユニコーンを捕らえることができるという。だが、より古いユニコーンの記述にはそのような話はなかったりする。では、ユニコーンは、どのように記録されてきたのだろうか。

紀元前4世紀ギリシャの医師クテシアスは、8年間ペルシャ王の侍医を務めていた。彼が、そこで聞いた話を元にした『インド誌』では、ユニコーンらしき生き物が紹介されている。インドに棲む野生のロバで、馬と同じかそれ以上の大きさがある。身体は白く、頭は暗赤色、青みがかった眼をして、額に1

本の角がある。角の長さは、1キュビト[★1]（45センチほど）。角は、根元から2パーム[★2]（15センチほど）は白く、中間は黒く、とがった先端は燃えるように赤い。

　また角で作ったカップを使っていれば、痙攣やてんかんを起こすこともなく、毒にも平気でいられる。毒を飲む前か後に、このカップを使って酒か水などの飲み物を飲んでおくだけでよいのだ。また、非常に強く、脚も速いので、馬だろうが何者だろうが追いつかれることはない。走り出しはゆっくりだが、長く走っていればいるほど、どんどん速度が上がる。

　捕まえる方法は、仔にエサを食べさせているとき、数多くの騎馬で囲うしかない。彼らは仔を見捨てないので、その場で戦う。ただし、角や蹴りや噛み付きで、多くの人命が失われるだろう。最後に、捕らえられるのは、多くの矢や槍を身に受けた後であり、生きて捕らえるのは、不可能だ。

　肉は、酷い味で、食べられたものではない。この生き物を狩るのは、角と距骨を取るためだ。

　1世紀の大プリニウスの『博物誌』では、インドには獰猛な一角獣がいるとされる。その身体は馬だが、頭は牡鹿に、脚は象に、尾は猪に似る。深い声で吠える。そして、額の中央からは2キュビト（90センチほど）の長さの黒い角が生えている。

★1：cubit。ラテン語のcubitum（肘）に由来する古代の尺度。肘から中指の先までの長さを単位とした。約45センチ。

★2：palm。ラテン語のpalma（手のひら）に由来する尺度。手の幅または長さを単位とした。約7.5センチ。

ユニコーン

この獣を捕らえることは不可能だという。

6～7世紀セビリア（現在のスペインとポルトガル）の聖人イシドールスはその著作『Etymologiae（語源）』第12巻において、モノケロンとも呼ぶユニコーンについて書いている。その鋭く強い角は、象をも貫き殺すとある。

12世紀の聖女ヒルデガルドの『聖ヒルデガルドの医学と自然学』にも、ユニコーンについて書かれている。ここに来て、ようやく我々の知るユニコーンらしさが出てくるのだ。

ユニコーンは人間や他のあらゆる動物を避けて生きている。このため、捕らえることは難しいとある。ただし、少女を見ると、食い入るように見つめてしまい、この時に注意深く素早く近寄れば捕らえることができる。

また、ユニコーンは、年に1度だけ楽園の水のある地に行き、そこにある最も優良で清浄な植物を選び、蹄で掘り出して食べる。こうすることで、ユニコーンは、その素晴らしい力を得ているのだ。

面白いことに、ヒルデガルドによると、ユニコーンの肝臓はハンセン病を治すとし、またユニコーンの革のベルトを素肌につけていると、高熱や重病にかからないですむという。さらに、その蹄の上に飲み物のコップを置くと、毒が入っていれば、泡だったり煙が出たりして判るという。にもかかわらず、ユニコーンの最も特徴的な角は役に立たないと言い切っているところが、珍しい。

12世紀ごろから、ユニコーンは、盛んに動物寓意譚に登場するようになった。動物寓意譚とは、色々な動物の習性などを、キリスト教の教訓に結びつけた、一種の道徳教育童話で、中世期に数多くの本が作られた。ここには、実在の動物だけでなく、多くの幻想動物も登場する。

その動物寓意譚の原典と言われるのが2～4世紀の『フィシオログス[★3]』だ。『フィシオログス』は、多数の版があり、収録項目や並びが異なる。

この本にもユニコーンは登場する。ギリシャ語版『フィシオログス』から紹介すると、ユニコーンは子ヤギくらいの小さな生き物だが、大変な勇気の持ち主で、力も強く、狩人を寄せ付けない。現在の我々が知る、処女に心を許しその膝で眠るというユニコーンも、彼女の言葉に従い城の王のもとにやってくる

★3：2～4世紀ごろに書かれ、中世ヨーロッパで、『聖書』と並んでよく読まれた。動物などの外見や習性、その伝承などを通して、道徳を語る本である。動物寓意譚の原型となった本とされる。

という話も、この本からの引用なのだ。

また、大きな湖に蛇が現れ、湖に毒を吐く。すると、水を飲みに来た野生の生き物たちは毒を感じて飲もうとしない。そして、ユニコーンが現れるのをじっと待っている。ユニコーンは現れると、そのまま水の中まで進み、そこで角で十字を切る。すると、毒の力は消え失せ、ユニコーンは水を飲む。そして、それを見ていた他の野生の生き物たちも、水が飲める。

中世期、キリストは様々な象徴によって表された。初期には魚や羊であったが、中世になるとより見栄えの良い生き物である獅子やユニコーン、フェニックス（146ページ参照）などがキリストを象徴するようになった。このため、ユニコーンから獰猛なイメージは消え去り、美しく気高いイメージが残った。これが、現在我々の知るユニコーンなのだ。

中世期には、ユニコーンの角は、万能薬として珍重された。当時の医学書には、ユニコーンの角の薬効について記述がある。実際、数多くの角が流通し、使用されたと言う。ただし、これらの角の正体は、海棲のイッカクの角だった。

Mandragora
マンドラゴラ

錬金術における様々な薬の材料となる伝説の植物。または、実際の薬草に使われる実在の植物。マンドレイクとも言う。

古くは『旧約聖書』に、以下のような節がある。

小麦の刈り入れのころ、ルベンは野原で恋なすびを見つけ、母レアのところへ持って来た。ラケルがレアに、「あなたの子供が取って来た恋なすびをわたしに分けてください」と言うと、レアは言った。「あなたは、わたしの夫を取っただけでは気が済まず、わたしの息子の恋なすびまで取ろうとするのですか。」、「それでは、あなたの子供の恋なすびの代わりに、今夜あの人があなたと床を共にするようにしましょう」とラケルは答えた。★[1]

★1：『旧約聖書』創世記30章14節

ここに出てくる「恋なすび」がマンドラゴラだ。ヘブライ語では、「愛の植物」と呼ばれ、マンドラゴラを使うと、石女《うまずめ》が受胎する効果があると考えられている。
また、

恋なすは香り
そのみごとな実が戸口に並んでいます。
新しい実も、古い実も
恋しい人よ、あなたのために取っておきました。[★2]

という節もある。こちらは媚薬かなにかのようだ。もちろん、ここに出てくるのは、魔法の植物ではなく、実在の薬効植物のほうだろう。
だが、実在の植物の方も、十分に面白い。
太い根が、幾つもに分かれてだんだんと細くなるところは、魔法のマンドラゴラと同じで、ものによっては本当に人間のように見える。その根には、何種類ものアルカロイド系薬物を含み、強力な毒物であるとともに、強い麻薬でもある。このた

★2：『旧約聖書』雅歌7章14節

マンドラゴラ

め、死なない程度の量を飲めば、鎮痛効果があり、また幻覚なども見ることがある。

実際、古代ギリシャ、ローマなどでも、催眠薬や催淫薬として知られていた。また、幸運の護符として、高価で取引されていた。

つまり、伝説のマンドラゴラのかなりの部分が、実在のマンドラゴラから来ているのだ。

では、伝説のマンドラゴラだけの特徴は何か。

まず、何より錬金術などの魔術に使われる魔法の材料になるということだ。特に、媚薬や不老長寿の薬の原料として、使われる。

さらに、歩く植物であること。マンドラゴラは成熟すると、自ら土の中から出てきて、二股に分かれた根っこを脚のように使って歩き回る。この姿は、大変醜い。

次に、根っこを引っこ抜かれると、恐ろしい悲鳴を上げ、その悲鳴を聞いたものは死んでしまうということ。

シェイクスピアの『ロミオとジュリエット』にも、「大地から引き抜かれるマンドレイクのごとき金切り声、生ける者がそれを聞けば気が狂い[★3]」とある。

★3：シェイクスピア著、平井正穂訳『ロミオとジューリエット』

この伝説は、なんと紀元1世紀には既に広まっていたらしい。ローマ帝国の政治家フラウィウス・ヨセフスの『ユダヤ戦記』には、バアラスという植物の入手方法の記述がある。記述を見ると、マンドラゴラもしくはそれに類する植物のようだ。

その周りの土を全部掘り起こし、根のわずかの部分だけが土で覆われている状態にする。ついで犬をそれに縛りつける。犬は縛りつけた者を追いかけようと飛びだそうとする。その瞬間、根は簡単に引き抜ける。しかし犬はその植物を抜き取ろうとした者の身代わりになったかのように即死する。このあとは手で扱っても安全で、恐れる必要はない。[★4]

★4：フラウィウス・ヨセフス著、秦剛平訳『ユダヤ戦記』第7章

12世紀ドイツの女子修道院長であった聖女ヒルデガルドは、その『聖ヒルデガルドの医学と自然学』第1の書『植物』（1151）で、マンドラゴラについて記述している（この訳書では、マンドレークと書かれている）。

それによると、マンドラゴラは熱く水気を含み、アダムが作

られたのと同じ土で作られた。そして、人間に似ているという性質から、悪魔の影響を受けやすいのだ。このため、人間は、マンドラゴラを使い、自らの欲求を形にし、願いを叶えるのだ。

逆に、この邪悪な悪魔の誘惑を退けるためには、土から引き抜いたマンドラゴラをわき水に一昼夜ひたすとよい。こうすることで、邪悪な性質を洗い流すのだ。逆に、土をつけたままにしておくと、魔術などに使うマンドラゴラになる。

清浄化したマンドラゴラは、人間を癒すことができる。男性が淫乱になった場合は、女のマンドラゴラを胸とヘソの間に三日三晩貼り付ける。その後、2つに裂いて片方を鼠蹊部に三日三晩貼り付け、残りに樟脳を少し混ぜて食べると治る。女性の場合は、同様に男のマンドラゴラを使う。そう、彼女の説によれば、マンドラゴラには男と女の区別があるのだ。

他にも、様々な病に薬効があると、聖ヒルデガルドは書いている。

マンドラゴラのドイツ版とも言うべきなのが、アルラウネ（Alraune）だ。

死刑囚が縛り首になる時に、漏らした精液が地面に垂れると、そこからアルラウネが生えるという。

アルラウネの効能や引き抜かれると悲鳴を上げることなどは、マンドラゴラと変わらない。

Hell Hound
ヘルハウンド

イギリスの伝承にある犬の怪物。その名の通り、地獄の猟犬である。全身真っ黒な大型の犬で、燃えるような赤い目をしている。

ヨーロッパでは、犬と死は関連づけられている。ケルベロス（235ページ参照）やガルム（233ページ参照）などがその例だ。ヘルハウンドも、それらの1つと考えてよい。

その名前は、各地で様々に異なる。「ブラックドッグ（Black

dog)」、「ブラックシャク（Black Shuck）」、「バーゲスト（Barghest）」、「マーザ・ドゥー（Moddy Doo）」、「クーン・アンヌーン（Cŵn Annwn）」など、様々な名前で呼ばれる。

また、その力も様々で、物凄い速さで走るとか、怪力だという話もあれば、幽霊のように突然消えたり現れたりするとも言う。また、口から硫黄の臭いをさせて火を吐くこともある。

ブラックドックは、英国全土に分布している。子牛ほどもある黒い毛むくじゃらの犬で、赤い目をしている。雷雨と共に、十字路や刑場に現れる。

ブラックシャクは、ノーフォーク、サフォーク、エセックスなど英国東部の伝承だ。円盤のように大きな赤い（もしくは緑の）目をした黒い犬だ。大きな犬くらいから馬ほどもあるものまでいるという。ただし、首無し犬として登場するという伝承もある。

バーゲストは、イングランド島中部のヨークシャー地方の伝承だ。巨大な牙と爪を持つとされる。その地方の名士が死ぬ時には、必ずバーゲストが現れ、土地の犬どもを従えて、うなったり遠吠えをあげたりする。

マーザ・ドゥーは、イングランド島とアイルランド島の間にあるマン島の黒い犬だ。燃える石炭のような目をしている。た

ヘルハウンド
（ブラックドック）

だし、マーザ・ドゥーは、人を救うこともある。漁船が夜の漁に出ようと船員が集まって船長を待っていたが、いつまで経っても来ない。ところが翌早朝、突風が吹いて、出港していたら沈没するところだった。そうしたころに船長が現れて、船に来る途中で大きな黒い犬に道をふさがれ、道を変えてもどの道にも黒い犬がいて、結局引き返すしかなかったという。

クーン・アンヌーンは、ウェールズ語で「他界の犬」という意味だ。やはり死の前兆となる犬だ。その鳴き声は特徴的で、近くで聞くと小さなビーグル犬のようだが、遠くではブラックハウンドの太い鳴き声に聞こえる。そして、その声は、死の前兆なのだという。

また、このような犬が複数登場する場合もある。

ガブリエルの猟犬群は、ランカシャー地方の伝承で、人間の頭を持った空を飛ぶ犬たちだ。この犬どもが、特定の家の上空を旋回すると、その家の住人が死ぬか不幸になる。

デヴォンシャーの荒野ダートムアに現れるウィッシュ・ハウンドの群は、首無しの妖怪犬の群だ。悪魔に率いられる猟犬たちだが、サー・フランシス・ドレイク[★1]の亡霊がこの群を率いていたという話もある。

コーンウォールには、チーニーの猟犬群がいて、嫌われ者の

★1：Sir Francis Drake（1540-1596）。16世紀イギリスの海賊船長。イギリス人として初めて世界一周を成し遂げ、その時に手に入れた財宝（イギリスの年間国庫歳入より多かったという）を献上してサーの称号を得る。

ヘルハウンド
（ブラックシャク）

地主であったチーニーが、死後も自分の猟犬たちを駆り立てているのだという。同じ地方には、堕落した聖職者ダンドーの率いるダンドーの猟犬群もある。

ちなみに、同様の伝承はフランスにもある。ジョルジュ・サンドの『フランス田園伝説集』には『化け犬』という項目で、フランスの妖怪犬を紹介している。

「ビゴルヌ（Bigorne）」、「白い犬（chien blanc）」、「蒼い獣（bête navette）」、「悪魔憑きの牛（vache au diable）」、「ピテルヌ（piterne）」、「タランヌ（taranne）」、「兎犬（levrette）」などと呼ばれる。やはり子牛くらいの大きさの犬だが、雌だという。そして、火のような目をしているが、角を生やしているという説もある。

Sasquatch
サスカッチ

サスカッチとは、北アメリカ先住民のサスケッツ（野人）という言葉から付けられた名前で、アメリカ太平洋側のロッキー

サスカッチ

山脈を中心に目撃されている猿人。ビッグフット（Bigfoot）とも言われる。

身長2～3メートルの巨大な類人猿と言われ、目が大きくゴリラのように眼窩のへこみが大きい。身体は、黒か褐色の長い毛皮に覆われている。

似たような怪物は、ネパールのイエティ、オーストラリアのヤウイ、日本の雪男のように、世界各地に存在している。一説には、我々の先祖のクロマニヨン人が、生存競争のライバルとしていたネアンデルタール人の記憶が、伝説として残されているのだという。

もちろん、このような怪物の伝承は、アメリカにも存在する。太平洋岸のアメリカ先住民には、部族ごとに、スクークーム（skoocoom）、スティヤハ（stiyaha）、クィクィヤィ（kwi-kwiyai）など、様々な名称で呼ばれている野人の伝承が残されている。だが、伝承こそ残っているものの、それを目撃したという例はほとんど無かった。

だが、20世紀後半になってから、異常に目撃例が増えている。現在では、もはや3,000件以上もの例があり、中には写真に撮ったとか、映像を撮ったという例まである。

それまで年に1件も無かった目撃例が、20世紀後半になってから年に100件近く発生するようになるというのは、明らかに異常である。それに、そもそもサスカッチは、アラスカからカナダ太平洋岸にかけての伝説であるが、なぜか目撃例はアメリカ合衆国でのものが多い。

本当にサスカッチが存在するとしても、目撃例のほとんどは、単なる見間違い[★1]か、捏造報告であると断言して良い。

実際、最も有名なパターソンフィルムと呼ばれる1967年に撮影された映像は、後年になって自分が着ぐるみを着て撮影したと、Bob Heironimusという俳優が名乗り出ている。ただし、撮影したロジャー・パターソンは、1972年に死亡するまで、決して捏造を認めなかった。

★1：直立した灰色熊は、サスカッチに見間違える可能性が十分にある。

Wendigo
ウェンディゴ

北米のアメリカ先住民族アルゴンキン族の氷の精霊。

アルゴンキン族は、アメリカ北部から、カナダ中東部に広く居住し、アルゴンキン語族と呼ばれる共通の言語を話す人々のことだ。

かれらによれば、ウェンディゴは、衰弱しやせ衰えた人間のような姿をしている。骨の上に乾燥してカサカサになった皮膚を貼り付けたようで、色は死人のような灰色だ。目は、穴だけがある。そして、気持ちの悪くなるような腐敗臭がする。一言で言えば、腐敗し、ひからびてしまった死体そのものだ。

ウェンディゴは人間型だが、大きさは様々だ。身長10メートルもあるという話もあれば、人間サイズ、いやもっと小さいと、目撃情報によって様々に異なる。特に、19世紀末から20世紀初めごろに目撃例が多く、目撃者の証言もバラバラだ。

そんなひからびたような姿にもかかわらず（いや、そんな姿だからこそかも知れないが）、ウェンディゴは常に餓えている。人間を殺し、その肉を喰うのだが、喰っても喰っても満足することはできず、常に次の犠牲者を求めている。

伝承では、強欲の過ぎた人間が、ウェンディゴになるとも言われる。

ところが、これが伝承だけですまないところが、ウェンディゴの本当の恐ろしさだ。本当に人間がウェンディゴになっていくといわれる病が実在する。その名もウェンディゴ病という。

その病にかかると、気分が滅入り食欲が無くなる。そして、このままではウェンディゴになってしまうという恐怖と、周囲の人間を喰いたいという食欲が、頭を占めるようになる。放っておくと、ウェンディゴになる恐怖から自殺したり、人を襲って部族から処刑されたりする。

これは、一種の精神病と考えられている。冬期の栄養不足などによる体調の悪化と、古い時代に飢餓に襲われた部族が人肉を食べて生き延びたという悲劇の記憶とが、このウェンディゴ病を起こすと言われている。実際、栄養状態の良くなった現在、ウェンディゴ病にかかる人はいない。

このウェンディゴは、ラヴクラフト[★1]の高弟といわれるオーガスト・ダーレスによって、クトゥルフ神話[★2]に取り入れられた。『風に乗りて歩むもの』と『戸口の彼方へ』という2編に登場している。

それによれば、ウェンディゴと呼ばれているものは、イタカという風の精だ。風を支配する旧支配者ハスターの眷属で、「風に乗りて歩むもの」とか「歩む死」と称される。生贄を、地上遥かな空間へと運ぶとされているからだ。

その姿は、星空を前に立っている人間の影のように見え、その姿をはっきり見ることはできない。ただ、赤紫の目が2つ輝いているのだけが判る。イタカは非常な巨体で、歩幅は半マイル（約800メートル）ほどもある。それが近づいてくると、奇妙な音楽が鳴り、風のうなりが聞こえるが、風自体は吹いていない。そして、空気は一気に冷たくなる。

そうしておいて、犠牲者を掴むと、遥か上空へ、さらには異世界へと運び去る。そして、最終的には地球の遥か離れたとこ

★1：Howard Phillips Lovecraft（1890-1937）。20世紀アメリカを代表する恐怖作家。クトゥルフ神話を創造したことで、名を残す。

★2：宇宙的恐怖をもたらす恐怖の神話体系。ラヴクラフトの残した神話の断片を元に、ダーレスら多くの追従者が次々と新たな神話を付け加えていって、次第に壮大な神話体系へと発展した。

ウェンディゴ

ろへと放り出す。放り出された死体は冷え切っており、むき出しの手で触ると凍傷になるほどだという。

第4章

山・空

Griffin

グリフォン

ギリシャの伝説の怪物。鷲の上半身と羽根、下半身はライオンという強力な生き物同士の組み合わせでできている。ギリシャ語では、グリュプスという。といっても、ギリシャ神話に登場するわけではない。当時の歴史書や地理書に書かれているのだ。

ヘロドトス[★1]の『歴史』によれば、ギリシャはるか北方には、一つ目のアリマスポイ人が住み、彼らの国にはグリュプス

★1：Herodotus（前484-前425）。ギリシャの史家。歴史の父と言われる。

グリフォン

という怪鳥が棲む。アリマスポイ人は、グリュプスから黄金を奪ってくるという。これは、紀元前7世紀ごろの小アジアの詩人アリステアスの叙事詩『アリマスポイ物語』という本からの引用らしい。だが、この本は早くに失われたために、その内容はヘロドトスを通じてしか判らない。

次にグリフォンがその姿を現すのは、アイスキュロスの悲劇『縛られたプロメテウス』だ。岩に縛られたプロメテウスの肝臓を貪り食らう大鳥は、「四足の鳥」と書かれており、グリフォンのことだと考えられている。

紀元前5世紀の医師クテシアスの書いた『インド誌』にも、グリフォンのことが書かれていた。こちらのグリフォンは北インドに棲む怪物で、狼くらいの大きさ、ライオンの四つ足、全身を黒い羽根で覆われているが、胸だけは羽根が赤い。黄金を護っているので、彼らの住処の近くで黄金をとるのは困難だとある。

大プリニウスは、その著書『博物誌』第10巻で、グリフォンのことを「耳と恐ろしく曲がったくちばしを持った[★2]」鳥とし、エチオピアに棲むと紹介しているが、著者自身はこれは作り事だと判断している。

伝説では、なんとアレキサンダー大王がグリフォンを御したという。もちろん、これは伝説だ。アレキサンダー大王が偉大だったので、彼を主人公にした物語が多数作られた。日本で言うなら、遠山の金さんとか水戸黄門のようなものだ。その1つが、15世紀イギリスの郷士ロバート・ソーントンの書いた『ソーントン写本』に載っている。そこでは、大王が4頭のグリフォンを捕らえ、それを鉄で作った戦車に鎖で結びつけた。もちろん、彼らが羽ばたいて戦車を空へと運ぶのに十分な隙間を空けてつないだ。そして、グリフォンの頭の上に肉をぶら下げた。すると、彼らは肉欲しさに空へと飛び出し、大王は10日間にわたって、空を飛んだという。

グリフォンが馬を嫌って喰うという伝説も、このエピソードや、同じく復讐の女神ネメシスの戦車を引くというところからきている。馬は、戦車を引くという点においてグリフォンのライバルだからだ。

グリフォンは、黄金を護っていることから、良きものとしては紋章学において「知識」を表すし、鳥の王と獣の王の合体で

★2：中野定雄ほか訳『プリニウスの博物誌』

あることから「王家」を象徴する。
逆に、恐ろしいものとしては、黄金を求める人間を引き裂く怪物でもある。
セビリアの聖イシドールスの『Etymologiae（語源）』第12巻にもグリフォンが登場する。ここに登場するグリフォンは、ハイパーボレアに棲み、人間を襲う怪物である。
逆に、『フィシオログス』に登場するグリフォンはキリスト教の象徴であり、聖なるものとされる。
12世紀の聖女ヒルデガルドの『聖ヒルデガルドの医学と自然学』によれば、グリフォンは洞窟で卵を産むという。つまり、グリフォンは卵生だということだ。また、その肉は食用には適さず、食べると害になる。

Cyclops
サイクロプス

ギリシャ神話に登場する、一つ目の巨人。キュクロプスとも言う。凶悪な姿をしている割に善良で、しかも色々な点で損ばかりしている役回りである。
ウラヌスとガイアの間に、最初のサイクロプスであるブロンテス（雷鳴）、ステロペス（電光）、アルゲス（閃光）の3兄弟が産まれた[★1]。彼らは、姿形は他の神々と変わらなかったが、ただ1つ、目だけが額の真ん中に1つだけしか持たなかった。サイクロプスとは、ギリシャ語のキュクロプス（丸い目）からきた名前である。
彼らは、産まれながらに体力、腕力、技術を備えており、後にゼウスのために雷霆を作ったのも彼らである。
アポロドーロスは、さらに詳しいことを語ってくれる[★2]。
ウラヌスとガイアの間に産まれた子供であるにもかかわらず、ウラヌスは彼らを縛りタルタロス（ギリシャ神話の地獄）へと投げ込んだ。だが、ガイアはタルタロスに投げ込まれた子供たちを心配し、同じくウラヌスの子であるティターン神族たちにウラヌスを倒すよう説き、クロノスに金剛の斧を与えた。

★1：ヘシオドス著『神統記』

★2：アポロドーロス著『ギリシア神話』

クロノスは斧でウラヌスの生殖器を切り落とし、その地位を奪った。

だが、クロノスもサイクロプスたちをタルタロスに幽閉した。

とはいえ、クロノスもやはり我が子に地位を奪われるという予言を受けた。そして、実際、クロノスの子であるオリュンポス神族は、ティターン神族と10年にわたって戦いを繰り広げた。この戦争を、ティターノマキア（ティターン戦争。クロノス率いるティターン神族とゼウス率いるオリュンポス神族との戦い）という。

この戦いの中で、ガイアはゼウスに、タルタロスに幽閉されている者たちを味方にすれば戦いに勝利できるという予言を与えた。こうして、ゼウスはサイクロプスとヘカトンケイル（104ページ参照）を解放した。

そのお返しに、サイクロプスたちは、甥に当たるオリュンポス神族たちに贈り物をする。ゼウスに雷霆を、ハデスには帽子

サイクロプス

（ハデスの隠れ帽子と呼ばれる姿を消す力を持つ帽子）を、ポセイドンには三つ叉の矛を与えたのだ。これらの武具を得て、オリュンポス神族はティターン神族に勝利し、逆に彼らをタルタロスに幽閉した。

勝利の後には、サイクロプスたちは、シチリア島のエトナ火山の地下に工房を設けて、鍛冶の神ヘパイストスに仕えて様々な武具を作り出した。アポロン[★3]の弓やアテナの鎧なども、彼らの作品である。

★3：ギリシャ神話の予言と音楽と弓の神。ゼウスの息子。

サイクロプスの死も、また巻き添えであった。

アポロンの子アスクレピオスは、外科医であった。そして、人間であるにもかかわらず、あまりにも名医であり、死者を蘇らせるほどだった。だが、ゼウスは、人間が死者を蘇らせる法を手に入れることを恐れ、彼を雷霆で撃って殺した。

アポロンは、ゼウスの行為に怒ったが、さすがに自分の父であるゼウスを倒すわけにもいかない。そこで、雷霆を作ったサイクロプスたちを殺して意趣返しをした。

サイクロプスたちは何ら悪いことをしていないのに、アポロンの癇癪の持って行き先にされて殺されてしまったわけだ。

だが、これでサイクロプスたちが滅びたわけではない。彼らの子孫は、長く一族が残った。とはいえ、その末裔たちは、もはや神々としての力を失い、単なる野蛮な巨人となってしまった。

ホメロスにとっては、サイクロプスは野蛮な化け物らしい。

オデュッセウスは、放浪の途中になんとシチリア島のサイクロプスの国へと迷い込む[★4]。ところが、この国のサイクロプスたちは、神々の叡智どころか、人間以下の蛮族にまで成り下がっている。

★4：ホメロス著『オデュッセイア』

彼らは、まともに労働しない。畑を耕したりせず、実りは全て神様を当てにしている。彼らが、神に頼るのも当然だろう。なぜなら、麦も葡萄も勝手に生えてきて実を付ける。逆に、そのような状態だからこそ、サイクロプスたちは怠惰になってしまったのかもしれない。その上、彼らは家を造ることもなく、洞窟に住んでいる。

彼らの社会も、蛮族以下のレベルでしかない。彼らの国には、議会も法律もない。それどころか、互いに無関心で、やることといったら自分の妻子に命令することだけだ。バラバラで、国として成立しているとは言い難い状況だ。

オデュッセウスと12人の勇士が、サイクロプスの洞窟に入ると、ポリュペモスというサイクロプスは、大岩で洞窟の入り口を塞ぎ、2人を岩に叩きつけて殺して夕食に食べてしまう。翌朝には、さらに2人を朝食にしてしまった。だが、サイクロプスをただ殺すだけでは、大岩でふさがれた洞窟から脱出できない。

オデュッセウスは、知恵を巡らし、ポリュペモスに酒を勧めた。そして、名を問われると、ウーティス（誰もいない）と答えた。そして、サイクロプスが酔いつぶれて眠ってしまうと、焼けた木の幹でその眼を貫き、盲目にしてしまう。

苦しむポリュペモスの声に他のサイクロプスがやってきて、いったい誰のせいでそうなったのだと問うと、「ウーティスだ」と答えた。すると、他のサイクロプスは、「誰もいないのでは仕方がない」と、去ってしまう。

そして、目の見えないサイクロプスから、羊の腹にしがみついて（サイクロプスは、洞窟の入り口で羊に乗って逃げ出さないか、触って確かめていた）うまく脱出してしまう。

まさに、野蛮で愚かな種族となってしまっていることが判るだろう。

どうみても、未開の野蛮人以下だ。こちらのサイクロプスが、ファンタジー作品などに登場するモンスターとしてのサイクロプスの原典だろう。

一眼の巨人としては、他にはアリマスポイも名高い★5。彼らはギリシャの北方に住む巨人で、彼らの土地に住むグリフォン（132ページ参照）と戦って黄金を奪い取っている。このため、彼らの国には黄金がたくさんあるのだという。

★5：ヘロドトス著『歴史』

Cacus

カクス

ローマ神話に登場する巨人。カクスとは、ラテン語で「邪悪なもの」という意味がある。古代ローマにおいては、火の神だったと考えられているが、後には単なる巨人に格下げされた。

ローマの火山の神ウルカヌス[★1]の息子で、後にローマ市の一部となるアヴェンティーノの丘に住んでいた。

人間の肉を食らう恐ろしい怪物で、頭は3つ、それぞれの口から火を吐く。このため、近くに住む人々は、カクスを酷く恐れていた。

ヘラクレスが、その12の難業の第10番目ゲリュオンの牛を手に入れて帰る途中のこと。牛を連れて帰るヘラクレスは、カクスの洞窟の近くで、小休止を取った。カクスは、その牛を見て、どうしても欲しくなった。そこで、たくさんいる中から、

★1：ギリシャ神話のヘパイストスに相当する。

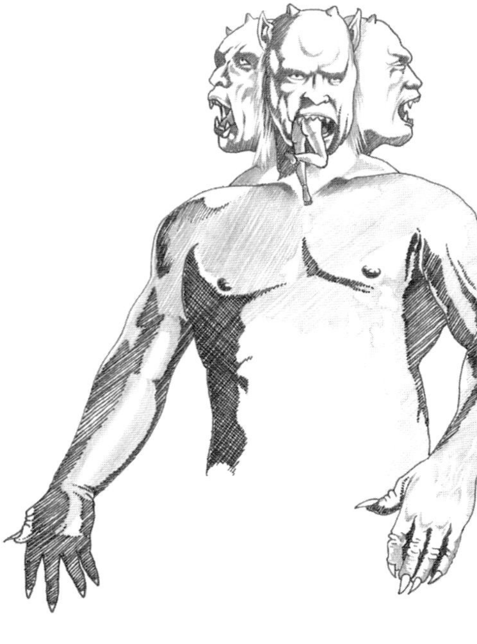

カクス

雄牛4頭、雌牛4頭を選び、尻尾を引っ張って、後ずさりにして自分の洞窟まで連れてきた。出て行く足跡が無かったので、ヘラクレスは消えた牛を見つけることができなかった（世界最古の探偵物語のトリックかもしれない）。

しかし、残りの牛たちが洞窟に向かって悲しげに鳴くと、中から牛の鳴き声で返事があった。別伝では、カクスの妹カーカが、ヘラクレスに告げ口したのだという。

怒ったヘラクレスは、洞窟に突入した。カクスは火と煙を吐いて対抗したが、ヘラクレスに締め上げられ、3つの首を紐のように括られてしまい敗北した。

Python
ピュトン

ギリシャ神話に登場する巨大な蛇。ピュトンは、大蛇ではあるが、凶暴な怪物というわけではない。それどころか、巫女に予言の力を与える貴重な役目を持っており、巫女を通して神託

ピュトン

を与えていた。

ピュトンは、自分の身を守ろうとしただけなのに、アポロンに退治されてしまった哀れな存在である。そして、予言の力もアポロンに取られてしまう。

ピュトンはガイアの息子であり、アポロン以前にパルナッソス山（神託で知られるデルポイの上に聳え立っている）において神託を行うものだった[★1]。

★1：ヒュギーヌス著『ギリシャ神話集』

だが、このピュトン自身に、自分はレトの子によって殺されるという神託が下った。しかも、この時レトは神々の王ゼウスと同衾していた。ピュトンは、レトがゼウスによって身ごもったのを知ると、彼女を殺そうと追いかけた。だが、レトはゼウスに命じられた風の神ボレアスによってオルテュギア島（後にはデロス島と呼ばれるようになった）に逃された。そこでレトはオリーブの木にしがみつきながら、アルテミスとアポロンを産んだ。ヘパイストスが、2人に誕生の贈り物として矢を与えた。

産まれて4日後、アポロンはさっそく母の仇を討った。パルナッソスに出かけて、ピュトンを矢で射殺したのだ。

ただし、彼はピュトンの亡骸を疎かにはしなかった。その骨を大鍋に入れて自分の神殿に置き、葬礼の競技大会を催した。これをピュティア祭という。

別の伝承でも、ピュトンはガイアが単独で産んだ子とされている[★2]。こちらでは、アポロンは自分の矢筒をほとんどからにして、おびただしい矢をピュトンに浴びせかけ、大蛇の傷口は毒の血で黒く染まったとある。そして、この殊勲を記念するためにアポロンはピュティア競技会を催すことにした。この大会で優勝したものには、樫の葉の冠が授けられた。というのは、この頃は、まだ月桂樹がなかったからだという。

★2：オウィディウス著『変身物語』

神話ではなく地理書でも、ピュトンを殺したのはアポロンであり、デルポイの神託所は、その後アポロンが受け継いだとある[★3]。

★3：パウサニアス著『ギリシア案内記』

『ホメロス讃歌』では、ピュトンはヘラからテュポーン（102ページ参照）を預かって育てたという。

『新約聖書』の「使徒言行録」には、パウロたちが「祈りの場所に行く途中、占いの霊に取りつかれている女奴隷に出会った[★4]」とある。この占いの霊は、ピュトンであるという。だが、ここ

★4：『新約聖書』使徒言行録16章16節

のピュトンは、パウロの「イエス・キリストの名によって命じる。この女から出て行け★5」という言葉によって、追い出されてしまう。

★5：『新約聖書』使徒言行録16章18節

Centaur

ケンタウロス

ケンタウロスは、ギリシャ神話に登場する異種族だ。その姿は、馬の首の所に人間の上半身が生えている。

ここから、半人半獣の種族を、○○ケンタウロスと呼ぶこともある。半人半魚をイクシオケンタウロス（Ichthyocentaur）、半人半竜のドラコケンタウロス（Dracocentaur）などのようにだ。この場合には、本来の半人半馬をヒッポケンタウロス（Hippocentaur）と呼ぶ。

ケンタウロス

アポロドーロスの『ギリシア神話』によれば、最初の親族殺しとなったイクシーオーンの罪を、誰も清めようとしなかった。そこで、ゼウスは哀れに思って、天界に連れて行き罪を清めてやった。だが、その恩を忘れ、彼はゼウスの妻ヘラを犯さんとした。そこで、ゼウスは雲でヘラの似姿（彼女の名前をネペレーという）を作り、イクシーオーンはそれと交わってケンタウロス族を産ませた。ちなみに、イクシーオーンはその咎のために、車輪に縛り付けられ空中を引き回された。

別の伝説では、雲と交わる以前にゼウスが彼を不死にしてやっていたので、彼の罰は永遠に終わることがないのだという。

だが、『ギリシア神話』には、別の説も載っている。クロノスとオケアノスの娘ピリュラーの間に、ケンタウロスのケイロンが生まれたという。

なぜ、馬の下半身なのかというと、妻のレア[★1]にクロノスの浮気がばれ、それを隠すためにピリュラーを馬の姿に変えたからだという。別の説では、ピリュラーがクロノスを拒み、馬に変化して逃げ出したので、クロノスもまた馬に変じて交わったからだという。

ケイロンを産んだピリュラーのその後にも2説ある。1つは、異形の子を産んだことを恥じて、神に祈って木に変じたというもの。もう1つは、ケイロンを育て、後にケイロンが多くの英雄の師となる助けになったというものだ。

ケイロンは、ケンタウロスの中でも特別な存在で、不死なる賢者であったので、ケイロンだけが特別な出自を持っているということであろう。

もちろん、紀元前1世紀のローマの哲学者ティトゥス・ルクレティウス・カルスのように、馬と人が混ざったような生き物が存在するとは思わないようにと明確に言い切った人もいた[★2]。彼は、3才で最盛期に達する馬と、その頃まだ母のおっぱいを欲しがる人間が1つになることはないと主張している。

ホメロスは『イリアス』において、ケンタウロス族を「豪勇無双の山の獣人」とか「毛深い獣人」と呼び、強いけれども野蛮人としている。そして、その中でケイロンだけを「人倫の道を弁えていた」としている。

そのような野蛮なケンタウロスの例として、ケンタウロスのエウリュティオンがラピタイ族[★3]を訪問し、そこで酒を飲んで

★1：ギリシャ神話の大地の女神。

★2：ティトゥス・ルクレティウス・カルス著『物の本性について－宇宙論－』

★3：テッサリア（ギリシャ中央部にあり、エーゲ海に面した地方）に住む人間の種族。イクシーオーンがラピタイ族だったため、彼らは遠い親族に当たるので招待されたのだろう。

大暴れし、怒った男たちに鼻と耳をそがれて放り出された話がある[★4]。そして、このことからケンタウロスと人間との間に戦いが始まったと。

だが、この事件は、オウィディウスの『変身物語』巻12で、大きく取り上げられている。

ラピタイ族のペイトリオスとヒッポダメーの結婚式で、ケンタウロスたちも式に招かれた。だが、酔っぱらったケンタウロスたちは、エウリュトス（エウリュティオンのこと）が花嫁のヒッポダメーを、他のケンタウロスたちもてんでに気に入った娘を掠おうとした。だが、招かれていた英雄のテセウスが、そこにあった瓶をエウリュトスに投げつけて、頭を割って殺した。そこで、ケンタウロスたちとラピタイ族の勇士たちの間に、激しい戦いが起こった。そして、互いの戦士の多くが斃れた（原著には、誰が誰をどうやって殺したという話が延々と書かれている）。

このようなケンタウロスの中で、ケイロンだけが出自の違いもあって特別な存在である。

ケイロンは賢者であり優れた医師でもあった[★5]。後の医学の神アスクレピオスを教育したのもケイロンである。

また、アキレウスの父ペレウスに、その妻ネレウスのテティスの捕まえ方を教えたのもケイロンである。ケイロンは、ペレウスにテティスは次々と姿を変えるが、決して手を離してはならないと教えたのだ。そこで彼は、テティスが火になっても水になっても獣になっても、元の姿に戻るまで手を離さなかった。こうして、彼はテティスを娶り、予言通り[★6]その息子は英雄アキレスとなった。

彼の死は、ヘラクレスに関係する。12の難行の4番目の途中、彼はポロスというケンタウロス（彼も、セイレノスとトネリコの精の間に産まれた特別な出自のケンタウロスである）の歓待を受けた。その時、ヘラクレスが酒を請うと、ポロスはケンタウロス族共有の瓶を開けることを躊躇した。だが、重ねてヘラクレスが頼むと、ようやく瓶を開けてくれた。だが、案の定、匂いに惹かれてケンタウロスたちが現れた。だが、ヘラクレスは入ってきたアンキオスとアグリオスを燃え木を投げつけて追い払い、他のケンタウロスたちを矢で射てマレアーの地まで追いかけた。

★4：ホメロス著『オデュッセイア』第21歌

★5：アポロドーロス著『ギリシア神話』

★6：テティスの子は、必ず父より偉大になるという予言があった。このため、彼女の美貌に惹かれたゼウスと海神ポセイドンも、自分の地位が大事で手を引いた。

そこは、ラピタイ族に追われたケイロンの住居だった。そこで小さくなっているケンタウロスたちにヘラクレスが矢を射ると、エラトスというケンタウロスを貫いて、ケイロンの膝にまで刺さってしまった。ヘラクレスの矢は、ヒュドラー（164ページ参照）の毒矢だったので、ケイロンの傷は不治で酷く苦しい。だが、ケイロンは不死だったので、通常なら死ぬはずの怪我でも死ぬことができない。このままでは永遠に苦しむことになる。そこで、プロメテウスが彼の代わりに不死になることで、ようやくケイロンは死ぬことができた。

中世になると、ケンタウロスが宗教的導師として活躍することまである[★7]。修道士アントニオスが、優れた隠修士（1人で暮らす修道士）聖パウロスに会うために森をさまよっていると、1人のケンタウロスが現れて、道を示してくれる。これも、学識豊かなケイロンの伝説を受けての物語であろう。

★7：ヤコブス・デ・ウォラギネ著『黄金伝説』

Sphinx

スフィンクス

ギリシャ神話、エジプト神話、メソポタミア神話など、オリエント各地の神話に登場する幻想動物。スピンクス、ピックスとも言う。

その起源は、エジプト古王国（紀元前2700～2200年ごろ）に遡る。それが、ギリシャやその他のオリエント諸国の神話に取り入れられるようになって、今のスフィンクスができた。

エジプトのスフィンクスは、ファラオの顔に、獅子の身体である。つまり、羽を持っていない。有名なスフィンクスは男だが、女のスフィンクスも存在する。また、人間の頭ではなく、鷹や羊といった他の動物の頭のスフィンクスもあった。

エジプトのスフィンクスは、神殿や墓の守護者である。有名なギザのピラミッドの側にあるスフィンクスも、王の墓の守護者だと考えられている。例えば、ルクソールにあるルクソール神殿とカルナック神殿（エジプト最大の神殿である）の間には、人頭のスフィンクスがずらりと並んだ参道がある。また、カルナック神殿の中のアメン神殿群とムート神殿群の間には、羊頭のスフィンクス参道がある。

また、現在残る最古のスフィンクスは、エジプト第4王朝[★1]の王女ヘテフヘレス2世の似姿を使ったとされるものだ。

これに対し、ギリシャ神話のスフィンクスは、怪物だ。

その生まれは、様々な説がある。オルトス[★2]とキマイラ（99ページ参照）の間に生まれたという説[★3]、テュポーン（102ページ参照）を父、エキドナ（96ページ参照）を母として生まれたという説[★4]、などがある。

その姿は、顔は女、胸と脚と尾は獅子、さらに鳥の羽を持つ。つまり、女（というか雌）である。

ヘロドトスによれば、女神のヘラが、テーバイ市を呪うために、この怪物をピーキオン山に送った。テーバイに至る者は、スフィンクスから謎をかけられる。その謎こそ、「1つの声を有しながら、4足、2足、3足になるものは何か」であった。

これに答えられないと、一行の中から1人を掠って食べてしまう。

多くの者がこの謎に対し、様々な答えを試みたが、全て外れて喰われてしまった。そして、ついにはテーバイの王クレオーンの子ハイモーンが生け贄になったとき、王はこの謎を解いた者に王国とライオースの妻イオカステーを与えると布告した。

オイディプス（日本では、英語の発音のエディプスのほうが

★1：紀元前25～27世紀ごろに栄えた王朝。ギザの大ピラミッドを作ったのも、この王朝である。

★2：ギリシャ神話に登場する双頭の犬。テュポーンとエキドナの間に産まれた。

★3：ヘシオドス著『神統記』

★4：アポロドーロス著『ギリシア神話』

スフィンクス

知られているが）が、これに挑戦し、「それは人間である。赤児の時は四肢で歩き4足、成人して2足、老年になって杖を第3の脚としてくわえるからだ」と謎を解いた。これによって、スフィンクスは山から身を投げて死んだ。

だが、これによってオイディプスの悲劇が起こる。秘密にされていたが（オイディプス自身も知らなかった）、実はオイディプスはライオースとイオカステーの間にできた子だったからだ。知らずに母を娶ったオイディプスは、後にこれらが明らかになって破滅する。

ちなみに、このことから、自分の父親を憎み、母を愛する心理を、エディプス・コンプレックスというようになった。オイディプスが聞けば、自分にはそんなつもりは無かったのにと抗議するかも知れないが。

Phoenix
フェニックス

不死の聖鳥。日本では「不死鳥」と言われるが、その外見的特徴から「火の鳥」ということもある。

エジプトに住むと言われるが、エジプトにはそのような鳥の伝説は存在しない。フェニックスを記録したのは紀元前5世紀のギリシャ人なのだ。

ポイニクスという名の聖鳥がある。私はその姿を絵でしか見たことがない。というのもこれはめったに現れぬ鳥で、ヘリウポリスの住民の話では、500年ごとにエジプトに姿を現すのである。そしてそれは父鳥が死んだ時であるという。絵に描かれているとおりであるとすれば、その大きさや形状は次のとおりである。その羽毛は金色の部分と赤の部分とがあり、その輪郭と大きさは鷲に最もよく似ている。エジプトの伝承によると、私には信じられぬことであるが、この鳥は次のような工夫をこらすという。すなわち父鳥の遺骸を没薬《もつやく》の中に塗り籠め、遥々アラビアからヘリオスの社へ運び、ここに葬る。その運ぶ方法は先ず没薬で自分が運ぶことのできるほど

の重さの卵形のものを作り、それを運ぶ実験をしてみる。念入りの実験を終えると、卵をくり抜いて父鳥の遺骸を入れ、父鳥を入れるためにくり抜いた部分の穴は、別の没薬を加えて塞ぐと、父鳥を入れた重さがちょうどはじめの重さと同じになる。ポイニクスはそのようにして父鳥の遺骸を塗り籠めてエジプトのヘリオス神殿へ運ぶのだという。★1

★1：ヘロドトス著、松平千秋訳『歴史』巻2

このように、初期の記録ではフェニックスは、父親の葬儀をする感心な鳥ではあるが、不死の鳥ではない。もちろん、500年ごとに葬儀をすることからみて、明らかに寿命は500年以上あるわけで、大変な長命だが、不死とは違う。

フェニックス

だが、後世になると、その力はどんどんと派手になっていく。紀元前後には、フェニックスは再生するようになっている。

ひとつだけ、自分で生まれかわり、自分で自分を再生するものがある。アッシュリア人たちが『不死鳥』と呼ぶ鳥だが、これは、穀類や草によってでなく、乳香の木の樹脂と、バルサム樹の樹液で生きている。この鳥は、500年にわたるその生涯を生き終えたと知ると、樫の枝か、うちそよぐ棕櫚の梢に場所を選んで、鉤爪と汚れない嘴とで自分の巣を作る。そこへ、桂皮と、しなやかな甘松《かんしょう》の穂、砕いた肉桂と、黄色い没薬とを敷き詰めると、そのうえに身を横たえる。こうして、香りにつつまれたまま、命を終える。すると、この父親のからだから、あらたに、小さな『不死鳥』が生まれ出るというのだ。★2

★2：オウィディウス著、中村善也訳『変身物語』

このように、既に死と再生の力がフェニックスに与えられているが、まだ炎については書かれていない。フェニックスが火と結びつくのは、紀元1世紀ごろからだと言われている。

五百年の生が終わりに近づくと、フェニックスは様々な香りのする木を積み重ねた葬送の火に横たわり、次第に分解されていく。そして、四肢が腐って出た液体が凝結する。鳥は、自らを身ごもり、自らを生み出すのだ。★3

★3：ローマの地誌学者ポンポニウス・メラ著"De situ orbis"巻3　83節

中世になると、フェニックスについてさらに詳細な情報が残されている★4。エジプトに、ヘリオポリス（太陽の都）という都市がある。ここに、円形の寺院があって、フェニックスが500年に1度現れて、祭壇の上で我が身を焼く。寺院の僧たちは、書物によってフェニックスの来る時期を知っており、祭壇の上に香料、硫黄、杜松《としょう》（ネズの木）の枝などを積み上げておく。すると、フェニックスは、祭壇の上に留まり、翼であおいで材料を燃え上がらせ、自らを焼く。

★4：ジョン・マンデヴィル著『東方旅行記』第7章

翌日、その灰の中から虫のようなものがわき、2日目にはフェニックスの姿になり、3日目には元の住まいへと帰って行く。

その姿は、体つきは鷲そっくり、孔雀の鶏冠に似ているが孔雀よりもずっと大きな鶏冠がある。首は黄色、背中は藍色、羽根は真っ赤で、尾は緑と黄と赤の筋が入っている。太陽に照らされると素晴らしくきれいだという。

と、このように、基本的には優れた生き物とされるフェニックスだが、キリスト教世界では必ずしも、良い意味ばかりで使われてはいない。

コラン・ド・プランシーの『地獄の辞典』では、フェニックスは20の軍団を率いる地獄の大侯爵だ。子供の声で話すが、あらゆる学問について答えることができるという。

Hippogrif

ヒッポグリフ

グリフォン（132ページ参照）が雌馬と交配して生まれた怪物。存在しないものの例えとして使われた。

上半身と羽根は鷲で、下半身が馬という姿をしている。父であるグリフォンよりも、頭はよく、性質は（多少ながら）穏やかだ。また、空を飛ぶ速度も速いという。

そもそも、グリフォンはギリシャの伝説の怪物だが、そのギリシャの伝説にもヒッポグリフなどという怪物は登場しない。

代わりに、古代ローマの詩人ウェルギリウスは、その叙事詩『アエネーイス[★1]』において、「グリフォンと馬を交配させる」という言い回しを、不可能なことを表す例えとして使った。

というのは、グリフォンは馬を食べるとされたので、捕食者と被食者の間の子供というものがあり得ないと考えられたのだ。

この詩を出典として、「太陽が西から昇ったら」等と同じようにあり得ないことの例えとして、中世ヨーロッパの人が「グリフォンと馬を交配させるようなもの」といった言い回しをするようになった。

ところが、このあり得ないはずの怪物を登場させてしまったのが、16世紀イタリアの詩人ルドヴィコ・アリオストだ。彼は、長編叙事詩『狂えるオルランド』を書き、これが当時の大

★1：紀元前1世紀ローマの詩人ウェルギリウスの書いた叙事詩。トロイア戦争でトロイアが陥落した後、トロイアの英雄アエネーイスの放浪と冒険を描いたもの。伝説では、ローマはトロイアの後裔が築いたとされるので、同書はローマの建国神話とも言える作品である。

ベストセラーとなった。

その内容は、大きく2つの流れがある。中国の姫アンジェリカ[★2]に恋して発狂したオルランドを救う話が1つ。ヨーロッパとイスラムとの戦いの中で、イスラムの勇士がキリスト教徒の女騎士と恋仲になり、キリスト教に改宗して戦う話がもう1つだ。その合間に、魔術師との一騎打ち、世界を巡る大冒険、怪物、邪悪な魔女、イスラム側の最強の女戦士、ヘクトル[★3]の武器といわれる名剣デュランダルの争奪戦など、現代のエンタテインメントファンタジー小説を先取りするような内容である。元ネタにも、イスラムとの戦争だけでなく、中国の伝説や、アーサー王伝説まで、様々なものを放り込んである。

その第4歌に、シャルルマーニュ大帝の姪である女騎士ブラダマンテとイスラムの魔術師アトランテの一騎打ちがある。この一騎打ちに勝って、ブラダマンテはヒッポグリフを手に入れるのだ。

★2：当時のヨーロッパ人は、中国についてほとんど何も知らなかった。このため、中国人の名前がアンジェリカなどという奇妙な話を平然と書いている。

★3：ホメロスの『イリアス』に登場するトロイアの英雄。アキレスと戦って敗れる。

ヒッポグリフ

この詩では、ヒッポグリフは、以下のように書かれている。

ch'una giumenta genero d'un Grifo:
雌馬と牡鷲の間に生まれ
simile al padre avea la piuma e l'ale,
羽毛と翼、前足と頭と、
li piedi anteriori, il capo e il grifo;
それに鼻面は父親譲りで、
in tutte l'altre membra parea quale
他の肢体は母親譲り、
era la madre, e chiamasi ippogrifo;
名をイッポグリーフォと呼び
che nei monti Rifei vengon, ma rari,
凍れる海の遙か彼方の、リフェイの山の
molto di la dagli aghiacciati mari.
ただなかに、稀に産する生き物だった。[★4]

日本語訳では、雌馬と牡鷲との間の子と書かれている。だが、これは訳者がグリフォンでは意味が通じないと考えて、こう訳したものだ。イタリア語原文では、きちんと"giumenta"（雌馬）と"grifo"（グリフォン）の間に生まれたことになっている。

手に入れたヒッポグリフを、彼女は恋人であるルッジェーロに与える。彼は、魔術師アトランテの養子でイスラム側の勇士であったが、彼女と恋仲になってキリスト教に改宗した人物だ。そして、ヒッポグリフを駆って、北はアイルランドから南はエチオピアあたりまで飛び回って、大活躍する。

こうして、ヒッポグリフは、あり得ないものから、有名な怪物へと一気に変化してしまった。

『狂えるオルランド』が教養人の知っておくべき古典となったので、ヒッポグリフは神話に登場する怪物と同様に、人々にとっての常識的怪物となった。だが、その実は、エンタテイメント作品に登場したオリジナルモンスターだったのだ。

★4：ルドヴィコ・アリオスト著、脇功訳『狂えるオルランド』

Thunderbird

サンダーバード

アメリカ先住民の神話に残る神の鳥。彼らにとって、自分の周囲にあるものは、全て生命があり、精霊を持っている。鳥や動物だけではない。木や岩、大地そのもの、それどころか空から降る雹《ひょう》でさえ、精霊を持っている。そして、精霊を持つということは、自分自身の言葉や歌を持つということだ。

サンダーバード

その中でも強力な嵐の精霊がサンダーバードである。雷鳴はその羽ばたきであり、目の輝きが稲妻だ。雨雲や雷雨は、サンダーバードが海から戻ってくる時に、その後を付いてくるものだ。

このように強力な精霊なので、人々はサンダーバードを恐れ、怒らせないように気をつけた。

サンダーバードは、巨大な鷲のような姿で、巨大なえぐったような嘴で、目は炎のように燃えたぎっている。大きさは、「羽根は、端から端まで戦争用のカヌーの長さの二倍はあった[★1]」とある。通常のカヌーでも長さ5メートルくらいはあるので、サンダーバードは最低でも10メートルを超える巨大な鳥だ。

サンダーバードは、オリンピック山脈にある雪と氷の大平原の端にある洞窟を住処としている。食べ物はクジラで、住処から海まで飛んでいって、そこでクジラを掴んで住処まで持って帰るのだ。もちろん、クジラもただ食べられるわけではない。必死で抵抗する。このため、サンダーバードの住処の前の平原は、木が根こそぎ引き裂かれてしまい、今でもそこには1本の木も生えていない。

サンダーバードも、常に狩りに成功するわけではない。キラー・ホエール（シャチのこと）を捕らえようとした時は、洞窟まで運んだものの、そこから逃げ出してキラー・ホエールは海にまで逃れた。そこでもう1度捕まえたが、再び逃れた。何度も戦った末、キラー・ホエールは大洋の真ん中まで逃げてしまい、サンダーバードも追うのを諦めた。これが、現在でもキラー・ホエールが深海に住んでいる理由だという[★2]。

サンダーバードは聖なる鳥で、人間を助けてくれる。昔、何ヶ月もの間、酷い嵐が続き、霙《みぞれ》と雪が大地に吹き付け、作物は枯れてしまい、漁もできず、人々が餓えて死にそうになったことがある。そこで、偉大なる酋長が、最も偉大な精霊に助けを求めてみた。

すると、大きな羽根を羽ばたく音がする。海の上を巨大な鳥が飛んでいるのを見た。それがサンダーバードで、人々のところに、クジラを捕まえて与えてくれたのだ。

こうして、人々は飢えから救われた。

だが、こうした精霊のサンダーバードとは別に、UMA（未確認生物）としてのサンダーバードがいる。アメリカでは、現

★1：エラ・イ・クラーク著『アメリカ・インディアンの神話と伝説』

★2：現実のシャチは、深海に潜ることはできるものの、深海に住んでいるわけではない。だが、アメリカ先住民は、シャチが海上に出ているところをあまり見ないことから、シャチはサンダーバードに襲われることを恐れて深海に住んでいると信じたので、このような伝説になっている。

在でも巨大な鳥の目撃者がいて、サンダーバードだという。そのほとんどは、錯覚か捏造であるが、カリフォルニアコンドル（翼を広げると、最大で3メートルほどになる）を見間違ったという説が最も有力だ。

Pegasus

ペガサス

ギリシャ神話に登場する羽の生えた馬。ギリシャ語ではペーガソスと発音するのが近い。

英雄ペルセウスがメデューサの首を刎ねたとき、そこから大いなるクリュサオル（つまり巨人である）と天馬ペガサスが生まれ出た[★1]。その名前の由来は、泉（ペーゲ）のほとりで産まれたからだ。

★1：ヘシオドス著『神統記』

ペガサスといえば、それに乗って活躍した英雄ベレロポンテスの活躍をあげるべきだろう。

ベレロポンテスは、コリントス王グラウコスとメガラ王女エ

ペガサス

ウリュノメーの間の子供だ。だが、ポセイドンの子とも言われる。神の子と言われるだけの秀麗な容姿と、武勇の冴えを持っていた。だが、彼は、競技の時に誤って親族のベレロスを殺してしまい（このため、ベレロス殺し「ベレロポンテス」と呼ばれるようになった）、コリントスを追放された。

そこで、彼はアルゴス王プロイトスの元に身を寄せたが、王妃アンテイアは彼に惚れ込んで誘惑をした。だが、ベレロポンテスが相手にしなかったので腹を立て、王にベレロポンテスが彼女に言い寄って暴力をもって犯そうとしたと訴えた。

プロイトスは毒婦の言葉を信じたが、さすがに客人を殺すのはまずい。そこで、アンテイアの父であるリュキアのイオバーテス王のもとへ、彼をやった。彼を殺してくれるよう依頼した手紙を、彼自身に持たせて。

そこで、イオバーテス王は、彼にキマイラ（99ページ参照）退治を依頼することにした。ベレロポンテスも、これには困ったが、彼を援助したのが、父ポセイドンとアテナである。アテナの黄金の手綱によってペガサスを捕らえたベレロポンテスは、それに乗って空中からキマイラを攻撃し、弱ったところを口から鉛の玉を投げ込んだ。キマイラは火を吐こうとしたが、それによって鉛が溶けて身体を蝕み、逆に死んでしまった。

そこで、イオバーテスは、今度はソリュモイ人討伐を命じたが、これも空飛ぶベレロポンテスにとっては、問題なかった。さらに、アマゾン族の討伐も、同じであった。

ついに、イオバーテスは、リュキアの中から勇士を選んで、ベレロポンテスを待ち伏せさせた。だが、彼らの1人として帰ることはなかった。剛勇極まりないベレロポンテスに返り討ちにあったのだ。

ついに、イオバーテスはベレロポンテスが神の血を受けた英雄であることを知り、娘を娶らせて王権の半分を譲ることにした。

だが、ベレロポンテスは次第に増長し始め、ついにはペガサスを駆って天へと昇ろうとした。そこで、ゼウスは1匹の虻を放った。虻はペガサスの尻を刺し、驚いて暴れ出したペガサスは、ベレロポンテスを振り落とし、そのまま天に昇って星座（ペガサス座）となった。落とされたベレロポンテスは脚が不自由になり（『イリアス』では気が変になったという説）、盲目にもなって、荒野をさまよったという。
　大プリニウスの『博物誌』によれば、昔ヘリコン山がどんどん高くなって天界に届きそうになったので、ゼウスの命令でペガサスが山を蹄で打って元に戻した。このとき、蹄の後からできたのが、ヒッポクレーネ（馬の泉）という泉であるという。

Harpie

ハルピュイア

　ハルピュイアは、ギリシャ神話に登場する女の顔をもった鳥の怪物である。キリスト教では、「強欲」の象徴とされる。英語では、ハーピーという。一般的には、女性の顔と胸を持った大きな鳥という姿をしている。
　ハーピーの系譜は、以下のようになっている[★1]。地母神ガイアと海神ポントスの間に、タウマスが産まれた。また、河神オケアノス[★2]の娘にエレクトラがいた。
　このタウマスとエレクトラの間に産まれたのが、ハルピュイ

★1：ヘシオドス著『神統記』

★2：当時は、大西洋（オーシャン）は巨大な河だと信じられていたので、オケアノスは海の神ではなく河の神だった。

ハルピュイア

アのアエロ（はやい風）とオキュペテ（はやく飛ぶ女）である。ここでは、彼女たちは「髪豊かな」と記述され、怪物と言うよりは、大気の精霊とでも言うべきものである。

だが、アポロドーロスの記述するハルピュイアは、もっと怪物じみている★3。予言者ピーネウスは、神々の罰で盲目にされてしまった（その理由は数説あって、真偽は定めがたい）。その上で、神はピーネウスをさらに罰するために、ハルピュイアを送った。

★3：アポロドーロス著『ギリシア神話』

ピーネウスの食事が用意されると、ハルピュイアが現れ、食事をさらっていくのだ。そして、わずかに残った食事も、悪臭がして食べることができない（糞尿をまき散らかしていくということ）。いかにも不潔で下品な生き物になってしまっている。

アルゴ探検隊の一行が、その航路についてピーネウスに教えを請うたとき、彼はハルピュイアから救ってくれれば忠告を与えようと答えた。

そこで、探検隊は食事を用意し、ハルピュイアが現れたとき、ゼーテースとカライスが剣を抜いて、ハルピュイアを追いかけた。というのも、彼らは北風の神ボレアースの息子で、翼があって空を飛べたからだ。

どちらも必死である。というのも、ハルピュイアはボレアースの子供の手にかかって死ぬ運命にあったし、ボレアースの子らはハルピュイアを捕らえられなかったら死ぬ運命にあったからだ。

アエロプース（おそらく、『神統記』におけるアエロのことだろう）は、ティグレース河に落ち込んだ。また、オキュペテはエキーナデス群島の海岸に疲労のあまりに追跡者共々墜落した。結局、追跡者も逃亡者も、共に死んでしまうことになった。

こうして、ピーネウスはハルピュイアから害されることが無くなり、探検隊に航路と途中の危険の避け方を教えた。

ところで、ハルピュイアの姿については、今ひとつはっきりした記述はなかった。ヒュギーヌスによって、ようやくその姿がはっきりと判る★4。

★4：ヒュギーヌス著『ギリシャ神話集』

それによると、ハルピュイアは、タウマスとオゾメネーとの間に産まれた3姉妹で、アエロプース、ケライノー、オキュペテであるという。彼女たちは、エーゲ海にあるストロパデス島に住む。

その姿は、頭は鶏、翼を持ち、人間の腕、巨大な爪、鶏の足、白い胸（人間の乳房）、人間の尻を持っていたという。我々が現在知るハルピュイアとの姿とは、かなり違うことが判るだろう。

第5章

水域

Charybdis

カリュブディス

ギリシャ神話に登場する海の怪物。船を難破させる怪物として恐れられた。

海の渦巻を怪物になぞらえて作られたものと言われ、その姿は海に隠れたままで、誰も見たものはいない。メッシナ海峡（イタリア本土とシチリア島の間の海峡）の北側（シチリア島側）の海底に潜み、船が通りかかるのを待ち受けている。ちなみに、同海峡の南側には、スキュラ（161ページ参照）がいて、やはり船乗りを襲う。だが、船全部がやられる北側よりましだとして、南側を通る船が多かった。

ホメロスの叙事詩では、カリュブディスは1日に3度食事をし、そのたびに海水ごとその場にあるあらゆるものを吸い込んでしまう[★1]。この時、海面は大渦が発生し、あらゆるものは渦の真ん中に引き寄せられて、最後は沈んでしまう。しばらくすると、カリュブディスは、不要な海水をはき出すのだ。

★1：ホメロス著『オデュッセイア』第12歌

船がこの海域に入ると、海の大渦に巻き込まれて、そのままカリュブディスの腹の中に直行する。

海峡を2度目に通過する時、オデュッセウスの乗った船は、神の怒りに触れて船員全員が海に沈んでしまっていた。このため、大渦を避けることができず、そのまま渦に沈んでしまう。

このままでは、オデュッセウスも死ぬところだったが、幸い

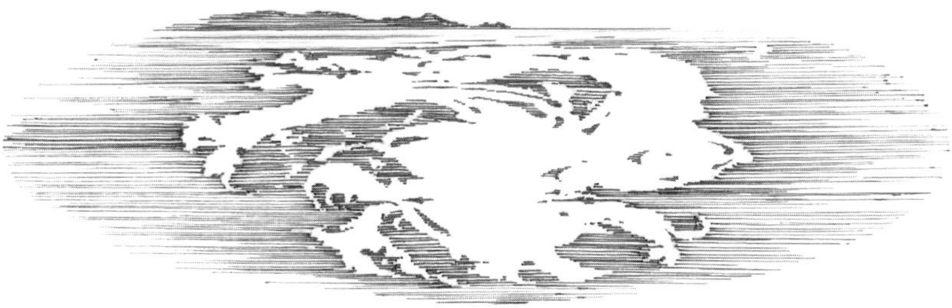

カリュブディス

にも渦の上に、無花果の枝が下がっていた。そこで、オデュッセウスは船が沈む直前に、この枝に飛びついて、そのまま何時間もしがみついていた。すると、カリュブディスは、今度は海水を吐き出し始め、同時に（消化できなかったのだろう）船も吐き出した。その瞬間、オデュッセウスは船めがけて飛び降り、船のすぐ側に着水して、大慌てで船に乗り込んだ。

こうして、何とかカリュブディスから逃れることができたという。

とはいえ、恐るべき怪物のカリュブディスだが、最初からこんな怪物だったわけではない。はじめは、ポセイドンとガイアの娘というから、れっきとした神々の1人だった。だが、彼女は非常な大食らいだった。ヘラクレスがゲリュオーンの牛を追って、彼女の住む土地を通ったとき、その牛を盗んで喰ってしまった。ゼウスが、その貪欲さに怒って雷霆で撃つと、海に落ちて怪物になったという。

Scylla
スキュラ

スキュラは、美しい女性の上半身と、恐ろしい6匹の獣の下半身を持つ怪物である。

その姿はというと、足は12本、6本の長い頸があり、それぞれの頸の先には見るも恐ろしい頭が乗っかっている[★1]。そして、その頭にある口には、3列の歯がぎっしりと並んでいる。

スキュラは、メッシナ海峡（イタリア本土とシチリア島の間にある海峡）の南側（本土側）にそびえ立つ尖った大岩の中腹にある洞窟に住んでいる。その海峡には、大岩が2つあり、片方にはスキュラが住み、もう一方の麓の海にはカリュブディスが住む。1度目に海峡を通過する時、どちらかの岩に近寄らなければならなかったオデュッセウスは、スキュラの岩を選んだ。というのは、カリュブディスによって船そのものが失われるより、スキュラによって6人の人間がさらわれる方がましだと考えたからだ。

★1：ホメロス著『オデュッセイア』

実際、スキュラの岩を船が通過するとき、船をスキュラが襲って、6人の勇士をさらっていった。

とはいえ、スキュラは最初から化け物だった訳ではない。

彼女はクラタイイース川の娘で、美しい乙女だった★2。彼女には、求婚者が引きも切らなかったが、その全てをはねつけていた。そこに海の神グラウコスが現れ、求婚した。だが、スキュラは彼をも置き去りにして逃げ出した。

グラウコスは、ヘリオスの娘キルケーのところにやってきて、彼女を恋に落とす呪文か薬草はないか相談した。だが、このグラウコスにキルケー自身が恋をしてしまい、その気のない

★2：オウィディウス著、中村善也訳『変身物語』巻13～14

スキュラ

相手よりも、気のある相手（＝自分）を相手にするよう誘いを掛けた。だが、グラウコスは、

海に木の葉が、山の頂に海草が生じようとも、スキュラが無事で生きているかぎり、わたしの愛に変わりはないでしょう ★3

と応えた。

腹を立てた魔女は、惚れた弱みでグラウコスに害を及ぼすことは出来なかったので、代わりにスキュラに怒りの矛先を向けた。有毒の根から搾った汁に、呪文を唱えた。そして、スキュラの憩う淵に汁を注ぎ、呪文を9度ずつ3回も唱えた。

スキュラがやってきて、腰まで水に浸かった。すると、怪物たちが現れて吠えるので、逃げようとするが、逃げられない。そして、自分の腿や脛や足を手探りすると、代わりに大きく裂けた犬の口にさわるのだ。

こうして不死の怪物になってしまったスキュラの精神がどうなったのかは解っていない。毒の影響で怪物と化してしまったのか（その方がいっそ救いがある）、それともキルケーへの怨みから醜くねじ曲がってしまったのか。

だが、後にキルケーへの意趣返しとして、彼女が愛したオデュッセウスの部下を奪い去ったとされるので、『変身物語』の説が正しければ、多少の意識は残っていたのかもしれない。

遙か後世になって、アイネイアスがトロイヤの陥落から脱出し、海を彷徨っていたとき、スキュラは彼をも襲おうとしたが、その前に岩に変えられてしまった。だが、その方がスキュラにとっては幸いだったかもしれない。

もちろん、紀元前1世紀のローマの哲学者ティトゥス・ルクレティウス・カルスのように、身体の各部の食いちがったものがあり得るとは思わないようにと、忠告してくれる哲学者もいたようだが★4。

★3：オウィディウス著、中村善也訳『変身物語』巻14

★4：ティトゥス・ルクレティウス・カルス著『物の本性について－宇宙論－』

Hydra
ヒュドラー

ギリシャ神話に登場する、頭が9つある蛇の怪物をヒュドラーという（ただし、様々な伝承では、5から100までの数の頭のヒュドラーが登場するので、本当の頭の数は定め難い）。古典時代のギリシャ語で、ヒュドラーは水蛇のことを言うが、通常は、怪物のヒュドラーのことを呼ぶ場合が多い。英語では、ハイドラと発音する。日本では、ヒドラということの方が多い。

現在ではヒュドラーと呼ばれるものは、2つある。1つは、怪物のヒュドラー。もう1つは、腔腸動物のヒドラのことだ。こちらは、生物の形が怪物のヒュドラーに似ているので、このような名前が付けられたらしい。

ヒュドラーはレルネーという土地の湖沼地帯に住む怪物で、頭が9つあり、そのうち8つは殺すことができるが、真ん中の首は不死であった[★1]。この怪物が平原にまで現れ、家畜を食い荒らし、土地を穢していた（ヒュドラーには毒があった）。

★1：アポロドーロス著『ギリシア神話』

当時、ギリシャ神話の英雄ヘラクレスは、狂気（実は、ゼウスの妻ヘラの嫉妬によって狂わされたのだが）によって起こした殺人の償いとして、エウリュステスという男に12年間仕え、

ヒュドラー

10の仕事を行うことになっていた。その2番目として、エウリュステスは、ヒュドラー退治をヘラクレスに命じたのだ。

そこでヘラクレスは、甥（従兄弟という説もある）のイオラオスを御者にして、戦車に乗り、ヒュドラーの住処に出かけた。

まず、アミューモーネーの泉にいるヒュドラーに火矢を射て巣穴から追い出すと、出てきたところを捕まえた。だが、ヒュドラーも負けてはいない。ヘラクレスの片足に尻尾を巻き付ける。ヘラクレスは、棍棒でヒュドラーの頭を打ち砕いたが、なんと頭1つを潰すと、そこから頭が2つ生えてくる。しかも、大蟹（ヘラがヘラクレスを苦しめるために送ったのだという）が現れて、ヘラクレスの足を挟む。

ヘラクレスは、蟹は殺したが、ヒュドラーはどうしようもない。そこでイオラオスに助けを求めた。

イオラオスは、近くの森で木に火を付けた。そして、ヘラクレスがヒュドラーの頭を打ち砕くと、そこを火で焼いて、再び頭が生えてこないようにした。

こうして、1つを除いて全ての首を殺したが、不死の首だけは死なない。そこで、その首を切り離し、レルネーとエライウースの間の道の脇に埋め、その上に重い石を載せて動けなくした。

ついでに、ヒュドラーの胆汁を自分の矢につけて、毒矢を作った。

だが、エウリュステスは、この偉業にけちを付けた。イオラオスの助けを得たので、単独でしたことではないからと、10の仕事に数えなかったのだ。こうして、ヘラクレスは10のはずが12個の偉業を成し遂げることになる[★2]。

ところで、このヒュドラーの系譜はどうなっているのだろうか。ヒュドラーは、テュポーン（102ページ参照）とエキドナ（96ページ参照）の3番目の娘にあたる女怪で、ヘラに育てられたという[★3]。

また、ヒュドラーの娘にあたるのがキマイラ（99ページ参照）だという。

2世紀のギリシャの地理学者パウサニアスも、ヒュドラーについて書いている。

★2：認められなかったもう1つの難業は、アウゲイアスの家畜小屋に長年積み重なった糞を、1日で掃除するというもの。この時、ヘラクレスは報酬を受け取ったので、エウリュステスは難業と認めなかった。

★3：ヘシオドス著『神統記』

アミュモネ川の水源に一本のプラタナスが生えているのだが、まさしくこのプラタナスの木の下に一頭のヒュドラが棲息していたとされている。この野獣の図体がほかのヒュドラを凌いでいたとか、それの持つ毒が治療の施しようもなく強くて、ヘラクレスはその胆汁を使って鏃に毒を帯びさせた、とかいった程度の話なら納得できるにしても、私はやはりヒュドラの頭はひとつで、それ以上はついていなかったと思う。カミロスの人ペイサンドロスは、その野獣が恐ろしい様相を呈すれば呈するほど自分の詩の世間の評判がそれだけいっそう高くなるのを狙って、従来の見方に代えてヒュドラにたくさんの頭をつけさせたのだ。[★4]

★4：パウサニアス著『ギリシャ案内記』第2巻「コリント、アルゴリス」第37章

なかなか、リアルかつ皮肉な見方をしている。彼は、実際にギリシャ各地を歩いて、案内記を書いた人物なので、遠くの土地に途方もない変な生き物がいるといった、空想的なものの見方をしなかったのだと思われる。

16世紀スイスの博物学者コンラート・ゲスナーの世界最初の近代的動物学書と呼ばれる“Thierbuch（動物誌）”には、ヒュドラーという項目があり、イラスト付で紹介されている。

遙か後世になって、ラヴクラフトの作ったクトゥルフ神話では、ハイドラは、深きものを統べる巨大な怪物ダゴンとハイドラの夫婦の片割れとして知られている。その姿は、巨大な半魚人のようで、蛇とは似ても似つかない。

Ullikummi

ウルリクンミ

ヒッタイト神話に登場する石の怪物。風の神テシュブによって、神々の主の座から落とされたクマルビが、その復讐の為に作り出した。といっても、最初はアラルという神が世界の主だった。だが、天空神アヌが反乱を起こし、王位に就いた。このアヌを追い落としたのがクマルビだ。だが、クマルビはテシュブに敗北し、再び王位を奪われた。その意味では、クマルビが

文句を言う筋合いはないのだが。

クマルビが復讐の方法について海の神に相談すると、1つの案を出してくれた。その案に従って、クマルビは山に登り、自らの精子を山に注ぎ込んだ。2〜3ヶ月経つと、山はお産の苦しみに身もだえ始めた。そして、長く苦しんだ末に、人間の赤ん坊にそっくりな石を産んだ。この石を膝の上に乗せられたクマルビは大変喜んで、これで神々の主たる地位を取り戻すことができると考えた。そして、仇である風の神の地上の領土であるクンミの町を破壊するという意味で、「ウルリクンミ」と名付けた。

そして、石の赤児を、海底で天地を支えている巨人ウベルリの右肩に乗せた。

赤ん坊はぐんぐんと大きくなり、わずか15日で海の波が腰までしか届かなくなった。
そして、さらにどんどんと延び、今にも天の床に頭が届きそうになった。

神々は、ウルリクンミをどうするか相談し、まず女神イシュタルが策を弄することになった。イシュタルは色仕掛けを使ってみた。海岸に降り立ち、衣服を脱ぎ捨て、小鼓とシンバルで音楽を鳴らし、歌を歌った。

ウルリクンミ

だが、海からあざけりの声が聞こえた。石は愚かで、耳もないので、甘い調べも聞こえない。目もないので、美しい姿も見えないと。こうして、イシュタルの策略は無駄に終わった。
アヌは戦車に乗って、石の巨人に戦いを挑んだ。全ての風を使い尽くしても、巨人はびくともしない。神は敗北を宣した。だが、息子のタスミスは、知恵と策略の神エアに相談しようという。そこで、エアのもとに行って、その助言を求めた。
エアは、天地の始めに天と地を切り離した魔法の短剣のことを思い出した。そこで、古い神々を呼び出し、天の宝物庫の扉を開ける呪文を唱えてもらった。こうして秘密の部屋から短剣を取り出すと、怪物の背後から、その足を切り取った。
怪物は、ウベルリの肩から転げ落ちて、海の底へと沈んでしまった。海底に落ちた怪物を、神々は取り囲んで、粉みじんに砕いてしまった。
こうして、クマルビの復讐の計画は破れ、アヌが天上の長にとどまることになった。

Grendel
グレンデル

イギリスの英雄叙事詩『ベーオウルフ』に登場する沼地の怪物。叙事詩を読んでみると、グレンデルは、鋼鉄のような鋭いかぎ爪をもった巨人であることが判る。
『ベーオウルフ』は、英雄ベーオウルフの活躍を描いた長編叙事詩だが、大きく2部に分かれている。前半は若きベーオウルフの活躍を、後半は老年のベーオウルフの活躍を描いている。グレンデルは、この前半の物語の敵だ。
グレンデルは、『旧約聖書』に登場する人類最初の人殺しカインの末裔だという。

tanon untydras ealle onwocon,
そのカインより、ありとあらゆる邪まなる末裔が、
eotenas ond ylfe ond orcneas,

妖怪と妖精と悪霊とが、また
swylce gigantas, ta wid gode wunnon
久しきにわたり神に刃向かいし巨人どもが
lange trage;
生れ出た。★1

その末裔の1匹が、大胆不敵なる悪鬼、暗闇に住まう者グレンデルである。グレンデルは、orcneasという悪霊だという。ちなみに“orcneas”とは、ラテン語では「地獄の悪魔」といった意味になり、ゲルマン語では「歩く死者」といった意味になる。

デネ（デンマーク）の王フロースガール王が、その宮殿ヘオロットを建てた場所が、この怪物の住処の近くだった。そし

★1：忍足欣四郎訳『ベーオウルフ』第111～114行より。英文は古英語版を引用。

グレンデル

て、その広間で行われた賑やかな宴に、グレンデルは苛立っていた。

そして、ついに酒宴の後、寝静まった宮殿へと忍び込み、眠っている従士を30人つかんで、住処へと戻っていった。

翌朝、王や貴族たちは、家臣を失って涙に暮れた。だが、これは始まりに過ぎなかった。その夜も、グレンデルは宮殿に現れ、新たな犠牲者を出したからだ。こうして、毎夜のように、グレンデルの襲撃は行われた。神の恩寵か、グレンデルは王の玉座には近づくことを許されなかったが、だからといって王の悲しみは消えたわけではない。こうして、12年が過ぎ、ヘオロットの宮は、人のいない空っぽの宮殿となっていった。

その時、王の甥に当たる30人力の剛力で、当代一の豪の者ベーオウルフが、この噂を耳にして、王を助けてやろうと考えた。彼は、郎党から選りすぐった15人の勇士を従え、海を渡ってフロースガール王のもとへとやってきた。

ベーオウルフは、グレンデルが武器を使わないので、自分も武器無しで立ち向かうことを王に宣言する。

こうして、ベーオウルフが待ち受けていると、今宵もグレンデルが現れた。鉄のかんぬきですら、グレンデルが触れると、たちまちにゆるんでしまう。これは、グレンデルの魔力を表したものか、それとも剛力を表したものかは、不明である。

そして、眠っているホンドシオーホという勇士を喰らい、次に別の勇士に手を伸ばした。だが、この勇士こそがベーオウルフだった。そして、ベーオウルフは、自分の腕をつかもうとしたグレンデルを払いのけた。

グレンデルは、自分が今まで出会ったことのない膂力の持ち主に出会ったことを知った。内心では恐れをなしたが、かといって今更逃げることもできない。ベーオウルフが立ち上がって、グレンデルの手を握ると、その指は砕けた。

怪物は外に逃げようとしたが、その指は勇士にしっかりと握られており、逃げ出すこともできない。

物凄い格闘の音がして、人々を恐れさせた。格闘によって、宮殿が崩れなかったのは、大いなる不思議とまで言われた。

ベーオウルフの部下たちは、主君の援護にと、四方八方から斬りかかったが、グレンデルにはいかなる刃も効果がないという魔力があったために、残念ながら何の役にも立たなかった。

だが、ベーオウルフは強かった。グレンデルの肩には大きな傷ができ、腱は切れ、肉がはじけた。こうして、グレンデルの腕は、ベーオウルフに引きちぎられたのだ。腕には、鋭いかぎ爪がついていた。

グレンデルは、沼地へと逃げていった。そのため、湖は血に染まってたぎった。

おそらくグレンデルは死ぬだろうとみんな予測し、安心していたときに現れたのが、グレンデルの母である。命絶たれた息子の意趣返しに、ヘオロットに侵入し、貴人の命を絶っていったのだ。

ベーオウルフは、その跡を追い、湖に至った。そして、鎧を着、名剣フルティングを借り受け、湖に跳び込む。

だが、女怪と戦って、剣をその頭に叩きつけたが、傷を負わせることはできない。両者は格闘を始めた。その時、ベーオウルフは、戦いの舞台となった洞窟の壁に、巨人の作りし名剣があるのを見た。それは、他の者にはとても戦いに持って行けそうもないほど巨大な剣だった。だが、ベーオウルフは、その剣を抜き放ち、振り下ろした。女怪の首の骨は砕け、身体は両断された。

そして、死んでいたグレンデルの首を刎ねて、持って帰ることにした。ちなみに、首だけで4人がかりで担いだとあるから、よほど大きかったのである。

けれども、この素晴らしき剣も、女怪と、グレンデルの身体を切断したときに溶けて燃え尽き、黄金作りの柄だけになっていた。怪物の中を流れる毒の血は、それほど熱かったのだ。

Cockatrice
コカトリス

雄鳥と蛇が合体したような伝説の怪物。フランス語ではコカドリーユ（Cocadrilles）という。

バシリスク（113ページ参照）の別名だとも、雄がバシリスクで雌がコカトリスだとも言われる。また、その力も混同されることが多く、その目で見られると死ぬとか、吐く息で植物は枯れ飛ぶ鳥も落ちるなど、バシリスクと変わらない部分も多い。

19世紀フランスの女流作家ジョルジュ・サンドは、その作品にコカトリスを登場させている。

コカドリーユはいまでも古い城館の廃墟などに住んでいる。夜になると廃墟の上をさまよい、昼は泥や葦の中にひそんでいる。（中略）それが毒を吐き出す前に殺さなければそのあたりに大きな病気がまきちらされるだろうと予告する。しかし、言うのは簡単だが、実際にはむずかしい。なにしろ鉄砲でも大砲でもびくともしない相手だ。それはひと晩のうちに驚くほどの大きさになり、それが通るところにはどこであれ、疫病をふりまいてゆく。★1

★1：ジョルジュ・サンド著『フランス田園伝説集』（1858）収録の「田舎の夜の幻」

同書には、コカトリスの退治の仕方も書かれている。一番良いのは兵糧攻めだそうだが、コカトリスのひそむ沼などを干上がらせて棲むところを無くしてしまうのもよいそうだ。

バシリスクとコカトリスの混同には、以下のような例もある。

コカトリス

16世紀のスイス人博物学者Conrad Gesner（コンラート・ゲスナー）の“Thierbuch（動物誌）”最終巻『蛇・怪物編』には、バジリスクの項目があって冠をかぶった蛇の絵が描かれている。だが、16世紀後半から17世紀にかけてのイギリスの牧師Edward Topsell（エドワード・トプセル）の“The History of Four-Footed Beasts and Serpents（四足獣と蛇の系統）”では、全く同じ図版を使ってコカトリスと記されているのだ。当時は、イラストの著作権など無かったとはいえ、いい加減な話である。

Sea Monk/Sea Bishop

シーモンク／シービショップ

海に現れて、船を襲う怪物。モンク・フィッシュとかビショップ・フィッシュということもある。

日本の伝承には、海に現れて、船を襲う海坊主★[1]の伝説がある。実は、このような伝説は、日本だけのものではない。ヨーロッパにも、シーモンクやシービショップの伝説がある。

彼らは、頭に髪の毛が無い。だからモンク（修道士）とかビショップ（司教）などと呼ばれるのだ。手は、水かきのある手だったり、ひれだったりする。大きさは人間くらいから、船より巨大なものまで様々な目撃例がある。全身は鱗のようなもので覆われていて、マントのようなものを羽織っていることが多い。

日本の海坊主と違って、シーモンクやシービショップはむやみに船を襲うことはない。しかし、彼らは嵐を起こす能力を持っており、怒らせれば船はひとたまりもない。船乗りには恐ろしい怪物だった。

元々は、16世紀の北欧で広まった伝説である。それ以前のことは判らないが、キリスト教伝来以降にできたものは確かである。というのは、キリスト教の影響で、海の生き物も人間界における聖職者と同じく、位階が存在すると信じていたからだ。そもそも、キリスト教以前のスカンジナビアの聖職者は、

★1：日本の妖怪で、海に棲んで、船を沈める。夜の水面が盛り上がると、それが巨大な海坊主の頭になる。大きさは数十メートルにもなるものまである。海坊主が現れると、その後、しけになるという。特に、船に女性が乗るのを嫌い、大しけを起こす。中には、船に乗っていた女が身を投げて、ようやく、しけが止んだという話まである。

シーモンク／シービショップ

髪を剃っていなかったので、このような名前が付くはずがない。

16世紀スイスの博物学者Conrad Genser（コンラート・ゲスナー）の世界最初の近代的動物学書と呼ばれる“Thierbuch（動物誌）”には、なんとシーモンクやシービショップの項目があり、イラスト付で紹介されている。

伝説によれば、ポーランドの王様がシービショップを捕まえたことがあるという。王は、シービショップをカソリックの司教たちに会わせてみた。すると、シービショップはしぐさで解放してくれるように頼んできた。彼らが解放してやると、シービショップは、十字を切った後、海に消えたという。

Water Leaper

ウォーター・リーパー

英国、ウェールズ地方の凶暴な妖精。妖精と言われるが、どう見ても怪物にしか見えない。本来は、ウェールズ語でサムヒギン・ア・ドゥール（Llamhigyn Y Dwr）という。これは、「水をはね渡るもの」という意味で、それが英語化されてウォーター・リーパーと呼ばれるようになった。

沼や湖に棲む恐ろしい怪物で、前足も後足も無いが、代わりに羽根と尻尾のある巨大なヒキガエルだ。大きさは、犬くらいという説から牛ほどもあるという説まで様々だ。

その羽根で水を跳ねて、空中を滑空する。鳥のように空を飛

ウォーター・リーパー

ぶことはできないようだが、それでも何メートルもグライダー[★1]のように飛ぶことができる。

また、恐ろしい金切り声を上げることができる。この声を聞いたものは、気絶するとか、金縛りになるとか、最悪死ぬとまで言われている。

その行いも邪悪だ。漁師の釣り糸を切ることや、水に落ちた羊や牛を喰うことは、まだましな方だ。恐ろしい金切り声を上げて、漁師を水に落とす。そして、落ちた漁師を喰ってしまうのだ。

★1：動力無しで空を飛ぶ乗り物。日本語では滑空機という。風に乗って長時間飛ぶために、翼は大きく横に長い。この大きな羽で、滑空比（1メートル落ちる間に、何メートル空を飛べるか）を高くし、動力無しで長い時間飛ぶことができる。グライダーは通常の飛行機の倍の滑空比を持つ。

Afanc
アーヴァンク

ウェールズ地方には、凶暴な水の妖精アーヴァンクがいる。シーン・アル・アーヴァンク（Llyn yr Afanc）という池に棲む巨大なビーバーだ。

アーヴァンクの池に何かを投げ込むと、渦を巻いて水中に引きずり込まれる。それが、池に落ちた人間や馬であっても同じだ。これもアーヴァンクの仕業である。

だが、アーヴァンクは単なる怪物では無く、知性を持ち会話も出来る。そして、なにより乙女に弱かった。

そこで、人々が勇気ある乙女を囮にして、アーヴァンクをおびき出した。アーヴァンクは池から出てきて、乙女の膝で眠りにつく。そこを鎖で縛って、2頭の牡牛で引っ張り始めた。それに気付いたアーヴァンクは、乙女の乳房を引き裂くと、全力で池に戻ろうとする。だが、そうはさせじと男たちも鎖に取り憑いて引っ張る。さすがのアーヴァンクも、これだけの人数で引っ張られたのでは、勝ち目がない。とうとう捕まってしまう。

アーヴァンクを捕らえた男たちが、一体誰が一番手柄か言い争いをしていると、アーヴァンクが一言「牡牛が引っ張らなければ、私が池から引っ張り出されることも無かっただろう」と答えた。

アーヴァンク

Selkie

セルキー

英国の水に住む妖精。

スコットランドの北に浮かぶオークニー諸島やシェトランド諸島の伝承に登場する妖精で、アザラシの姿をしている。

英国の伝説では、アザラシは2種類に分けられる★1。一方は、小型のゴマフアザラシなどで、妖精ではなく、普通の動物だ。だが、人間サイズほどもある大型アザラシは、「シルキー族」と呼ばれる。というのは、人間型の妖精がアザラシの皮を被っているのだと信じられたからだ。海にいる時は、アザラシの姿でいるが、陸に上がると皮を脱いで人間の姿になる。

残念ながら、キリスト教伝来以前のセルキーの由来は判って

★1：Great Britain Folklore Society著 "County folklore" (1903)

いない。彼らは、天国を追われた堕天使だとされる。だが、その悪事は些細なものだったので、地獄に堕ちるほどではない天使たちだと言われる。そのためか、アザラシの皮を脱いで人間の姿になった時は、男も女も非常に美しい。

別の説では、セルキーはかつて人間だった。だが、罪を犯してアザラシの姿で海に追放されたのだ。だが、陸地に上がる時だけは、元の姿に戻ることができる。いつか、本当に陸に戻って、元の姿を取り戻す日が来ると考えているのだという。

男のセルキーは好色で、浜辺に現れては人間の女たちを口説く。特に、人妻の密かな愛人になる。

それに対し、女のセルキーは人間の男に興味を持たないが、人間の男の方が女のセルキーに惚れ込むことがある。この時、人間の男は、セルキーが脱いだアザラシの皮を隠してしまう。すると、海に戻れなくなったセルキーは、やむを得ず皮を隠した男の妻になる。こうして得たセルキーの妻は、非常に良い妻になるが、隠してあった皮を見つけると、即座に海に戻ってしまう。日本の天女の羽衣と非常に良く似た伝説だ。

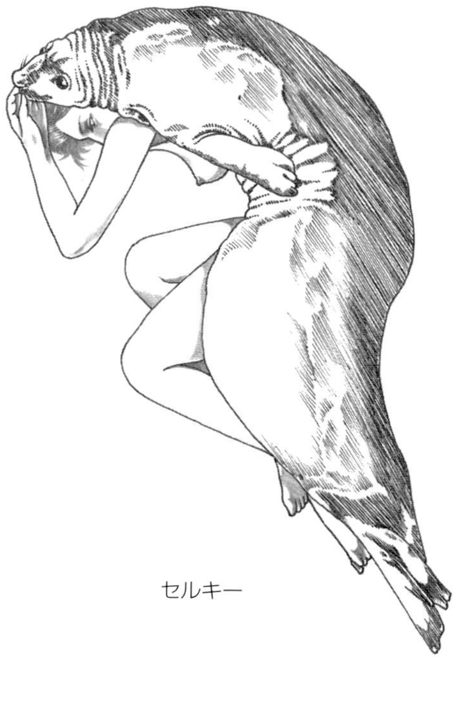

セルキー

セルキーは、人魚と違って、群で行動する。だから、セルキーの女たちが、海岸で人間の姿になる時も、1人ではなく何人もで現れる。このあたりも、ひれのある海の妖精たちとは、性質が大きく違う。

彼らの住居は、海に沈んだ岩礁や、海中の岩場だ。そこに、群で住んでいる。そして、太陽のある日は、海上に突き出した岩場などでひなたぼっこをしたりして、のんびりと暮らしている。こんな時は、アザラシの皮を脱いで、人間の姿で太陽に当たっていたりする。だが、危険を知らせる合図があると、即座にアザラシの皮を着て、海へと身を躍らせる。

セルキーは基本的に穏やかな妖精だが、仲間を傷付けるものには復讐を行う。アザラシ漁の漁船を沈めたり、嵐を起こして出漁できなくしたりする。

同じような妖精には、スコットランドのローン（Roane）がいる。彼らも、アザラシの皮をまとって海に入るのは同じだ。だが、ローンは、セルキーよりもさらに穏やかで、アザラシ漁をする漁師にも、今後アザラシを捕らないことを誓わせた上で、代償として金貨を与えて陸に戻してやったりする。

シール・メイデン（Seal Maiden）★2も、皮をまとってアザラシになる種族だが、こちらは女性しかいない。

★2：日本語に訳されて、「アザラシ乙女」と呼ばれることもある。

Will o' the Wisp

ウィル・オ・ウィスプ

暗闇にぼうっと光る炎。空中に浮かぶその姿は、日本で鬼火・狐火などと呼ばれるものだ。だが、実はこの怪異は、世界各地で見ることができる。古代ローマでも、その目撃例はあり、イグニス・ファテュアス（ignis fatuus）と呼ばれる。「愚か者の火」という意味だ。

それは、湿地・沼地などの上に、夜の間に揺らめく炎が見えるものをいう。不運な犠牲者は、そこに人がいると思って近づき、沼などに沈んで死んでしまう。

世界中で見かけられるせいか、それぞれの地域で、それぞれの名前を持っている。

英国やアイルランドのあたりだけでも、無数にある。ビリー・ウィズ・ザ・ウィスプ（藁束を持ったビリー）、ホブ・ランタン（ホブの灯り）、ホビー・ランタン（ホビーの灯り）、ジャック・オ・ランタン（ジャックの灯り）、ジェニー・バーント・テイル（尻尾を燃やしたジェニー）、ジョアン・イン・ザ・ワッド（藁束の中のジョアン）、キット・イン・ザ・キャンドルスティック（燭台の中のキット）、ザ・ランタン・マン（ランタン男）、ペギー・ランタン（ランタンのペギー）、ピンケットなど、数えきれない[★1]。

★1：Elizabeth Mary Wright著"Rustic Speech and Folk-Lore"（1913）

フランスでもフランボー（鬼火）、フランベット（お灯火）、フランボワール（灯明）、フュー・フォウ（迷い火）など、様々に呼ばれている。

では、その正体は何なのか。大きく2つの原因が考えられている。

1つは、妖精の悪戯説だ。上の名称でも、ホブやビリーなどは、妖精の名前で、彼らが火をともして人間に悪戯を仕掛けているというものだ。ジェニーも妖精だが、この妖精には尻尾があるようだ。いずれにせよ、その悪戯で人間を溺れさせるのだ

ウィル・オ・ウィスプ

から、質の悪い妖精である。

ただし、溺れさせるのではなく、迷わせる程度のことなら、良い妖精でもやることがある。全く正気で酔ってもいない人が、いつも通り慣れた道を歩いていたにも関わらず、ウィル・オ・ウィスプに惑わされどうしても家に帰り着けなくなって、一晩中自分の農場の周りを回っていたという話がある。こう言うとき、脱出する唯一の方法は、自分の衣服を表裏に着て歩くことだという。

もう1つが、死霊説だ。この死霊説は、これまた2つに分かれる。

片方は、死霊そのものが光っているという説だ。英国には例が無く、これは日本の人魂などが、それに当たるだろう。

もう一方は、死霊が灯りを持っているというものだ。英国では、これが主流のようだ。

カボチャのランタンを持ったジャック・オ・ランタンがその例だ。ジャックは、狡賢い農夫だった。彼は、リンゴの木にうまいリンゴがあると言って悪魔を登らせ、悪魔が登ると十字架を周囲に置いて悪魔が降りられなくした。そして、悪魔に対し、自分の魂を地獄に連れて行かないようにと脅しを掛けたのだ。だが、ジャックは、自分の行いの悪さを忘れていた。ほどなく死んだ彼は、当然のように天国には入れてもらえなかった。やむを得ず地獄に行ったが、地獄も約束を守ると称して、彼を受け入れない。ジャックが、灯りが無くて何も見えないから、どこにも行けないと嘆くと、悪魔は永遠に燃え続ける地獄の炎の一かけを、ジャックに与えた。ジャックは、カブに穴を開け、そこに燃えさしを入れて、永遠に地上をさまようことになった。

そう、ジャックのランタンとは、実はカブだったのだ。カボチャになったのは、この話がアメリカに輸入されてからだ。アメリカで、どういう理由かは判らないがカブがカボチャに変わってしまった。アメリカで、ハロウィーンにカボチャのランタンが作られるようになったのは、19世紀後半のことだ。それが逆輸入されて、現在ではイングランドやアイルランドでも、カボチャのランタンが作られるようになった。けれども、スコットランドでは、元の話がカブであったため、現在でもルタバガという種類のカブでランタンを作る。

Water Horse

水棲馬

馬と言えば、陸上を速く走る生き物だが、なぜか各地の神話伝承には、水に棲む馬が数多く見られる。波頭が馬のたてがみに似ているためだとも言われる。

例えば、ギリシャ神話には、ヒッポカンプス（Hippocampus）[★1]という水棲馬がいて、海神の乗馬となっている。

その姿は、通常の馬そっくりの場合もある。巨大で金色のたてがみを持つ馬（形は通常の馬と同じ）がポセイドンの戦車を引いている[★2]。

だが、多くのヒッポカンプスは、前半分は馬だが、足には蹄ではなく水かきが付いている。そして、後半分は魚の尻尾になっているというものが多い。リビアに住み、水の妖精ネレイドの乗馬として、またポセイドンの戦車を引く馬としても知られている。

★1：ヒッポカンポイとも言う。

★2：紀元前3世紀に書かれたロードスのアポロニウスの叙事詩『アルゴナウティカ』の第4歌1365行。

水棲馬

古代ギリシャには、他にも前半分がライオンであるレオカンプスや、前半分が牡牛のタウロカンプス、前半分が豹のパルダロカンプス、前半分が山羊のアイギカンプスなどがいる。これらは、当時の人々によってインド洋に棲息する不思議な生き物と考えられていた。

近代のプリニウスとも称される16世紀スイスの博物学者コンラート・ゲスナーは、ヒッポカンプスをネプチューンが乗るような神話時代の馬だと記述している[★3]。

『千一夜物語』のシンドバッドの冒険には、新月の夜に海岸に雄馬と交わったことのない雌馬をつないでおくと、その臭いに誘い出されて海馬が現れるという話がある[★4]。この海馬と雌馬が交尾すると、地上では見たこともないほど立派な馬が生まれるのだという。

だが、水に棲む馬の本場と言えば、ケルトだ。

最も有名な水棲馬は、スコットランドの妖精ケルピー（Kelpie）だろう。主に川に現れて、旅人を騙しては自分の背に乗せ、深い池の真ん中に行って、そこで消えてしまうのだ。ケルピーは、人間に化けることもできるが、この場合は常に毛むくじゃらの男になる。そして、馬に乗っている人が通りかかると、突然後に飛び乗って驚かせるのだ。

ケルピーはサタンに仕える地獄の使いであるという説もある[★5]。

ケルピーは、池や湖に棲んでいて、人間の魂を主人に送りつけ、自分は死体を食べる。だが、ケルピーは、人間の意志に反して、人の身体に触れることはできない。そこで、旅人の通る道端などに現れ、立派な馬に化けて旅人を騙す。旅人は、ケルピーのことを主人の下から逃げ出したはぐれ馬か何かと思って、乗ろうとする。旅人が乗ってしまうと、ケルピーは深い池の真ん中に旅人を連れて行って溺れさせるのだ。

だが、ジェイムズ・マクレガーという勇気ある男が、ケルピーを従えた。その経緯は、以下のようである。

マクレガーは、ロッホナーという土地に住んでいたケルピーが、馬に化けて自分を騙そうとしているのを知った。そこで彼は、騙された振りをして、馬に乗った。だが、乗るときには、既に剣を抜いていたのだ。そして、ケルピーの鼻柱を叩いて倒した。その時、馬勒の紐が切れて、紐の一部が地面に落ちた。マクレガーは、それを拾い、何の気無しにポケットに突っ込ん

★3：Conrad Gesner著“Thierbuch（動物誌）”（1558）

★4：マルドリュス版『千一夜物語』でもバートン版『千夜一夜物語』でも、最初の航海のエピソードにある。

★5：William Grant Stewart著“The Popular Superstitions and Festive Amusements of the Highlanders of Scotland”（1823）

だ。実は、これによって、彼はケルピーの新たな主人となってしまったのだ。
マクレガーが驚いたことに、ケルピーは彼と戦おうとしないどころか、冷静な口調で「マクレガーさん、何をいたしましょうか？」と聞いてきたのだ。不審に思って聞いてみると、紐を持っているマクレガーは、ケルピーの主人となったというのだ。ケルピーは、自分は悪いことをしているがそれは仕事だからだと弁明し、本来ならやられたことを2倍返しにするところだが、紐を返してくれれば文句はないと言う。だが、賢明なマクレガーは紐を返さなかった。
そして、ケルピーから、彼らの魔法の源は、その鞍にあることを聞き出した。彼は、馬に乗って、家に帰り、紐をすぐに妻に与えた。こうして、彼は、ケルピーに紐を返さずにすませて、ケルピーを乗馬にした。

Mermaid
マーメイド

人魚とは、上半身が人間で、下半身が魚の姿をした伝説の生き物だ。マーメイドとは女性の人魚を意味し、男はマーマンという。両者を併せた場合、マーフォークということが多い。
マーメイドの伝説は、各国に存在している。その中には、名称が「マーメイド」でないものも数多いが、その内容から同等の生き物だと思われるものも多い。世界各国に、似たような姿をした海の人の伝説があり、それを総称してマーメイドの伝説と呼んでいる。
マーメイドというと、日本人はアンデルセンの『人魚姫』を想像し、悲恋に泣く可憐な乙女を想像する。だが、古来より伝説に残る人魚は、その逆だ。確かに美しい乙女であり、海辺の岩に腰掛けて、櫛と鏡で長い髪をとかしているところを見ると、信じられないかも知れない。
だが、人魚は一般に、嵐と災難の前兆であり、甘い歌声で人間の男たちを死に誘う危険な存在だ。それどころか、溺れさせた男たちをむさぼり食う人食いの怪物だという伝説すら残っている。

ローレライの人魚が、その典型だ。

ローレライとは、ライン川沿いにそびえる岩山であり、またそこに住む人魚の名でもある。彼女の歌に魅せられた船乗りが、次々と遭難する。ローレライを、セイレーンだとする場合もあるが、元々ゲルマンの伝承であり、ギリシャ神話のセイレーンよりは、マーメイドに近い存在だと考えるべきだろう。

イギリスとアイルランドの間に浮かぶマン島の人魚は、ベドン・ヴァーラ（Ben Varrey）というが、彼女も、金髪の美しい乙女であり、漁師を歌で魅了して死に至らしめる。

とはいえ、人魚にも、心優しいものもいる。それどころか、アイルランドには聖人となった人魚までいるというのだ。17

マーメイド

世紀に書かれた作者未詳のアイルランドの歴史書“Annals of the Four Masters（四達人の年代記）”には、558年にオラルバの海岸でリバン（Liban）というマーメイドが漁網に捕らえられたという記録がある。

19世紀になって、彼女の生涯が知られるようになった[★1]。彼女は元々は人間だった。ある時、泉があふれ出して洪水になり、彼女の親族郎党は全て溺れ死んだ。だが彼女だけは、水中の洞窟に入り込んで助かった。だが、彼女は、その場所で一緒に流されてきた犬だけを友に、孤独な1年を過ごすことになった。彼女は、このまま孤独に暮らすくらいなら、目の前の水中を泳ぐ鮭に混じって生きたいと神に願った。その祈りはかなえられ、彼女は鮭になった。ただし、顔と胸は人間のままであった。犬は、カワウソになった。そして、300年のあいだ、水中で暮らすことになった。

★1：19世紀に書かれたPatrick Weston Joyceの“Old Celtic Romance”

その間に、アイルランドもキリスト教国になり、聖コムガルがバンゴール司教になった。ある時、司教は、ベオーク司祭をローマに派遣した。

司祭が船に乗っていると、天使のような甘美な歌声が流れてきた。そこで、司祭は何者がこの歌を歌っているのかと問うた。すると、リバンは、自分の身の上を語った。そして、網で、自分を海から引き上げて、かつて生きていた陸地に戻してくれるよう願った。

ローマからの帰りに、ベオーク司祭は司教と相談して、網で彼女を引き上げた。しかし、身体は半分魚のままだったので、小舟に海水を満たし、それを馬車に積んで、運ぶことになった。彼女を見物に、多くの人が現れたという。

だが、彼女は誰のものかで、聖人たちも揉めた。そのとき、天使が現れて彼女を馬車に乗せ翌朝現れる牛に引かせよと告げた。

その通りにすると、牛の引く車は、司祭の教会へと到着した。そして、彼女は、今すぐ死んで天国に行くか、海にいたのと同じだけ陸にいてから天国に行くかを選んで良いことになった。彼女は、即座の死を選び、聖コムガルは彼女にムルゲン（海で産まれたもの）またはムルゲルト（人魚）という洗礼名を与えた。そして、彼女は天国へと昇っていったという。

こうして、彼女は処女のまま昇天し、人魚にして聖人となった。そして、テク・ダ・ベオーク（ベオーク司祭の教会）では、彼女に祈ることで、数々の奇跡が起こったという。

だが、中にはとんでもない伝説もある★2。超巨大な人魚の記録だ。887年にアルバの浜に打ち上げられた彼女は、身長195フィート（58メートル）もあった。指の長さだけで7フィート（2.1メートル）あるというのだから、ウルトラマン以上だ。彼女の髪は18フィート（5.4メートル）ほどで、ショートカットの人魚である。そして、全身が白鳥よりも白かったと記されてる。

★2："Annals of the Four Masters"

Jormungandr
ヨルムンガンド

北欧神話に登場する、世界を取り巻く蛇。

元々は、狡賢い神ロキ★1と、女巨人アングルボダの間に生まれた。フェンリル（258ページ参照）は兄、ヘルは妹である。『韻文エッダ（古エッダ）』の中の「ヒュンドラの歌」では、アングルボダの心臓を喰ったロキが、自ら女巨人に変身して孕んで産んだという説が唱えられている。

最初、3人兄妹はヨトゥンヘイム（巨人の国）で育てられた。だが、この怪物たちが、いずれ神々に大いなる災いをもたらすことを、神々は千里眼によって知った。そこで神々の主オーディン★2は、彼らを捕らえて自らのもとへと連れてこさせた。

そして、オーディンは、ヨルムンガンドを深い海洋へと投げ込んだ。だが、ヨルムンガンドは死なず、海の底で成長し、ついにはミズガルズ（人間の住む世界）を1周して、自分の尻尾を咥えるほどにまで大きくなった。このため、別名「ミズガルズの大蛇」と呼ばれる。

その巨大さゆえ、様々な神話で、大きなものとして登場する。

スノリ・ストゥルルソン★3の『散文エッダ（スノリのエッダ）』の中の「ギュルヴィたぶらかし」には、ヨルムンガンド

★1：北欧神話に登場する神。悪意ある策略をすることもあるが、その知恵で神々を助けることもある。最後は神々の敵に回る。

★2：北欧神話の主神。片目であるが、これは知恵の泉であるミーミルの水を飲む代償として、自ら差し出した物。

★3：Snorri Sturluson（1179-1241）。アイスランドの政治家、詩人、史家。『散文エッダ（スノリのエッダ）』の他には、『ヘイムスクリングラ』という史書でも有名。

の大きさを著すエピソードがある。

雷神トールとロキが、宿敵である巨人の王ウートガルザ・ロキの宮殿を訪ねたときのことである。巨人の王は、一行にその技を見せよと要求し、その1つとして、トールに対して灰色の猫を持ち上げろと言った。

トールは「手で腹の下側をおさえ、もちあげた。猫は、トールが、手をもち上げると背を丸めた。だが、トールができるだけ手をのばしてひっぱったとき、猫は片足を地面からあげた。トールはそれ以上はできなかった[★4]」

★4：谷口幸男訳『エッダ』

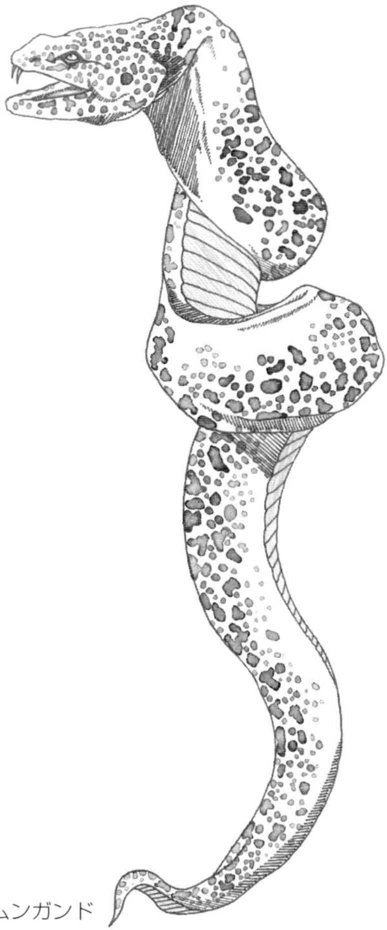

ヨルムンガンド

こうして、トールは、巨人たちに恥をかかされたのだが、巨人たちは巨人たちで、トールの力に恐れをなしていた。というのは、猫に見せかけられていたのは、実はヨルムンガンドそのものだったからだ。それが、頭も尻尾もほとんど地面に付いていないくらいに持ち上げられていた。巨人たちは、トールと力で戦うのは止めようと心に決めた。

だが、後で自分が持ち上げかけたものの正体を知ったトールは、そのままですませるのが嫌だったらしい。ヨルムンガンドを探しに、海の巨人ヒュミルのところに行った。そして、漁に出ようとする巨人に、自分も一緒に漕がせてくれと頼んだ。トールは、エサは何がいいか聞いたが、巨人は勝手に用意しろと答えた。そこでトールは、巨人の飼っている牛の中で一番大きいヒミンフリョートの首を引き抜いて、エサにした。

そして、その力で櫂を漕いで、ヒュミルがいつも漁をしているところより遙かに沖のヨルムンガンドがいるあたりに船を持ってきた。そして、牛の頭をエサに釣りを始めた。もちろん、釣り糸も針も強く大きい物を使った。

ヨルムンガンドは上から落ちてきた牛の頭に食らいついたが、すると釣り針が上顎に刺さった。蛇は、思いっきり釣り糸を引き、トールの両腕が船縁にドシンとぶつかるほどだった。

怒ったトールが神力で足を突っ張ると、足は船底を破り、海底で踏ん張った。そして、ヨルムンガンドの頭を船縁まで引っ張り上げた。

だが、ヒュミルは恐れおののいた。トールが鎚をふるってヨルムンガンドの頭を殴りつけようとしたとき、巨人はナイフでトールの釣り糸を切り、蛇は海中へと逃れた。

このように、トールとヨルムンガンドは、不倶戴天の敵同士だった。そして、その勝負は、ラグナロク[★5]に決着がつく。

トールは、自慢の鎚ミョルニルでヨルムンガンドの頭を粉砕するが、その後で9歩退く。スノリは、自著で、この9歩退くというところを、大蛇が吹きかけた毒のために、9歩下がったところで大地に倒れて死んだということだと解説している。

彼らの戦いは、相打ちに終わった。

★5：世界を滅ぼす神々と巨人の最後の戦い。

Kraken

クラーケン

ノルウェーの伝説にある、巨大なタコ（もしくはイカ）の怪物。ノルウェーの言葉で、krake（クラーケ）とは「ねじ曲がったもの」を意味する言葉なので、タコやイカがイメージにぴったりだ。実際、現代ドイツ語では、krakenとはタコを意味する言葉だ。

では、いったいクラーケンは、どこから現れたのだろうか。

古代北欧の神話・伝承と言えば、『エッダ』やサガになるが、これらにクラーケンは登場しない。北欧の海に生きる船員・漁師・バイキングなどの間に伝えられてきた、民間伝承の怪物で

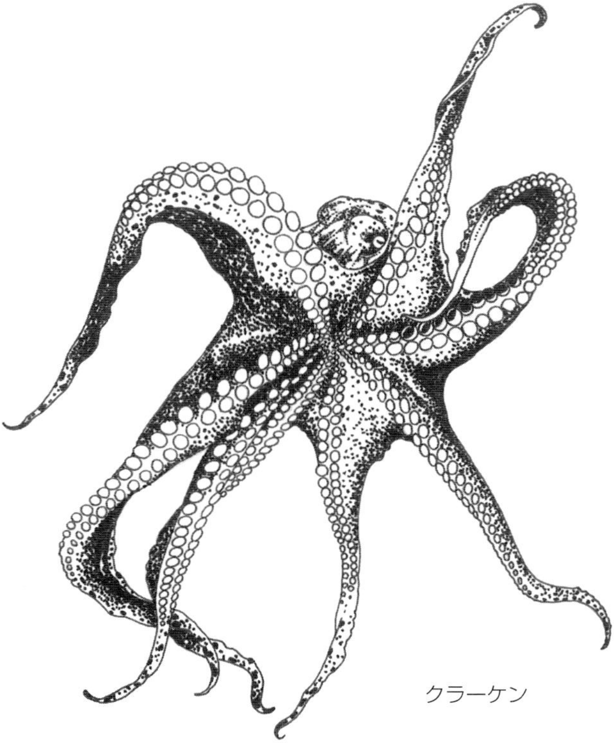

クラーケン

ある。

実は、クラーケンという名称が記録されたのは、それほど古いことではない。カール・フォン・リンネ★1の著書“Systema Naturae”（1735）の初版本である。この本は、生物を科学的に分類しようとする近代生物学の始まりとも言える名著なのだが、この本が、伝説の怪物クラーケンを最初に記録した本であるというのも、歴史の皮肉と言えるだろう。この初版本では、クラーケンは、頭足類（イカやタコの仲間）に分類されている。この頃、既にクラーケンが大蛸の化け物と考えられていたことが判る。

ただ、リンネもさすがに、クラーケンの存在に疑問を抱いたのだろう。第2版からは、クラーケンの項目を削除している。

では、クラーケンとはどんな生き物なのだろうか。18世紀のコペンハーゲン大学の総長代理であるエーリク・ポントピダン★2司教は、以下のように説明している★3。

クラーケンは、頭の周囲が2キロメートルを超える巨大な生き物で、その全身を水上に出すことはない。巨大なので、水上に出した頭の上を、人間が歩くこともできる。周囲は、海藻のようにゆらゆらした漂流物に取り巻かれていて、海岸にあたるところは砂浜のようになっていて多くの魚が住まっている。浮島と呼ばれるものは、全てクラーケンなのだ。

ぬらぬらした角か突起物があり、船のマストくらいの高さにまで伸びる。この腕に捉えられたら、大きな軍艦でも、海底に沈められてしまう。

このように、タコかイカのような生き物を想像させる記述があるものの、ポントピダンはクラーケンの正体を、ヒトデかポリプのたぐいであると考えている。突起物も腕ではなく、食物を取るための触手だという。

しかし、ポントビダンのクラーケンは、危険な生き物ではない。もちろん、船に触手を巻き付けられれば船は沈んでしまう。だが、本来のクラーケンは、よい匂いを出して魚を集め、それを食べている平和的な生き物だ。人間を襲う意味はないのだ。面白いことに、何ヶ月も排泄をしないまま食べ続け、次の数ヶ月は何も食べないままで排泄し続けるという奇妙な生態があるという。

他にも、人によって、イカ説、ヒトデ説、クラゲ説など、

★1：Carl von Linné (1707-1778)。スウェーデンの生物学者・博物学者で、分類学の父と呼ばれる。

★2：Erik Pontoppidan den yngre（1698-1764)。デンマークの大司教。

★3：Erik Pontoppidan den yngre著“Versuch einer natürlichen Geschichte Norwegens（ノルウェー博物誌）”（1752）

様々な説があり、はっきりしない。現在最も有力な説は、ダイオウイカ（セイヨウダイオウイカは、体長20メートル、体重10トンを超える巨大なものがいる）説ではあるが、確実な証拠はない。

Dragon of St.George

聖ジョージのドラゴン

キリスト教の聖人によって退治されたドラゴン（202ページ参照）。

聖ジョージは、古代ローマの殉教者で、ラテン語では聖ゲオルギウスという。けれども、イングランドの守護聖人として、聖ジョージの十字架（白地に赤い十字）はイングランドの国旗であり、英国国旗（ユニオンジャック）の図案の1つ[★1]となっているほどで、イギリスの聖人というイメージが強い。

★1：イングランド国旗とスコットランド国旗、アイルランド国旗を交ぜて作られたものが英国国旗。

この聖ジョージが、ドラゴンを退治したという逸話が、13世紀のジェノヴァ大司教ヤコブス・デ・ウォラギネの『黄金伝説』に書かれている。

聖人というと、穏やかな僧侶のような人々を想像するかも知れない。だが、それは間違っている。彼らは、死後に聖人とされたのであって、生前はそれぞれの生活をし、聖人ごとに違った姿をしていた。それでは、聖ジョージはというと、カッパドキア（現在のトルコ東南部）出身の騎士である。絵画などでも、鎧を着て、兜をかぶった姿で描かれている。つまり、彼は、まず強い戦士であった。

リビュアのシレナという町の近くには、大きな湖があり、そこには毒を持ったドラゴンが棲んでいた。町の住人も、手をこまねいていたわけではない。何度も武器を取って立ち上がったが、そのたびに命からがら逃げ帰っていた。

そのドラゴンが、町の城壁の下に現れ、毒の息を吹きかけると、町では悪疫が流行り、人々が病気になって死んでしまった。このため、市民たちは毎日羊を2頭与えることで、ドラゴンをなだめていた。だが、羊が減って、2頭与えることができなくなったため、今度は人間1人と羊1頭を与えることになった。

生贄の人間は、くじで選ばれた。こうして、町の子供たちがほとんど生贄となったとき、ついに王の一人娘がくじを引き当てた。王は嘆いて、金で許してもらえないかと言い始めたが、人々は王に詰め寄って、自分だけ許してもらおうとはずるいと怒った。そして、1週間だけ猶予をもらい、王女との名残を惜しんだが、8日後には人々が怒って現れ、王女を差し出すように要求した。人々も切羽詰まっていたのだ。生贄を出さなければ、ドラゴンが現れ、毒の息で人々が死んでしまうからだ。王女は、泣きながらドラゴンの棲む湖へ出かけた。

そこに、たまたま聖ゲオルギウスが通りかかり、王女の話を聞いて、「キリストの御名において、あなたを助けましょう」と言った。

湖からドラゴンが現れると、彼は馬に乗り、十字を切って、槍を振り回しながら、神の加護を願い、ドラゴンに突き立てた。すると、ドラゴンは倒れた。

聖ゲオルギウスは、王女に腰帯をほどいてドラゴンの首に投げかけるよう言った。王女がそうすると、ドラゴンは子犬のように大人しくなり、王女についてきた。

王女がドラゴンを連れて町に戻ると、人々は恐れおののいて逃げ始めた。そこで聖ゲオルギウスは言った。

「恐れることはありません。神が、あなたたちを救うために私をよこしたのです。皆さんが、キリストを信じ、洗礼を受ければ、ドラゴンを殺してあげましょう」

その言葉に、王が真っ先に洗礼を受け、市民たちも我も我もと洗礼を受けた。わずか1日で2万人の人々（女子供は数に入れていない）が洗礼を受けた。

そうすると、聖ゲオルギウスは剣を抜いて、竜を殺した。死骸は、8頭の牛で引っ張って、ようやく動くほどで、近くの野原に運んだ。

王は、キリスト教会を建て、さらに聖ゲオルギウスに莫大な財宝を差し出したが、彼は財宝は貧しい人々のために使うようにと言って、去っていったという。

Dragon of St.Donatus

聖ドナトゥスのドラゴン

4世紀のアレッツォ司教ドナトゥスによって、泉に棲むドラゴン（202ページ参照）が退治された。

ヤコブス・デ・ウォラギネの『黄金伝説』によれば、あるところに猛毒の泉があった。その水を飲んだ者は、即座に死んでしまう。

その話を聞いたドナトゥスは、ロバに乗って泉まで出かけ、水を清める祈りを捧げ始めた。

すると、泉の中から1匹のドラゴンが現れ、尻尾をロバに巻き付けて身体を起こし、ドナトゥスめがけて襲いかかろうとした。

そこでドナトゥスは、すかさず鞭でドラゴンに一撃喰らわせると、ドラゴンはたちどころに死んで横たわった（一説には、ドラゴンのあぎとに唾を吐きかけると死んだのだという）。

そうして、ドラゴンを殺した後で、神に祈りを捧げると、泉からは毒が消えて、飲める水になったという。

ちなみに、ドナトゥスは、悪霊（悪魔のことだと思われる）を追い払うという、悪魔払いもしたことがある。

ローマ皇帝テオドシウス1世の娘が悪霊に取り憑かれたとき、ドナトゥスは皇女に「悪霊よ、神の作りしこの方の肉体に、もう住みついてはならない」と言った。

すると、悪霊は「それでは、出口を開けて、どこに行くべきか教えてくれ」と答えた。

ドナトゥスが「お前はどこから来たのか」と尋ねると、「荒野から」と答えた。そこで、聖人は「では、荒野に戻れ」と命じた。

だが、悪霊は「あなたの十字架から火が噴き出して、怖くてどこから出て行っていいのか判らない。出口を作ってくれたら、そこから出て行くから」と、頼んできた。そこで、「では出口を作ってやるから、そこから元のところに戻れ」と命じた。

すると、悪霊は皇女の身体を出て、教会の建物をふるわせながら逃げていったという。

Rusalka/Русалки

ルサールカ

スラブ民族の伝説に登場する水の妖精。

水で死んだ若い女性たちが、ルサールカになる。事故であろうと自殺だろうと関係なく、水死すればルサールカになる。

別の伝承では、寿命を全うしないで死んだ女性がルサールカになると言う。殺された者、不義の子を宿して自殺した者、結婚前に疫病で死んだ者など、本来なら生きられたはずの命を失ったものがルサールカになる。

ロシアだけでなく、東ヨーロッパ全域に、ルサールカの伝説は広まっている。ただし、地域によって、その姿や性質は、かなり異なっている。

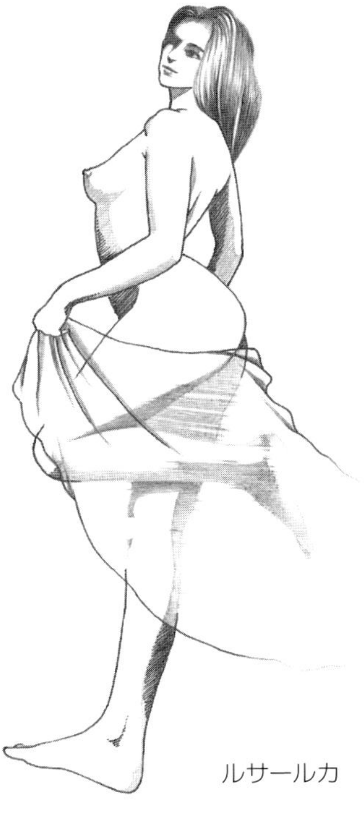

ルサールカ

南方（ドナウ川流域）のルサールカは、ヴィーラと呼ばれることが多い。彼女らは、美しく魅力的な女たちだ。顔色は青白いが、不気味ではなく、月の光のように美しい。そして、軽やかな霧の衣をまとっている。

彼女たちは、普段は川の深みに棲んでいるが、真夜中になると浅瀬から上陸し、草地でダンスを踊る。もしも、彼女たちを見てしまった者が美男だったら、彼女たちは男を歌や踊りで誘惑し、川の中へと誘う。水中に招き入れられた男たちは、ルサールカの胸の中で死んでしまうのだが、それは甘美な死だという。

これに対し、北方のルサールカは、水死体のように肌が青白く、邪悪な緑の目に、振り乱した髪、慎みのない素っ裸のままだ。

彼女たちは、川の土手を歩く人々を引っ掴んで水の中に無理矢理引っ張り込む。そして、溺死させるのだ。犠牲者は、苦しんで死ぬことになる。

スラブの伝説では、ルサールカは、水中と森との両方に住む。夏の始めまでは水中に棲んでいるが、それ以降は水を出て森の中で踊っている。ルサールカが踊った土地は、草も麦もよく生えるという。

ルサールカは、人死に以外にも、迷惑な悪戯をすることがある。水車に飛び乗って止めてしまったり、石臼を割ったり、土手を崩したり、漁師の網を破ったり、土砂降りの雨を降らしたり、女たちの布や糸を盗んだりする。これらは、大した迷惑ではないことが多いが、それでも腹立たしいことに変わりはない。

このため、ルサールカの悪戯から身を守るおまじないがある。呪われた草と言われるニガヨモギの葉っぱを1枚持っていればよい。

ルサールカは、創作にも登場する。最も有名なのが、ドヴォルザーク[★1]のオペラ『ルサルカ』である。

こちらのルサールカは、『人魚姫』に似た物語で、王子に恋して人間になったルサールカと、彼女に恋しながら飽きてしまい他国の王女に心を移してしまった王子の物語だ。

だが、最後に王子は再びルサールカのキスを求め、自らの命を絶つ。ルサールカは、王子の死骸と共に湖に沈むという悲劇だ。

★1：Antonín Leopold Dvořák（1841-1904）。19世紀チェコを代表する後期ロマン派の作曲家。交響曲『新世界より』、弦楽四重奏曲『アメリカ』などで有名。

Wishpoosh

ウィシュプーシュ

北アメリカのネズパース族[★1]の口承神話に登場するビーバーの怪物。

彼らの伝承では、ウィシュプーシュは巨大なビーバーで、湖に住み、そこでの漁を禁止する。もし、湖に近づく者があれば、大きなかぎ爪で湖の底に引きずり込んで殺してしまう。

そこでトリックスター神[★2]であるコヨーテが、ウィシュプーシュを退治することになった。

コヨーテは、頑丈な取っ手の付いた槍を作り、それを丈夫な紐で手首に結びつけた。こうして、槍を無くさないようにして、戦いを挑んだ。

ウィシュプーシュはコヨーテを捕まえたが、槍で傷を負わされた。湖の底で両者は激しい戦いを繰り広げ、湖の周囲の山々は、思わず後ずさりしてしまった。このため湖の周囲は平地になっている。

怪物は下流に逃れようとしたが、コヨーテは槍を突き刺して逃れられなくした。両者の戦いで、川幅は広がり、地割れができた。

このあたりは、地形形成神話になっていて、ネズパース族の住む地域の地形の特徴を説明し、なぜそういう形になったかの由来を語ってくれる。

海に着いたウィシュプーシュは、コヨーテが休んでいる隙にクジラを捕って食べ、体力を回復した。

だが、コヨーテはもみの木に変身し、ウィシュプーシュの方に流れていった。そして、木を怪物が飲み込むと、その腹の中で、元の姿に戻り、ナイフで中から心臓を刺して、怪物を殺した。

ウィシュプーシュの死体から、コヨーテは新しい民族を幾つも作った。ネズパース族もその1つだ。だが、彼は急いで作ったので、目や口を開けるのを忘れていた。そこで、後からナイフで顔に穴を開けたが、ナイフは戦いでなまくらになっており、穴が曲がってしまったり、大きくなりすぎたりした。

★1：アメリカ先住民族の1つ。アメリカ合衆国の北部太平洋岸に住む。

★2：神話に登場する、いたずら者。知恵者であるが、ときには大間抜けなことをしでかすこともある。人類に火などの恩恵を与えてくれることもあれば、とんでもない災厄を引き起こすこともある。このように、1人の中に矛盾した要素を含む複雑なキャラクターが、トリックスターである。

ネズパース族の口が曲がっていることが多いのは、このためだという。

第6章

地下

Lamia

ラミア

ギリシャ神話に登場する女性の怪物。上半身は女性のままだが、下半身は大蛇の姿をしている。別の伝承では、前足は人間の女性の腕、後ろ足は山羊の足で、顔は人間の女性である蛇だとも言う。

彼女は、元から怪物では無い。ポセイドンと海のニンフ（109ページ参照）であるリビュエー[★1]の間には、エジプト王ベロスが生まれた。このベロスと母リビュエーの間に生まれたのが、ラミアである。出自からわかるように、アフリカの怪物だ。

★1：ギリシャ・ローマ時代のアフリカを指す「リビア」の語源となった。

ラミア

郵便はがき

料金受取人払郵便

神田支店
承認

2559

差出有効期間
平成24年6月
10日まで

101-8791

(受取人)

513

東京都千代田区
神田錦町3-19
楠本第3ビル4F

株式会社
新紀元社
行

●お手数ですが、本書のタイトルをご記入ください。

●この本をお読みになってのご意見、ご感想をお書きください。

愛読者アンケート

小社の書籍をご購入いただきありがとうございます。
今後の企画の参考にさせていただきますので、下記の設問にお答えください。

●本書を知ったきっかけは？

□書店で見て　□（　　　　　　　　　　　　）の紹介記事、書評
□小社ＨＰ　□人にすすめられて　□その他（　　　　　　　　　　）

●本書を購入された理由は？

□著者が好き　□内容が面白そう　□タイトルが良い　□表紙が良い
□資料として　□その他（　　　　　　　　　　　　　　）

●本書の評価をお教えください。

内容：□大変良い　□良い　□普通　□悪い　□大変悪い
表紙：□大変良い　□良い　□普通　□悪い　□大変悪い
価格：□安い　□やや安い　□普通　□やや高い　□高い
総合：□大変満足　□満足　□普通　□やや不満　□不満

●定期購読新聞および定期購読雑誌をお教えください。

新聞（　　　　　　　　　　）　月刊誌（　　　　　　　　　　）
週刊誌（　　　　　　　　　）　その他（　　　　　　　　　　）

●あなたの好きな本・雑誌・映画・音楽・ゲーム等をお教えください。

●その他のご意見、ご要望があればお書きください。

ご住所	都道府県	男 女	年齢　歳	ご職業（学校名）	
お買上げ書店名					

新刊情報などはメール配信サービスでもご案内しております。
登録をご希望される方は、新紀元社ホームページよりお申し込みください。
http://www.shinkigensha.co.jp/

ラミアは、ゼウスに寵愛され、その子供を産むが、このことによってゼウスの妻ヘラの憎悪を受けた。子供が生まれても、そのたびにヘラに殺されてしまい、絶望の果てについには彼女は他の母親から子供を奪って喰い殺す怪物になってしまったという。

別の説では、ヘラが自らラミアを怪物に変えたとも言う。

さらに別の説では、ヘラは、ラミアが生まれてきた子供を、自ら喰ってしまうようにしたという。救いのないこと、この上ない復讐だ。

それでもヘラの恨みは消えず、子供を亡くしたことを一瞬でも忘れさせないために、彼女から眠りを奪った。あまりのことに、ゼウスは、ラミアの目を取り外せるようにしてやり、その間だけでもラミアを休ませてやった。

目を取り外している間は、ラミアは眠っているので人々に危険はないが、起きている間はあちこちさまよって人々を襲うという。

ギリシャ神話には、もう1つラミアと呼ばれる怪物がいる。紀元2～3世紀のギリシャ人解放奴隷アントニース・リーベラーリスの『メタモルフォーシス』によれば、ギリシャのパルナッソス山の近くにも、雌の怪物が住んでいた。その怪物の名もラミアという。別名、シュバリス（Sybaris）とも呼ばれていた。

この怪物は、毎日麓に現れては、動物や人間を襲って喰っていた。

被害にあったデルポイの人々は、恐れおののき、移住を考えることになった。そして、神託[★2]に頼ったところ、1人の少年を選んで生贄として怪物の住む洞窟の前に差し出せば、災いから逃れることができると出た。

そこでくじを引いたところ、アルキュオネウスという性格もよい美少年が当たった。

美少年は、生贄の印である花冠を付け、洞窟へと連れて行かれた。ところがそこに、勇士エウリュバトスが現れた。そして、一目見て、この美少年に恋心を抱き、行列の意味を問うた。そして、美少年が生贄になるのを哀れと思い、花冠を自分の頭にのせて、代わりに洞窟へと連れて行くよう命じた。

洞窟に着くと、勇士は中へと突撃し、ラミアを寝床から引き

★2：デルポイはアポロンの神託が降りる地として有名。

ずり出して、断崖から投げ落とした。怪物は山の麓の岩に頭をぶつけて死んだ。また、怪物が頭をぶつけた岩からは泉が流れ出したので、人々はその泉をシュバリスと呼ぶようになったという。

Dragon
ドラゴン

世界中の伝説に残る怪物。ドラゴンとは、ギリシャ語のドラコン（δράκων）に由来する。この言葉は、蛇を含む大型の水棲獣を表す単語だった。

例えば、ヘラクレスと対峙するドラゴン風の怪物は2体いた。ラドン（89ページ参照）とヒュドラー（164ページ参照）である（細かいことを言えば、ヘラクレスはラドンとは戦っていない。アトラスに頼んでいる）。ラドンもヒュドラーも多頭の蛇だ。つまり、元々のギリシャのドラゴンは蛇の怪物だったと考えられている。

だが、現在のドラゴンには脚がある。最も広まったドラゴンは、四つ足の怪物で、しかもコウモリのような翼が生えている。もちろん、無足のドラゴンもいるし、翼のないドラゴンもいるが、四つ足に翼が一般的だ。

不思議なことに翼ある怪物であるにもかかわらず、ドラゴンは地中、洞窟、水中などに棲んでいて、そこにある宝を守っている。つまり、強大でしかも地中の宝（生産力）を持つドラゴンは、地霊・土地神の性格を持った怪物だった。

ところがこのドラゴンを、『聖書』の『ヨハネの黙示録』において、「悪魔」を表す言葉に使用したのが問題だった。キリスト教がヨーロッパに普及するにつれ、ドラゴン＝悪魔の化身というイメージがどんどん広まっていった。

そして、そこから、長い年月の間に、様々な悪しきドラゴンが産まれてきた。キリスト教的に、倒すべき暴虐としてのドラゴンが一般化したのだ。

西洋のドラゴンは、火に関係した怪物だ。

1世紀ローマの博物学者、大プリニウスによれば、ドラゴンは、口から火を吐く[★1]。また、身体を流れる血液も火だとされる。このため、常に身体を冷やし続けなければならない。このため大量の水を飲むのだ。だが、森に棲むドラゴンは、草を食べて身体を冷やす。さらに、インドのドラゴンは象の血を飲んで身体を冷やすのだという。このため、インドのドラゴンは、象に巻き付いて締め付けて殺そうとする。確かに、これで象は死んでしまう。だが、象は倒れる時にその体重でドラゴンを押しつぶしてしまい、相討ちに終わることになる。

ただし、この当時のローマには、キリスト教の影響はほとんど無いので、ドラゴンは単に凶暴な怪物として描かれ、善でも悪でもない。

12世紀の記録では、ドラゴンは桁外れの熱を持っており、このため非常に乾性である[★2]。そして、その息は力強く活発な

★1：プリニウス著『博物誌』

★2：聖女ヒルデガルド著『聖ヒルデガルドの医学と自然学』

ドラゴン

ので、吐き出されるやいなや瞬時に発火する。そしてまた、ドラゴンは人間を憎んでいて、邪悪な魔術を行使するという。

この時代には、ドラゴンはキリスト教の影響で、悪の権化として退治されるべき対象となっていた。

アメリカにもドラゴンはいる。アメリカ東北部とカナダ南東部に住むセネカ族の神話にあるガーシェンディエタというドラゴンは、「旅する松明の光」と呼ばれる流れ星の火のドラゴンで、激しく燃える炎の身体を持つ。羽根があって、空を飛ぶことができるのも、他国のドラゴン同様だ。また、彼らは知性を持ち、言語を話す。また、人間に好意的であり、時には困ってる人を助けてくることもある。

彼らは、普段は深い水の底に潜んでいる。というのは、常に身体から火花を発するので、気をつけないと世界を火事にしてしまうからだ。

ロシアにもドラゴンはいて、ズメイ（Zmey）というドラゴンがスラブ神話の天の神であるスヴァローグと戦ったとされる。ズメイは3つ首のドラゴンで、口から炎を吐く。

東欧諸国では、ズメイは守護神の性格を強く持つ。スロベニア共和国の首都リュブリャナの紋章は、城の上のズメイである（ただし首は1つ）。強大なロシアと戦い守ってくれるというイメージなのかも知れない。

だが、ロシアではドラゴンは、タタール[★3]の象徴である。かつてのロシアは、タタールの支配を受けていた[★4]。このタタールを追い出して、初めてロシアという国ができたのだ。そのため、多くのスラブ民族の伝承では、ドラゴンは恐ろしいものであり、逆にそれを退治することが非常に重要なモチーフとなっている。

このため、モスクワ市の紋章は、ドラゴンを退治する聖ゲオルギウスである。逆に、ロシア連邦に属するもののテュルク系民族の後裔であるタタールスタン共和国の首都カザンの市旗は、ジランダというドラゴンである。

★3：モンゴル、テュルクなどの騎馬民族の総称である。ロシア人にとって、タタールは、恐怖と憎悪の象徴とも言えるものだった。

★4：これを、ロシア人は「タタールのくびき」と呼んで、ロシアにとって最悪の時代とする。

Dragon in Beowulf

ベーオウルフのドラゴン

イギリスの英雄叙事詩『ベーオウルフ』の後半の敵たる竜。ただし、描写の中にとぐろを巻くところがあるので、ドラゴン（202ページ参照）というよりも、火を吐く大蛇と言ったほうが近いかも知れない。

勇士ベーオウルフが王になり、善政を行って50年が経った頃。さしもの勇士も年老いた。

その頃、ある者が、塚の下に入り、そこから宝を盗み出した。だが、その宝は竜の物だったのだ。宝を盗まれた竜は怒った。

夜になって、竜は人里に現れ、炎を吐いて家屋敷を焼き払い始めた。そして、国土を紅蓮の炎で焼き尽くした。そして、王自らの屋敷すら、焼け落ちてしまった。

この報告を聞いたベーオウルフは、全て鉄でできた盾を作ら

ベーオウルフのドラゴン

せた。木の盾では、竜の炎を防げないからだ。

ベーオウルフは、竜と戦うときも、大軍で当たるを潔しとせず、自らの力で戦おうとした。そして、塚の前に1人たち、堂々と挑戦の声を上げた。

そして、現れた竜に名剣ネイリングで一撃を加えたが、この名剣ですら、竜にそれほどの傷を与えることはできなかった。

その時、ベーオウルフの従士たちは、恐ろしさに逃げてしまったが、ただ1人、ウィーイラーフという男だけが、踏みとどまった。彼は、他の従士に檄を飛ばすと、彼の伝家の剣を持って、竜に斬りかかった。

彼の盾は木だったので、竜の炎にあっという間に焼かれてしまったが、ベーオウルフの盾に身を隠しながらも、王の援護を行った。

ベーオウルフは、それに勇気づけられ、名剣ネイリングを竜の頭に当てたが、剣は砕け散ってしまう。

それでも、ウィーイラーフは、彼の剣を頭の少し下に斬りつけ、さしもの竜の炎も少し弱まった。王は、鎧に付けておいた短剣を引き抜き、竜の胴体の真ん中に刺した。

こうして、竜は倒された。

だが、ベーオウルフの傷も深く、すぐ側に座り込むと、そこで死んだ。竜は、英雄の最期に相応しい敵手だったと言えよう。

Kobold
コボルト

ドイツの妖精。ギリシャ語の“Kobalos”（盗賊）から来た言葉だと言われる。

コボルトは、身長1メートルくらいの小人だ。変身能力を持つとも言われ、人間や動物だけでなく、様々な物品や、鬼火などに化けることもできるという。人間の前に姿を現すことはほとんど無いので、コボルトの目撃者はほぼいない。

コボルトには、3つの姿がある。家に住むコボルトと、地下に住むコボルトは、そこそこ知られているが、3つ目の海のコボルトは、日本ではあまり有名でない。

家に住むコボルトは、家の暖炉のそばに住んでおり、人に見られないうちに家事を手伝ってくれる良い妖精だ。また、一種の福の神でもあり、コボルトのいる家は、不思議と豊かになっていく。コボルトは、穀物の粥が好物なので、感謝の意を表すためには、彼らにお粥を供えると良いとされる。

しかし、同時に、質の悪い悪戯を仕掛けてくる悪い妖精の面も持っている。特に、コボルトを馬鹿にした言動を取る者には、コボルトの復讐がやってくる。原因不明の病に罹ったり、不思議と怪我をしたりと、様々な不運に襲われるのだ。

地下に住むコボルトは、嫌われ者だ。というのは、金属を腐らせるからだ。特に、銀を腐らせるとして、知られる。鉱山を掘っていると、何の鉱床も見つからず、代わりに何の役にも立たない金属のかすのようなものだけが見つかることがある。このようなとき、坑夫たちは、コボルトが金属を腐らせてしまったのだと信じた。そして、残ったかすを、コバルト[★1]と呼んだ。そして、坑夫たちは、コボルトが自分たちの鉱山にやってこないように祈った。

★1：ここから、金属のコバルトが命名された。

コボルト

似たような地下の妖精は、他国にもいる。イギリスでは、ブルーキャップと言って、その名の通り、青い帽子をかぶっている。

最後の海のコボルトは、ドイツ北岸の海に働く漁師や船員たちの間に伝承として残るものだ。

海のコボルトは、船に住んでおり、船員たちに恩恵を施す存在だ。特に、船が沈みそうな状況で、穴を塞いでくれたり、帆柱を支えてくれたりして、船を持たせてくれる。コボルトが船を下りるのは、その船が沈む時だという。このため、船員たちは、コボルトに敬意を表する。

海のコボルトも、目に見えない存在で、コボルトを目撃するのは、悪しき前兆とされる。一説によれば、彼らが姿を現すのは、死ぬ時だけだという。別の説では、コボルトが姿を現すのは、船が沈む前兆だとも言う。

Troll
トロル

北欧の民間伝承に登場する妖精もしくは怪物。可愛い妖精から、恐ろしい怪物まで、様々な姿で描かれるため、その本来の姿が何だったのかはよく判っていない。

北欧のトロルは、巨大な人型の怪物だ。毛深く、邪悪で、人喰いだ。だが、女性のトロルは大変美しいという話もある。逆に、女性のトロルも、男のトロルと変わりないという話もある。

彼らは、地下に暮らし、そこに宝物などを貯め込んでいるという。

Troll kalla mik
あんた方は、私をトロルと呼ぶ
tungl sjotrungnis,
月を嚙るものってね
audsug jotuns,

ゲールを吹っ飛ばす巨人だって
elsolar bol,
雨漏りする屋敷の呪い
vilsinn volu,
シビルのお仲間
vord nafjardar,
夜に吠える鬼婆
hvelsvelg himins ?
天国の一かけを飲み込むもの
hvat's troll nema tat?
トロルっていったい何なんだ[★1]

トロルの出自には、2説ある。

1つは、北欧神話におけるヨトゥンヘイム（巨人の国）のヨトゥン巨人（225ページ参照）の末裔だという説だ。こちらの

★1：ステブリン・カーメンスキイ著『神話学入門』には、『散文エッダ（スノリのエッダ）』の第2部「詩人の言葉」が収録されている。そこから、宮廷詩人のブラギ・ボッダソンがトロルの女性に出会って、古ノルド語で挨拶された部分。

トロル

説では、トロルは最初から巨人だ。彼らは、一般に1人で住んでいる。

ミズガルズの東のイアールンヴィズという森に一人の女巨人が住んでいる。[★2]

★2：『散文エッダ（スノリのエッダ）』第1部「ギュルヴィたぶらかし」の第12章から。

この女巨人が、狼の姿をしたたくさんの巨人を産み落とすのだが、狼の姿をしていても、彼らはれっきとした巨人の一族だ。そして、ここに登場する女巨人だが、原文で“tröllkonur”であり、言ってみれば「女トロル」である。

同じ書物には、以下のフレーズもある。

というのは、今は、怪物を退治に東の方に行っているが、トールが帰ってきたら、…[★3]

★3：同じく第42章から。

ここでは、トロルが「怪物」と訳されている。トールは、トロル達を退治するために東へと赴いている。

つまり、巨人達の中で、より怪物に近い、怪物扱いされる連中をトロルと呼んでいるわけだ。

もう1つの説は、トロルは最初から地下に住む種族だったというものだ。こちらの説では、トロルは人間そっくりの生き物だ。尻尾があるところが違うが、普段は衣服で隠されているので気付かれない。それどころか、トロルの女は大変美人だという。こちらのトロルは、社会生活を営んでいる。

このようなトロルは、フルドラ（Huldra）とも言われる北欧の妖精族だ。ベルグトロル（山のトロル）とも言われる一族で、彼らの住居にはたくさんの財宝が貯め込まれていて光り輝いているという。

彼らは姿を消すことができて、こっそり人間の住処に忍び込むことがある。といっても、悪いことをするわけではなく、盗み聞きをしたり、音を立てて脅かしたりする位だ。

北欧では、トロルは非常に一般的で、「トロルの○○」というものがそこら中にある。ノルウェーのトロルスティーゲン（トロルのはしご）という街道とか、トロルティンゲン（トロルの頂）という山地、スウェーデンにあるトロルキルカ（トロルの教会）という大岩など、数えきれない。

シェットランド諸島[★4]には、トロー（Trow）という小さなトロルの親戚が住んでいる[★5]。

彼らは日光に弱い。だから、トローは朝日が出る前に地下に住処に戻ってしまう。といっても、死んだり石になったりするわけではない。運悪く朝まで外に出ていたトローは、そのまま動けなくなり、日没までじっとしていなければならない。

また、彼らは取り替え子を行う。

ここまで来ると、フェアリー（80ページ参照）などとほとんど変わりのないトロルである。

創作にも、トロルはしばしば登場する。

可愛いトロルで最も有名なのは、トーベ・ヤンソン[★6]の『楽しいムーミン一家』のムーミントロルだ。見た目は直立したカバそっくりで、大きさは電話帳くらいと小さい。アニメでは人間と同じくらいに描かれていたが、原作のムーミンは小さいのだ。冬になると冬眠して春を待つところなど、ちょっと熊を思わせるところもある。

恐ろしいのは、トールキンの『指輪物語』に登場するトロルたちだ。人間型の巨大な人喰いの怪物で、日光を浴びると石に変わってしまうところが唯一の弱点だ。それも、後になると日光に耐性を持つオログ＝ハイという上位種まで登場した。

★4：イギリス、スコットランドの北の海上にある諸島。スコットランドのすぐそばにあるのはオークニー諸島で、シェットランド諸島は、少し離れている。

★5：Jessie Margar Saxby著“Daala-mist; or, Stories of Shetland”(1876)

★6：Tove Marika Jansson（1914-2001）。フィンランドの女流童話作家、画家。ムーミンのシリーズで世界的に有名。

Dwarf
ドワーフ

ヨーロッパ全域に存在する伝説の種族。人間よりも小柄で、地下に住み、優れた工芸の技を持つ。

最も古い形で残っているのは、北欧神話に登場するドヴェルグ（Dvergr）であろう。原初の巨人ユミルの死体が大地となり、その土から多くのドヴェルグが作られた[★1]。彼らは、地下に住むこともあって、スヴァルタールヴ（Svaralfr）[★2]とかデックアールヴ（Dokkalfr）[★3]とも呼ばれる。そう、北欧神話では、ドヴェルグ（ドワーフ）もアールヴ（Alfr）[★4]なのだ。

彼らは、神々の敵というわけではないが、利害の対立によっ

★1：『韻文エッダ（古エッダ）』「巫女の予言」

★2：「黒エルフ」と訳されることもある。

★3：「闇エルフ」と訳されることもある。

★4：エルフ（74ページ参照）のこと。

て敵対することもある。ただし、正しく対価を払えば、神々の武装や宝を作り出すことのできる優れた匠でもある。匠ではなく、魔力によって作っているとされる場合もある。

面白いことに、『エッダ』に登場する初期のドヴェルグには、人間より小さいという記述はどこにもない。当時の絵画などでも、人間とドヴェルグは同じ大きさに描かれている。

では、彼らがいつ小さくなったのか。それは、サガ[★2]の時代だと言われる。13世紀ごろにたくさん作られたサガでは、ドヴェルグは明確に小人となっている。

12世紀のフランスの詩人クレティアン・ド・トロワの『エレックとエニード』は、アーサー王ロマンスの一篇だが、ここにもドワーフが登場する。彼らは、地下のドワーフ王国から来た者たちだ。王の名はビリスと言って、ドワーフの中で最も小さいという。このビリスが、他に2人の王グリゴラスとグレシダランを伴ってアーサー王の宮廷を訪問し、歓迎を受けるシーンがある。

★2：12～14世紀ごろに古ノルド語で書かれた散文文学作品。アイスランド植民を正確に記録した「宗教的学問的サガ」、ノルウェーやデンマークの王の事績を扱った「王のサガ」、様々なアイスランド人の行動を記録した「アイスランド人のサガ」、英雄伝説や冒険物語をもとに書かれた「伝説的サガ」などに分類される。

ドワーフ

後世になると、ドワーフはよりコミカルな面が強調される。

現在我々が知るドワーフの姿がはっきりしたのは、18世紀ごろと言われている。その頃になると、身長1〜1.3メートルくらいで、頭が大きく、横幅のあるドワーフの姿が、かなり一般的になった。といっても、まだまだ、確定はしていない。19世紀初めに作られた『グリム童話』の英語版では、「白雪姫」の小人はドワーフと訳されるが、確かに小人ではあるものの、太っているとかそういう話はない。当時の挿絵でも、それほど太ってはいないし、もっと小柄に描かれている。

だが、我々のドワーフ像を確定したのは、トールキンの『ホビットの冒険』と『指輪物語』だ。

彼らは、地下に住み、背が低いが大変頑健で、優れた坑夫でもある。男女問わず髭を生やしている。そして、エルフを嫌っているが、ホビットには友好的だ。彼らは優れた鍛冶であり石工であり細工師で、様々な工芸品を生み出す。それは彼らの無骨な指から産まれたとは信じられないほどだ。

これが、ドワーフ像の決定版となり、現在の創作ファンタジーにおいては、ほとんどの場合この設定に則ったドワーフが登場する。

ただし、トールキン自身は、自らの作ったドワーフは、過去の伝承にあったドワーフとは別物と考えていたらしい。というのも、それまでのドワーフは、単数形なら“dwarf”、複数形なら“dwarfs”であった。ところが、トールキンのドワーフは、単数形なら“dwarf”だが、複数形では“dwarves”となるからだ。

Dragon of St. Sylvester

聖シルウェステルのドラゴン

聖シルウェステルとは、第33代ローマ教皇シルウェステル1世のことで、彼はローマ帝国皇帝コンスタンティヌス1世に洗礼を施したとされる[★1]。

★1：ただし、これは後世の創作であり、皇帝に洗礼を施したのが誰かは、伝わっていない。後に異端とされたキリスト教アリウス派の誰かである可能性が高い。もちろん、そうではなくて、シルウェステルである可能性も僅かながら残っているわけだが。

彼が、ドラゴン（202ページ参照）を鎮めたという伝説が、ヤコブス・デ・ウォラギネの『黄金伝説』にある。

ある時、異教の祭司が皇帝に、「陛下がキリスト教徒になられてから、洞窟に棲むドラゴンが毎日300人以上の人を毒気で殺しています」と言った。異教の祭司は、こう言うことで、キリスト教を貶めようと狙ったのだ。

皇帝がシルウェステルに相談すると、彼は「キリストの御力によって、ドラゴンを無害にしましょう」と答えた。祭司たちは、もしそれが可能なら、キリストを信じようと返事した。

彼が神に祈ると、聖ペテロ（キリストの十二使徒の1人）が現れて、言った。

「恐れないで、あなたの司祭[★2]を2人つれて、ドラゴンの洞窟に行きなさい。そして、ドラゴンに言いなさい。『処女より産まれ、十字架に掛かり、葬られた後に復活し、神の右に座っている主イエス・キリストは、いつか生者も死者も裁くために降臨するであろう。サタンであるお前は、その時まで洞窟の中で待っているが良い』と。そして、ドラゴンの首を紐で縛って、聖なる十字架の印を掘った印章で封印しておきなさい。その後で、私のところに来て、パンを食べなさい」

★2：これは異教の祭司のことだと思われる。彼らが、いずれ改宗して、彼の司祭になることを意味しているのだろう。

この言葉を聞き、彼は異教の祭司2人を連れて、ドラゴンの洞窟を150段も下りて、その前に現れた。ドラゴンは毒の息を吹き、歯軋りをしたが、それにも構わずドラゴンの口を紐で縛った。

彼が洞窟から上がってくると、2人の祭司は毒気に当てられて昏倒していた。そこで、彼は2人を洞窟から担ぎ出してやった。

こうして、異教の祭司も、ローマの市民も、キリストを信じるようになったのだという。

第7章

異界・特殊

Ettin

エティン

スコットランドの伝承に登場する人喰い巨人。“Etin”と書かれる場合もある。

だが単なる巨人ではなく、頭が2つないし3つあるとも言われる異形の巨人だ。時には、9つの頭があるエティンという伝説すらある。

スコットランドの民話「赤いエティン」には、3つ首のエティンが登場している[★1]。

あるところに2人の寡婦がいた。片方には2人、もう一方には1人の息子があった。

息子たちが嫁さんをもらう年になったので、一番年上が旅に

★1：Andrew Lang著“Blue Faery Books”(1889) 収録“The Red Etin”

エティン

出る前に、母親はケーキを焼いてやろうと思い、子供にバケツに水を汲んでくるように命じる。だが、バケツには穴が開いていたため、水は少ししか汲めず、小さなケーキしか焼けなかった。母親は、ケーキの半分を取れば祝福になり、全部取れば呪いになると言ったが、息子は小さなケーキを全部取ってしまう。母親は若者にナイフを示し、このナイフが輝いている時は若者は無事でいて、錆びてしまったら何かあったのだと思うと言った。

男は、羊飼い、豚飼い、山羊飼いの3人から、それぞれ赤いエティンがスコットランド王の娘を誘拐したという歌を聞かされる。

若者が進んでいくと、頭が2つあり、それぞれの頭に4本の角が生えた化け物が現れた。若者は、恐れて逃げ出し、城に跳び込んだ。だが、城の台所にいた老婆は、ここは赤い巨人の城だから危険だと、警告してくれた。だが、城の外には怪物がいる。そこで、老婆に、どこかに隠してくれるよう頼んだ。

だが、エティンは帰った。エティンは3つの頭のある巨人だった。エティンは、「何か隠れているな。人間の臭いがするぞ。生きてようが死んでようが、そいつの心臓はわしの食い物だ」と言って、若者を見つけ出してしまった。そして、若者に3つの謎を問う。

最初は「アイルランドとスコットランドに最初に住んだのは何か」だ。

2番目が、「男が女のために作られたのか、それとも女が男のために作られたのか」だ。

そして最後が、「人と獣、どちらが先に作られた」というものだった)。

似たような物語は他にもあるが、質問が違っているものもある[★2]。最初は「終わりのないものは何だ」で、次が「小さければ小さいほど危険なものは」で、最後が「死んだものが生きたものを運ぶ。これは何だ」である[★3]。

どちらの物語でも、若者は、1つとして答えられず、石の柱にされてしまった。

弟の方も、全く同じことをして、同じ運命をたどってしまう。

もう1人の寡婦の一人息子は、2人が帰ってこないことを聞

★2：Joseph Jacobs著“English Fairy Tales”

★3:答えは、それぞれ「ボウル」、「橋」、「船に人が乗っている」。

いて、なんとか2人を捜し出そうと心に決めた。

彼は、バケツの穴を塞いだので、大きなケーキが焼け、半分だけ取って（半分でも、他の若者の全部より大きかったが）祝福を受けた。

若者が、道を行くと、老婆に出会った。老婆は、若者の持っていたケーキを少しくれないかと頼んだ。若者が快く分けてやったら、老婆は、魔法の杖と、この先何が起こるかを教えてくれた。そして、ぱっと消えてしまった。

若者は、やはり羊飼い、豚飼い、山羊飼いから歌を聴くが、その歌は、一部違っていた。最初の歌は、巨人を倒すべき者はまだ産まれていないというものだったが、この若者は、運命の日が近づいていて、巨人の領地の継承者がやって来るという歌になっていた。

若者は、化け物と出会ったが、魔法の杖で叩くと、あっという間に死んでしまった。

巨人の城でも、やはり隠れていて巨人に見つかったが、彼は3つの謎の答えを、良き妖精から聞いていたのだ★4。そして、謎に答えられたために力を失った巨人の、3つの首を斧で叩き斬ってしまった。

★4：Andrew Langの本には、答えは載っていない。主人公は、正しく答えたとあるだけだ。

そして、王の娘を助け出し、魔法の杖で石にされた人々を元に戻した。

王の娘を救い出した若者は、娘と結婚した。他の2人の若者も、貴族の娘をもらい、みんな幸せに暮らしたという。

創作では、C.S.ルイスの『ナルニア国物語』の『ライオンと魔女』に、世界を冬に閉じ込めている白い魔女の配下に、2つ首の巨人エティンが登場する。

Ogre
オーガ

ヨーロッパの伝説に登場する人喰い鬼。フランス語ではオグルといい、女性形をオグレスという。この怪物が最初に記録されたのはフランスなので、本来はオグルが正しいのだろう。オーガとは、オグルの英語読みだ。

古くからヨーロッパの民話や伝説に登場した、大きな人間型の怪物だ。日本で言うところの「鬼」くらいの意味合いの言葉なので、物語によって様々に異なった描写がされている。

そのサイズは大柄な人間くらいから、人間の何倍もある巨人まで、伝承によって様々に異なる。一般には、恐ろしい人喰いモンスターだが、あまり頭はよくないとされる。このため、人間などの機知によって退治されるという間抜けな役どころを与えられることが多い。場合によっては、変身の力を持つとされることもある。

オグルという名称が最初に現れるのは、『聖杯の騎士パルシヴァル』で、12世紀のことだ[★1]。

この本の第12章「エスカヴァロンの乙女」の中に、以下のような文章がある。

かつて食人鬼の土地であった、ログルの王国全体が、
この槍によって打ち壊される時が来よう。[★2]

★1：フランスの吟遊詩人クレティアン・ド・トロワが1181～1190年にかけて書いた未完の騎士道物語『聖杯の騎士パルシヴァル』。

★2：『フランス中世文学集2』

オーガ

この部分のフランス語原文を見ると判るが、「ログルの王国」“li reaumes de Logres”と韻を踏んで、「食人鬼の土地」“la terre as ogres”が登場する。ログルの王国とは、アーサー王の国の名前で英国を意味する。これに韻を踏む「食人鬼」を意味する言葉が、オグル“ogre”だったのだろう。本書では、オグルは、アーサー王の王国ができる前にブリテン島を支配していた巨人達として描写されている。つまり、「オグルの土地」が「ログルの王国」へと変貌したと、洒落ているわけだ。翻訳で、「食人鬼」に「オグル」とルビを打ってくれれば洒落の部分まで訳せたのだろうが、翻訳当時はファンタジーがこれほど一般的ではなくオグルと書いても理解してもらえなかっただろうから、こういう訳になるのもやむを得ないことだろう。

イタリアでは、よく似た名前の怪物に“orco”というものがある[★3]。こちらは、ラテン語におけるローマの死の神オルクス(Orcus) からきた怪物では無いかと言われる。このオルクスも、髭を生やした恐ろしい巨人なので、オグルに影響を与えているのかも知れない。こちらは、オグルではなくオーク (231ページ参照) の語源ではないかとも言われていたが、トールキンのエッセイを見ると、どうも違うようだ。

★3：ルドヴィーゴ・アリオスト著『狂えるオルランド』（1532）

次に、オグルが印象的な登場をするのは、17世紀のことだ[★4]。ここに登場するオグルは、大きな城を持ち、広い土地を支配している。その上、様々な姿に変身できる力まで持っているのだ。

★4:シャルル・ペロー著『長靴を履いた猫』（1697）

ただ、おだてには弱いらしく、長靴を履いた猫におだてられ、騙されてネズミに変身して見せたため、一瞬で猫に喰われて死んでしまう。

この物語が有名になったため、オグルという人喰い鬼は一般化した。

そして、オグルは、変身能力は持っているものの、本質的には頭のよくない怪物として知られるようになった。

ちなみに、オグルの女性形であるオグレスだが、『ヘンゼルとグレーテル』の魔女として登場するのが、オグレスだ。オグルのように巨人に描かれてはいないが、やはり人喰いの恐ろしい生き物であることに変わりはない。

このような人喰い巨人の伝説は、世界中にある。例えば、アメリカ先住民ショーショーニ人の神話には、ズォアヴィツ(Dzoavits) という人喰い巨人がいて、鳩の子供を掠うが、穴熊の策によって穴に落とされて殺されている。

Goblin
ゴブリン

イギリスの妖精。

悪意のある妖精で、子供のように小さく、容貌は怪異。といっても、その悪意は、世界を滅ぼすような大事ではなく、ミルクを腐らせたり、果実を熟す前に木から落としたりと、小さな悪事にしか向いてはいない。

元々は、アングロ・ノルマン語[★1]におけるgobelinが英語に取り入れられたものといわれる。ラテン語では、gobelinusという。

実は、ゴブリンに、あまり有名な伝承物語は存在しない。日本で子供の躾に、「言うことを聞かないと、鬼に喰われちゃうぞ」とか「人さらいに掠われるぞ」とか言うのと同じように、「ゴブリンに掠われてしまうぞ」と脅す。そのような、民話に出てくる恐ろしいものがゴブリンだ。

そのためか、ラフカディオ・ハーン[★2]は、彼の物語において、日本の鬼をゴブリンと記述している[★3]。

あまり伝承物語を持たないという意味で、手垢がついていな

★1：11～14世紀にかけて、英国を支配したノルマン人（フランスのノルマンディ半島に住んでいた人々）の使ったフランス語系の言語。アングロ・フランス語とも言う。

★2：Patrick Lafcadio Hearn（1850-1904）。イギリス系日本人の新聞記者、作家。イギリスから日本に帰化し、小泉八雲（こいずみやくも）と名前を変える。明治末ごろの、日本紹介者の1人。

★3：ラフカディオ・ハーンは、英語で物語を書いた。我々が読む『怪談』などは、翻訳である。

ゴブリン

いと思われたのか、多くの創作にゴブリンは登場する。

有名なのは、ジョージ・マクドナルド[★4]の『お姫さまとゴブリンの物語』だろう。ここに登場するゴブリンは、伝説の通り、醜く邪悪な生き物だ。

実は、トールキンの『ホビットの冒険』にも、ゴブリンは登場する。後に、『指輪物語』において、オーク（231ページ参照）という名で登場する邪悪な種族だが、この本が書かれたときには、まだオークというオリジナルの名前を作っていなかったため、同じ種族がゴブリンと呼ばれて登場する。後で、この矛盾を解消するため、トールキンは、ゴブリンとは、ホビット語でオークのことを言うのだということにした。

ちなみに、ホブゴブリンは、大きくイメージが異なる。ホブとは、人に好意を持つ善良な妖精の総称なので、ホブゴブリンとは、「善なるゴブリン」という意味なのだ。

だからこそ、シェイクスピアの『夏の夜の夢』において、いたずら者だが気のいい妖精パック（78ページ参照）は「ホブゴブリン」と呼びかけられても、怒っていない。

ホブゴブリンは、善良で、人間の手助けをしてくれる妖精だ。もちろん、妖精なので気まぐれで、機嫌を損ねたら復讐さ

★4：George McDonald（1824-1905）。スコットランドの作家。『お姫さまとゴブリンの物語』や『リリス』といった幻想文学の作家として知られる。

ホブゴブリン

れることに違いはない。だが、妖精に復讐される人間は、ほとんどの場合自業自得なので、仕方がないだろう。

ただし、イギリスでも清教徒（キリスト教の一派で、非常に厳格なプロテスタント）たちは、キリスト教の教えと異なるものを全て邪悪と見なしたため、ホブゴブリンも邪悪な妖精と見る者が多かった。このため、清教徒が広まった17世紀ごろからは、ホブゴブリンを邪悪と見ることもかなり広まった。とはいえ、清教徒はキリスト教徒の中でも多数派ではなく、ホブゴブリンを邪悪と考える人も、それほど多くはなかった。

ホブゴブリンが悪と見なされるようになったのは、ロールプレイングゲームのせいである。最初のファンタジーRPGである『D&D』では、ゴブリンを邪悪な種族として（ここまでは普通だ）、ホブゴブリンをその上位種族でより強力な邪悪な種族とした[★5]。これが大流行したため、続く類似ゲームでもそれはそのまま踏襲された。このため、多くの人が、ホブゴブリン＝悪と信じてしまうようになった。

ゴブリンはともかく、ホブゴブリンが聞いたら、気を悪くすること確実だ。

★5：もしかしたら、デザイナーグループに清教徒、もしくはその影響を受けた人がいたのかもしれない。アメリカには、比較的清教徒が多い。

Múspell
ムスペル巨人

北欧神話に登場する炎の巨人。

北欧神話では、世界は大きく分けて、南・北・中央の3つに分けられる。このうち、南にあるムスペルハイム（火の国）に住む巨人たちを、ムスペルという。炎の巨人とでも言うべき存在だ。

とはいえ、彼らは、北欧神話の中では、あまり活躍しない。しかし、その最後に大きな役割を果たす。というのも、ラグナロク（神々と巨人の最終戦争）の敵方として現れるのが、ムスペル巨人たちなのだ。

ただし、『エッダ』の中に、ムスペルが炎の巨人として振る舞うところは、ほとんど無い。

そもそも、「巫女の予言」では、ムスペルは（暑い南ではなく）東から船に乗って来航する。舵を取るのはロキで、狼をつれているという。

一艘の船が、東からやってくる。ムスペルの軍勢は海原を渡ってくるであろう。そして舵をとるのはロキだ。巨人たちは狼とともに攻め寄せる。ビューレイプトの兄弟も一味に加わっている。[★1]

★1：谷口幸男訳『エッダ』「巫女の予言」

ただ、ムスペルのリーダーであるスルト（Surtr）は火の力を使う者として描かれている。
『散文エッダ（スノリのエッダ）』の「ギュルヴィたぶらかし」

ムスペル巨人

では、ラグナロクの時にナグルファルという名の船が浮かぶ。この船は死者の爪でできている。だから、爪を伸ばしたままで死ぬのは、ラグナロクを近づけるので良くないのだという。そして、この船はフリュムという巨人が舵を取っているという。ここで、「巫女の予言」とは差がある。

この時に、天は裂けて、ムスペルの子らは馬を駆ってくる。そして、ビフレスト（地上からアスガルドへと神々が架けた虹の橋）を渡る。先頭にいるのはスルトという名の巨人で、その前後を火に包まれながら歩んでいるという。そして、スルトの剣は、太陽よりも明るく煌めくというから熱いのかも知れない。ちなみにこの橋は、ムスペルが渡ることで、崩壊してしまう。

そうして、ムスペル巨人たちはヴィーグリーズの野に軍を進める。この地は、「方百ラスタ[★2]」（約15,000平方キロメートル）あるという。ここで、神々と巨人たちの戦いが行われるのだ。多くの神々と怪物が相討ちになった後で、生き残ったスルトは大地の上に火を投げて全世界を焼き尽くす。

★2：100平方ラスタのこと。

このように、ラグナロクの後、世界を滅ぼすのがムスペル巨人であることが、予言されているのだ。

ただし、滅んだ後の世界が再び復活する時、ムスペル巨人たちの姿はない。誰に倒されたわけでもないのに、いつの間にか姿を消している。その行方を知る者はいない。

Jötunn
ヨトゥン巨人

北欧神話に登場する霜の巨人。

アース神族[★1]と対立する存在だが、神話の中では必ずしも敵にはならず、贈り物を贈ったり、婚姻を結んだりすることも多い。

★1：北欧神話に登場するオーディンを主神とする神々。世界の中心にあるアースガルズに住む。予言によれば、ラグナロクが来るとき、巨人たちと戦って滅ぶことになる。

ヨトゥンとは、古ゲルマン語で「食べる」という言葉から来ている。本来の意味は、「飲む」とか「人喰い」といった意味で、「自然の力」、「野生の力」を表すものだったらしい。語源やその姿から考えると、もしかしたら「巨人」という訳よりは「自然神」とか「野生の精霊」といった訳の方が正しいのかも知れない。

ヨトゥンとは巨人一般を指す言葉で、霜の巨人と山の巨人に分けられる。霜の巨人と特定する場合はフリムスルス（Hrimthurs）と言い、山の巨人はベルグリシ（Bergrisi）という。場合によっては、ヨトゥン巨人の中にムスペル巨人（223

ヨトゥン巨人

ページ参照）まで含んでしまうこともある。

巨人と言っても、その姿は必ずしも人間らしくはない。『スキールニルの歌』には、「頭の三つある巨人」という文があり、頭のたくさんある巨人もいる。『ヒュミルの歌』によれば、アース神チュールの祖母は「九百の頭をもっていた」とある。また、山の巨人は、ベルグ（石）リシ（巨人）であって、身体全体が石でできていたりする者までいる。

それどころか、フェンリル狼（258ページ参照）やヨルムンガンドの蛇（187ページ参照）などまで巨人に分類されることがある。他にも狼の姿の巨人とか鷲の姿の巨人などもいることからも、ヨトゥンとは日本語で言う「巨人」とは一致しないことが判るだろう。

それに比べて、巨人の娘は美しいとされ、神々の妻になることも多い。

北欧神話では、世界は、大きく分けて、南・北・中央の3つに分けられる。中央の東側、イヴィング川で人間の住むミズガルズから隔てられているのがヨトゥンヘイム（巨人の国）であり、ここに住むのが、ヨトゥンである。ただし、北のニヴルヘイム★2にもフリムスルスが住んでいるという資料もある。

★2：北欧神話において、人間の住む世界ミズガルズの北、巨大な深淵ギンヌンガガプの向こうにある世界。「霧の国」とか「氷の国」と言われる冷たく凍った死の世界である。

また、彼らは神々の血縁でもある。その証拠に、神々は何度も巨人族と婚姻を行っている。何より、神々の長オーディンですら、その父ボルが巨人の娘ベストラを妻に迎えて産まれた子供なのだ。つまり、アース神族も霜の巨人の血を引いている。

彼らの誕生は、『散文エッダ（スノリのエッダ）』の「ギュルヴィたぶらかし」によれば、始原の巨人ユミルによる。最初に産まれたこの巨人の一方の足がもう一方と交わって頭が6つある息子をこしらえた。また、巨人が寝ていると、汗をかき、左腕の下から男と女が現れた。この3人から産まれた一族が霜の巨人である。

だが、オーディンたちがユミルを殺したとき、その血が大量に流れ出した。巨人たちは、その血に溺れて、ベルゲルミルとその妻を除いて、全て溺れ死んだ。今いるヨトゥン巨人は、全てベルゲルミルの子孫である。

山の巨人の最も有名なエピソードは、ミズガルズの城壁だろう。「ギュルヴィたぶらかし」42章にある話だ。

あるとき、神々の元に鍛冶屋が現れて、山の巨人や霜の巨人が攻めてきても大丈夫な城壁を1年半で造りましょうと言った。その代わり、報酬に女神フレイヤ、さらに太陽と月とをいただきたいという。

城壁は欲しいが、報酬が高すぎる。そこで、ロキの提案を入れて、神々は一冬で工事を終えることができたなら報酬を払う。もしわずかでも工事の残りがあったなら、報酬無しという条件をつけた。

そこで鍛冶屋は、自分の馬を手伝わせて良いという譲歩を受けて、仕事を始めた。ところが、この馬が凄い働きをし、鍛冶屋の倍の荷物を運ぶ。このままでは、冬のうちに城壁が完成しそうになった。

そこで、神々は、こんな契約を結んだロキに、責任を取れと要求した。そこで、ロキは雌馬に変身して、馬を誘惑した。すると、馬はロキの化けた雌馬を追いかけて、一晩中駆け回っていた。こうして、工事は間に合わなくなった。

間に合わなくなったと知ると、鍛冶屋は巨人の怒りに燃えた。鍛冶屋と見えたのは山の巨人だったのだ。

そこで、神々も、ならば契約を守る必要も無いと、トールを呼んで巨人の頭蓋骨を叩き割ってもらった。

だが、このときロキは雌馬として妊娠しており、馬を出産した。オーディンの乗馬である8本足の馬スレイプニルは、こうして生まれたのだ。

Valkyrie

ヴァルキューレ

北欧神話に登場する神の使いたる女性たち。古ノルド語(『エッダ』が書かれた言語)ではヴァルキュリア(Valkyria)といい、英語ではヴァルキリー(Valkyrie)という。ちなみに、ワルキューレという言葉もよく使うが、これはドイツ語の“Walküre”をローマ字風に読んだもので、ドイツ語の発音はヴァルキューレである。日本では、「戦乙女」などと呼ばれる。

オーディンの命令で戦死した勇者をヴァルハラ[★1]の宮殿に迎

★1:北欧神話の主神オーディンの宮殿で、戦死した勇者を集め、戦と饗宴が行われている。これは、ラグナロクの時に、神々の側に立って戦う戦士を集めるためである。

え入れるのが、その主な仕事である[★2]。また、ヴァルハラの宮殿で、オーディンや勇者たちに、酒を運びもてなすのも、彼女たちの役目である[★3]。その姿は、羽根のついた兜と鎧を身につけ、槍と盾（剣と盾の場合もある）を持った女戦士で、空飛ぶ馬に乗っている。だが、それ以外にも、日本の天女伝説などと同様に、人間の恋人になったり、地上に降りてそこで冒険をしたりする場合もある。

　また、彼女たちは、勇者に知恵を与えることもある。『シグルドリーヴァの歌』では、オーディンの命令に逆らって、負けるべき側を勝たせてしまったヴァルキューレのシグルドリーヴァが、眠りの刑に処せられている。それを目覚めさせてやったのが、英雄シグルズだ。その礼として、シグルドリーヴァは、シグルズにいくつもの魔法のルーネ[★4]と、11個の忠告を与えている。

★2：『韻文エッダ（古エッダ）』「巫女の予言」

★3：『韻文エッダ（古エッダ）』「グリームニルの歌」

★4：ルーンとも言う。北欧で、アルファベット以前に使われていた文字で、魔法の力があるという。

ヴァルキューレ

これによく似た話が『ヴォルスンガ・サガ』にもある。こちらに登場するのは、ブリュンヒルデというヴァルキューレだ。彼女も、オーディンの命令に逆らい戦いの時に負けるべき側を勝たせてしまう。その罰として、地上に降りて、「恐るるを知らぬ」男と結婚させられることになる。そして、それまでは燃える炎の中で眠り続けることになる。結局彼女は、恐るるを知らぬ勇士ジークフリードの妻となる。

また、勇士であるならば、子を授けることもある。『ヴォルスンガ・サガ』では、レリルという王が、子ができずに悩み、神々に祈ったところ、オーディンはフリョーズというヴァルキューレにリンゴを1つ持たせて王に与えた。王が妃にリンゴを食べさせると、妃は身ごもった。だが、何年経っても子が生まれない。そこで、妃は切開して子供を取り出すように命じ、自らの命と引き替えに子をなした。こうして生まれたのが、ヴォルスング王だ。後に、フリョーズは、ヴォルスング王の妃になる。

彼女は、オーディンの使いであり、本来ならば、歓迎されるべきものだが、やはり死をもたらすところから、嫌悪される場合もある。

ヴァルキューレよ、お前は、万物の父のところでも、災いを生む恐ろしい手に負えぬ魔女だった。実のない女よ。お前のためにヴァルハラの戦士たちは戦い合わねばならなかったのだ。[★5]

★5：『フルディング殺しのヘルギの歌1』

彼女たちの名前は、「巫女の予言」では、スクルド、スケグル、グン、ヒルド、ゲンドゥル、ゲイススケグルの6人が挙げられている。また、「グリームニルの歌」では、フリスト、ミスト、スケッギョルド、スケグル、ヒルド、スルーズ、フレック、ヘルフェヨトゥル、ゲル、ゲイレルル、ランドグリーズ、ラーズグリーズ、ギンレイヴの13人の名が挙がっている。他にも、多くの名前が残されている。

人間の女性がヴァルキューレになる例もある。『フルディング殺しのヘルギの歌2』では、ヘグニ王の娘シグルーンはヴァルキューレになったとある。

Orc

オーク

トールキンの『指輪物語』に登場する、人間型の怪物。オークとは人間の言葉であり、オークたち自身は自分たちのことを「ウルク（Uruk）」と呼んだ。また、エルフ（74ページ参照）は、それに習ってオークを「イルフ（Yrch）」と呼んだ。また、ホビット（小人の種族）は、「ゴブリン（221ページ参照）」と呼んだ。

トールキンの世界の唯一神エルを裏切ったメルコールは、エ

オーク

ルが作った美しい種族エルフを捕らえ、拷問によってその性質を歪めた。
　できあがった種族は、背は低く（本来のエルフは人間よりも背が高い種族だったが、できあがったオークは、人間よりも背が低くなった）、腰が曲がり、足は弓なりに反り、手だけが猿のように長い、非常に醜い種族だった。肌の色は黒く、歯は黄色く、鼻は豚のように平らだった。血まで黒く、冷たかった。
　また、その心も歪められており、他者の苦痛こそが彼らの喜びであった。偉い者には媚びへつらい、弱い者には暴力をふるう。
　また、彼らは大量に作られるため、戦場にいくらでも投入できるという利点がある。さらに、オークは、残酷かつ勇猛な戦士であった（さすがに、元のエルフに比べれば劣っていたが）。
　だが、オークは大きな欠点を持っていた。それは、太陽の下に出ると、弱体化し、終いには死んでしまうという点だ。このため、太陽が存在する時代、オークが世界を席巻することはなかった。
　だが、太陽の第3紀の2475年、オークの新たな種族が産まれた。メルコールの副官であったサウロンが、オークを改良し、ウルク＝ハイ（Uruk-hai）と呼ばれる種族を作ったのだ。ちなみに、ウルクとは、オークたちの言葉で「オーク」を意味し、ハイとは「大きな」を意味するので、「大きなオーク」といた意味になる。ウルク＝ハイを作ったことは、サウロンの最大の悪行の1つとされる。
　ウルク＝ハイは、人間と同じくらい背が高く、手足はまっすぐで動かしやすく、力も強かった。そして、なによりも、太陽の光を恐れないという点で、画期的だった。
　彼らは、黒い鎧を着て、モルドールの赤い目を描いた盾を持ち、長剣や槍で武装して、モルドール軍の中核をなした。また、元のオークの集団に首領として加わることもあった。
　ウルク＝ハイを中核とするモルドール軍は、ゴンドールに戦いを仕掛け、その最大の都オスギリアスを廃墟にした。だが、彼らも首領であるサウロンが倒された時に、組織だった行動ができなくなって、人間とエルフの連合軍に敗退した。
　ちなみに、トールキンのエッセイによれば、オークとは、エルフ語で「悪霊」とか「ボギー（57ページ参照）」といった意味だという。その元ネタとしては、『ベーオウルフ』に登場する怪物グレンデル（168ページ参照）の種族名“Orcneas”から取ったとされる。ただし、怪物としての性質などは参考にせず、その言葉の響きだけを利用したという。

面白いことに、同じトールキンの作である『ホビットの冒険』には、オークが出てこない。代わりに、ゴブリンが登場する。『ホビットの冒険』執筆時には『指輪物語』の構想はまだ無く、敵にオリジナルの種族名を付けることもまだ考えていなかったためだ。後になって、この整合性を取るために、オークのことをホビット語では「ゴブリン」と言うことにして、辻褄を合わせた。

Garmr
ガルム

北欧神話に登場する犬の怪物。おそらく「怒れる（gramr）」から来た言葉だ。

胸元を血で濡らした巨大な犬で、4つの目を持つとも言われる。

ガルムに関する情報のほとんどは、『エッダ』から得られる。

まず、「ガルムは犬のうち、最高のものだ★1」と書かれているから、強大な犬であることは確かだ。

現在のところ、ヘルヘイム（死者の国）の入り口であるグニパヘリルの洞窟につながれており、死者の国に生者が侵入しないように、そして死者が逃げ出して生者の国に戻らないように、見張っている。その姿と役目から、ギリシャ神話のケルベロス（235ページ参照）に相当する。

だが、ガルムはケルベロスなどと比べものにならないほど強い。なぜなら、現在のところは、鎖でつながれて地獄の番犬という役目を果たしているものの、本来ガルムは、神々の敵なのだ。

また、ラグナロク（神々と巨人の最終戦争）の直前、ガルムが逃げ出すことが予言されている。

★1：谷口幸男訳『エッダ』「グリームニルの歌」

ガルムがグニパヘリルの前で、はげしく吠えた。
鎖は引きちぎられ、狼は走り出す。[★2]

★2：谷口幸男訳『エッダ』「巫女の予言」

このように、ガルムが吠えるのは、ラグナロクの始まりを告げる声なのだ。

また、ガルムはただの怪物ではない。「これは最も恐るべき怪物だ。犬はチュールに戦を挑み、互いに相討ちとなる[★3]」とあるくらいで、ガルムは単なる番犬ではなく、神と対等の強さを持った怪物なのだ。

★3：谷口幸男訳『エッダ』「ギュルヴィたぶらかし」

とはいえ、さすがに神々の王たるオーディンには勝てないらしい。オーディンがガルムに会うくだりでは、格下に描写されている。

彼は馬でニヴルヘルまで下り、ヘルから出てきた一頭の犬に出あった。

ガルム

犬は胸のあたりを血にそめ、魔法の歌の父（オーディン）のまわりを長いこと吠えまわった。 ★4

★4：谷口幸男訳『エッダ』「バルドルの夢」

　このように、ガルムは、オーディンに吠えることはできたものの、その足を止めることはできなかった。

Cerberus

ケルベロス

　ギリシャ神話に登場する冥界の番犬。英語では、サーベラスと発音される。
　現存する最古のギリシャ神話である『神統記』（紀元前8世紀ごろの作品だ）によれば、ケルベロスはテュポエウス（テュポーン）（102ページ参照）とエキドナ（96ページ参照）の子である。

つぎに、争いもならず名を呼ぶことも憚られる
生肉喰うケルベロスを産んだ　これは冥府《ハデス》の
*　青銅の声もつ番犬で*
五十の首をもち　残忍で　手のつけられぬものである ★1

★1：ヘシオドス著『神統記』第310～312行

青銅の声とはどのようなものかは判らないが、もしかしたら青銅で作った銅鑼のような音なのかも知れない。注意すべきは、50の首を持つというところで、一般に想像される3つ首ではない。2つ首の牧羊犬オルトスは、ケルベロスの兄にあたるとされる。
　また、このような記述もある。

すなわち　強いハデスと畏《かしこ》いペルセポネの
*　さんざめく館が建っている*
そして　怖るべき犬（ケルベロス）が
*　館の前で張り番をしているのだ*
残忍なやつで　忌わしい企みをもつ。
すなわち　館の内に入る者には

ひとしく　尾と両の耳で　甘えるが
さて　二度とふたたび　出て行くことを赦さないのだ
見張りをつづけ　門から出て行こうとする者を捕らえたら
容赦なく　貪り喰うのである[★2]

★2：ヘシオドス著『神統記』第768行

現在のケルベロスと少し違うのは、『神統記』のケルベロスは、ハデスとペルセポネの館の前で張り番をしているところだ。当時の人々は、死者はハデスの館にいるものと考えていたからだろう。後に冥界がもっと大きくなった時、冥界の入り口で張り番をしているという風に変化したのだと思われる。

そして、もっと面白いのは、ケルベロスは館に入ろうとする者には尾と耳で甘えるが、出て行くことは許さないとあることだ。50の首のケルベロスが甘える様というのはなかなか想像しがたいものがある。

だが、紀元1〜2世紀のアポロドーロスの『ギリシア神話』（ただし、内容は紀元前の古代ギリシャ神話を受けたものだとされる）では、3つの犬の首、竜の尾（これは、竜の尻尾があるという意味ではなく、尾が竜の頭になっているという意味で

ケルベロス

ある)、背にはあらゆる種類の蛇の頭を持つ。犬の首こそ3つに減って、現在我々の知るケルベロスに近づいているが、竜と蛇の頭が多数ある怪物となっている。

では、現在広く知られる3つ首のケルベロスは、どこに登場したのか。ほぼ同時代の作品だが、紀元2世紀に書かれたローマ人ヒュギーヌスの『ギリシャ神話集』では、ケルベロスは3つの首を持つ犬となり、現在の姿になっている。

だが、どのような姿であっても、その役目は等しく、冥界の番犬である。冥界の入り口にあって、死者以外の者が立ち入らないように、また死者が冥界から逃げ出さないように、見張っている。

とはいえ、ケルベロスは、常に門番に成功していたわけではない。

ギリシャの英雄ヘラクレスは、その12の難業の最後に、地獄の番犬ケルベロスを連れてこいと命じられた。苦労して冥界へと赴いたヘラクレスは、プルートーン[★3](ハデス)にケルベロスを連れて行くことを願った。プルートーンは武器を使わないでケルベロスを屈服させたなら許可しようと答えた。

ヘラクレスは、胸当てを身につけ、獅子の皮で身体を覆い、ケルベロスに対峙した(おそらく、毒蛇の首に噛まれることを避けたのだろう)。そして、両腕で3つの犬の首を締め付け、尾の竜の首に噛まれたけれども我慢して、ケルベロスが根を上げるまで離さなかった。

こうして、ケルベロスは地上へと連れて行かれたが、それを命じたはずのエウリュステウスは、その姿を見て恐れをなし、即座にケルベロスは冥界へと戻された。

だが、ケルベロスは、常に力で屈服させるものではない。

ギリシャ最高の音楽家オルペウスは、亡くなった妻に会うために、冥界へと向かった。当然のことながら、オルペウスにはヘラクレスのような武勇はない。だが、彼には神々をも魅了する音楽の才があった。

オルペウスは、ケルベロスの前で音楽を演奏し、その音色に聞き入ったケルベロスは、そのまま気持ちよく眠りについた。こうして、オルペウスは無事に冥界へと入ることができた。怪物ではあるが、ケルベロスは芸術を解する力を持っていたと言えよう。

★3：ローマ神話の冥界の神。ギリシャ神話のハデスのこと。ローマ神話は、大半がギリシャ神話からの流用になっている。

Wight/Wraith

ワイト／レイス

トールキンの創造した死霊の怪物。

辞書的には、ワイトとは、「人間」という意味の言葉だ。語源としては、古英語のウィヒト“Wiht”から来た言葉で、こちらは「もの」とか「生物」と行った意味がある。

どちらにしても、死霊のような意味合いは全くなかった。

それでは、いつごろからワイトが死霊になったのか。これが大変新しいことなのだ。

トールキンが『指輪物語』（1954）を書いた時、塚山に現れる恐ろしい悪霊を「塚人」と名付けた。これは、英語による原版では、“Barrow-wight”と書かれている。“barrow”は「塚」、「古墳」であり、“wight”は「人間」であるので、「塚人」とは、確かにその通りの訳であった。

彼らの本体は、アングマールやルダウア（サウロンの支配下にある邪悪な者の国）の死霊である。その霊が、ドゥーネダイ

ワイトとレイス

ン[★1]（ヌーメノール人）の死体に入り込んで、その身体を動かしている。彼らは、生きている者を憎んでおり、古墳に引きずり込んで殺してしまう。青白い目でにらまれた者は、身体が硬直して動かなくなる。その身体は死体だけあって、氷のように冷たい。

この怪物から、ワイトという怪物が、乾ききった死体が動き回るものになった。つまり、ワイトは、20世紀後半になって産まれた怪物なのだ。

それに似ているが、レイスはもっと古い。16世紀のスコットランドで「幽霊」を意味する言葉がレイスである。“A New English Dictionary[★2]”によれば、1513年に司教のギャヴィン・ダグラスが『アエネーイス』を英語訳したときに、「幽霊」の意味で使用したことが記録されている。また、18世紀ごろには、水の精霊の意味で使われることもあった。

その言葉を、トールキンが『指輪物語』の中で「指輪の幽鬼(Ringwraith)」として使用したために、有名になった。

本来のレイスは幽霊であり実体を持たなかった。

それに対し、トールキンのレイスは、「ナズグル（Nazgul)」とか「黒の乗手（Black Rider)」とも呼ばれる。それらは、かつてはサウロンから力の指輪をもらった人間だった。だが、指輪のおかげで永遠とも言える長い時を生き、その間にだんだんと姿が薄れていった。現在では、サウロンに仕えるだけの奴隷と化している。にもかかわらず、それらは頭巾の付いたマントや鎧を着用している。だが、死んだ後で見てみると、鎧の中は空っぽなのだ。このため、実体があるのか無いのかは、よく判らない。

ただ、鎧の中を見た者は、その中に鎧を支える何物も入っておらず、にもかかわらず邪悪な瞳の輝きだけを見ることになるというから、やはり実体は存在しなくなっているのかも知れない。

ナズグルの首領は、人間の男の手によって殺されることはない運命にあったためか、ほぼ無敵であった。戦いの場に無造作に現れるが、誰もナズグルの首領を殺すことはできなかった。だが、その油断が身を滅ぼす元になる。彼は、ホビットのメリーの手助けを受けて、ロリヒムの王女エオウィンの手によって殺されている。どちらも、人間の男ではなかったからだ。

★1：『指輪物語』で、西方にあるヌーメノールという大陸から中つ国に渡ってきた民族。通常の人間よりも、長身で長命、さらに西方から高い技術を携えて現れたため、中つ国で新たな王国を築いた。

★2：世界最大の英語辞書『オックスフォード英語辞典』（The Oxford English Dictionary）の旧称。

残る8人のナズグルたちも、滅びの山から噴き出した溶岩などによって、焼かれて、燃え縮れて消えてしまった。
このため、剣や炎で殺せるものなのは確かなようだ。

Elemental

四大精霊

かつて、古代ギリシャの哲学者エンペドクレスは、土（地）・水・火・空気（風）を四大元素と呼び、あらゆる物質はこの四大元素が適当な配分で混じり合った物だと主張した。これを、大哲学者アリストテレスが紹介したため、広く信じられるようになった。
この四大元素説は、元素説としては誤りだったが、物質の4態（固体・液体・気体の物質の3態に、第4の形態と呼ばれるプラズマを加えたもの）と考えると、なかなか慧眼と言えなくもない。
この四大元素説は、ヨーロッパでは中世の暗黒時代に知性の衰退によって忘れられたが、アラブに伝わってそこで保存され

土の精霊ノーム

た。そして、中世の終わる頃に再びヨーロッパに再伝承された。

16世紀の医師・錬金術師パラケルススも、その影響を受けた1人である。そして、彼は、その著書『妖精の書』において、彼独自の説として、四大元素にはそれぞれ対応する精霊がいると主張した。これが四大精霊である。

まず、土の精霊はノーム（Gnome)。身長10センチくらいの小人で、三角帽をかぶっていることが多い。地下の洞窟に住んでいることが多く、外見は老人のようだ。知性も高く、ドワーフ（211ページ参照）に似て高度な工芸品を作る能力がある。“gnome”という言葉は、ラテン語の“gnomus”が英語になったもので、俗説ではギリシャ語のgnosis（知恵）と関連づけられる。だが、実際には、同じギリシャ語のgenomos（地下に棲むもの）から来た言葉だと言われている。

水の精霊は、ウンディーネ（Undine)。ラテン語の“unda”（波）から来た言葉だ。ほとんどの場合、美しい女性の姿をしている。パラケルススの著書によれば、彼女たちには魂がない。しかし、それでも人間の男性と恋に落ちることができ、結婚すれば魂を得ることができる。だが、彼女たちには3つの制約がつきまとう。

火の精霊サラマンダー

水の精霊ウンディーネ

風の精霊シルフ

1. 水辺で夫に罵られた場合、水中に戻らなければならない。
2. 夫が浮気をした場合、例え水中に戻った後でも、夫を殺さなければならない。
3. 水中に戻ったウンディーネは、魂を失う。

火の精霊は、サラマンダー（Sakamander）（243ページ参照）という。元々、ヨーロッパにいたサンショウウオが、火に耐性を持っていた（と人間が考えた）ので、そこから火に耐えるトカゲ型の不思議な生き物サラマンダーが生まれた。

だが、これをパラケルススは、火に耐えるのではなく、火の精霊としてサラマンダーを解釈しなおした。それによると、サラマンダーは、火の中に棲む精霊で、火そのものを食べて生きている。

だが、近代魔術師たちは、サラマンダーを気まぐれで情熱的な女性として理解した。そして人間と結婚して子供を産むこともできるとした。

風の精霊は、シルフ（Sylph）。空気の元素を持つ目に見えない精霊だ。シルフィード（Sylphid）というときもある。この言葉は、パラケルススの造語であり、それ以前は存在しなかった。このため、シルフの神話というものは、存在しない。現在存在するのは、パラケルスス以降に作られたものだ。

特に、アレクサンダー・ポープの詩『髪盗人[★1]』に登場するシルフが有名だが、ポープは、パロディとしてシルフを登場させたのであって、決してシルフの存在を信じて詩を書いたわけではない。にもかかわらず、ポープのシルフの説明を、そのまま受け入れてしまう人が多いのは問題と言えよう。

★1：ヒロインであるベリンダの守護者。ベリンダの髪が切られようとするのを防ごうと、はさみの前に立ちふさがるが、何せ空気なので髪と一緒に真っ二つに切られた（ただし、空気なのですぐにつながった）。無力な空気の精として描かれている。

Salamander

サラマンダー

イモリの一種で、ヨーロッパ原産の実在する生き物。だが、同時に伝説の炎の怪物でもある。

実在のサラマンダーは、黒地に鮮やかな黄色い斑点のあるトカゲ型の生き物だ。両生類なので、表皮は水っぽくネバネバしている。そして、皮膚から有毒の分泌物を出す。

このような生き物がなぜ火と結びつけられたかというと、体温が低く、身体が水で覆われているため、火に耐性があると考えられたからだ。

実際、家の外に置いてあった薪の隙間に入っていたサラマンダーが、薪に火を付けられてからしばらくして、のこのこと火の中から現れる姿を見たヨーロッパ人は、サラマンダーが火に耐性を持つと信じた。

アリストテレスも、サラマンダーを「火の中でも燃えない動物が存在する」として紹介している。さらに、「火の中を歩いて、火を消す」とも[★1]。

★1:アリストテレス著『動物誌』第5巻第19章

サラマンダー

つまり、古代ギリシャにおけるサラマンダーは、「火に耐える」そして「火を打ち消す」生き物だったのだ。

中世を通じて、サラマンダーといえは、このアリストテレスのサラマンダーのことを意味した。

このため、火を恐れる人々は、サラマンダーの力を手に入れたいと考えるようになった。そして、現れたのが、サラマンダーの皮で作った布と称する品物だ。実際には、石綿（いわゆるアスベスト）の布だったらしい。確かに、火にかけても燃えない繊維なので、人々がサラマンダーの皮と信じても不思議はなかった。現在では、中皮腫の原因として使用禁止になっているが、当時の人々にとっては神秘の宝だったと思われる。

ルネサンスごろから、この考え方は少しずつ変わっていったらしい。火に耐えるのではなく、火を取り入れる生き物へと変化していった。

レオナルド・ダ・ヴィンチは、サラマンダーについて、「この生物は消化器を持っていない。よって、食事を取らず、火から栄養を得る。炎の中で、サラマンダーはその鱗を新しくするのだ」と書いている。

近世16世紀になって、これらを受けてサラマンダーの解釈を大きく変えたのが、医者として、また錬金術師として高名なパラケルススである。彼は、四元論を唱え、その著書『妖精の書』で、世界は地水火風の4つの元素からなり、その元素それぞれに対応する精霊がいると書いた。

そして、その中で火の精霊が、サラマンダーである。ここで、サラマンダーは火を征するものから、火の精髄へと、大きく立ち位置を変えた。

では、火の精霊たるサラマンダーは、どのようなものなのか。

姿は、炎に包まれたトカゲで、炎の中でも全く傷つかないどころか、火の中で元気になる。だから、火山の火口のような、常に火のあるところに棲む。エサは炎そのもので、炎を吹くこともできる。

また、錬金術の世界では、賢者の石★2を作るためには、サラマンダーの火に材料をくべる必要があるとパラケルススが書いたために、非常に重要な存在となっている。

だが、近代になって、サラマンダーはさらなる変化を遂げ

★2：錬金術において、鉛を金に変えることのできる触媒ともなる石。人間を不老不死にもできるという。

る。人間型のサラマンダーの登場だ。

近代魔術の世界では、サラマンダーは人間の姿をしている。特に、怒りっぽい女性として表現されることが多い。20世紀最大の魔人と言われる魔術師アレイスター・クロウリーは、サラマンダーをこのような人間型の精霊として描き出している。

Niðhöggr
ニーズヘグ

北欧神話に登場する蛇の怪物。日本語では、ニーズヘッグとかニーズホッグ、ニドヘグなどと書かれることもある。ニーズヘグとは「怒りに燃えてうずくまる者」という意味である。

その姿は、翼ある黒い蛇である。

ニーズヘグは、ナーストレンド（死者の岸）と呼ばれる死後の世界で、死者の血をすすっている★1。

別の伝承では、世界樹ユグドラシルには3本の根がある★2。1本はアースガルズ（アース神族の住む世界）に、1本はミズガルズ（人間の住む世界）に、もう1本はニヴルヘイム（氷の世界）に伸びる。このニヴルヘイムに伸びる根の先には、フヴェルゲルミルの泉がある。だが、この泉にニーズヘグが棲んでいて、ユグドラシルの根をかじっている。これによってユグドラシルは生命力を失っている。

鷲の姿をした巨人フレースヴェルグとニーズヘグは、ユグドラシルの木に棲む栗鼠ラタトスクの伝言によって言葉を伝え合う★3。ただ、どんな言葉を伝えあっているのかは判らない。一説には、互いに罵りあっているのだとも言う。

ニーズヘグは、ラグナロク（神々と巨人の最終戦争）の時にも重要な役目がある。

下のニザフィヨルから黒い飛龍、閃光をはなつ蛇
ニーズヘグが、舞い上り、翼に死者をのせて、
野の上を飛ぶが、やがて沈むであろう。★4

★1：『韻文エッダ（古エッダ）』「巫女の予言」

★2：『散文エッダ（スノリのエッダ）』

★3：『韻文エッダ（古エッダ）』「グリームニルの歌」

★4：谷口幸男訳『エッダ』「巫女の予言」

ニーズヘグ

ラグナロクの後で、「黒い飛龍、閃光をはなつ蛇」であるニーズヘグは、翼に死者を乗せて飛ぶという。これは、ラグナロクの戦いに参加するという意味ではない。ラグナロクが終わり、新たな世界が現れてからのことだ。このことから、ニーズヘグは、ラグナロクを生き延びると見られている。

しかし、この詩の最後に、「沈むであろう」とあることから、ここでニーズヘグは死ぬと見て良いのかも知れない。

Mephistopheles
メフィストフェレス

ドイツの民間伝承に現れる悪魔。どこから現れたのか、その出典は判っていない。

その姿は、特に民間伝承に残るファウストと共に語られる。

ゲオルグ・ファウストは、16世紀ドイツの錬金術師にして占星術師だ。錬金術の実験中に爆発に巻き込まれバラバラになって死んだ。この死に様が、後のファウスト伝説の元になった

メフィストフェレス

という。

そして、民衆伝承に登場するファウスト博士（もしくはヨハン・ファウスト）が誕生する。そして、彼の生涯をおもしろおかしく書いた読み物が多数出版された。もちろん、読み物だけでなく、語り物も多数発生した。ドイツ国外にも、その名は広まっていった。

それらによれば、ファウストは地獄からサタンを召還し、悪魔との契約を結んだ。その契約とは、肉体と魂と引き替えに、サタンの従者メフィストフェレスを僕とするものだ。ファウストはメフィストフェレスの力で、あらゆる美食を味わい、気に入った女を抱き、禁断の知識を得て、錬金術で黄金を作ったりした。だが、悪魔との契約期限の24年が過ぎて、地獄へ連れて行かれたのだという。

16世紀後半の英国の劇作家シェイクスピアも、ファウスト伝説とメフィストフェレスを知っていた。1602年の『ウインザーの陽気な女房たち』では、3人の詐欺師を「三人のファウスト博士だ」と罵っているし、相手をあざけって「どうした、メフォストフィリウス★1」などと呼びかける台詞もある。

コラン・ド・プランシーの『地獄の辞典』（1818）では、冷

★1：発音がおかしいのは、わざとである。正しく発音しないことで、発言者が言葉を間違える（もしくは訛っている）田舎者であることを示している。

酷な笑みを浮かべる悪魔である。美徳のある人をからかい、才能ある人を侮辱し、栄光に輝く人を中傷するという、人間の良いところを貶める底意地の悪い悪魔だ。サタン以後最も恐るべき地獄の指導者である。

ゲーテの『ファウスト』(1833) は、このファウスト伝説を元にして書かれた戯曲だ。なんと、神とメフィストフェレスが賭をする。メフィストフェレスがファウストを堕落させ、神はファウストが堕落しないことに賭けるというものだ。

この作品では、ファウストは死後の魂と引き替えに、この世のあらゆる体験を得ることを約束させる。そして、多くの遍歴の後に死ぬが、恋人グレートヒェンの祈りのおかげで、天に召される。

日本では、森鷗外訳の『ファウスト』が有名だが、他にも多くの翻訳がある。

Baphomet
バフォメット

キリスト教における最も有名な悪魔の1つ。

最も古くは、11世紀末から12世紀ごろに、綴りが違うものの“Bafomet”という言葉が使われている。この時は、イスラム教の創始者であるムハンマド（ヨーロッパ圏ではマホメットと呼ばれた）の変形もしくは誤用だった。キリスト教徒にとって、ムハンマドの後継者たちは大敵ではあったものの、まだバフォメットは悪魔ではない。

考えてみれば当たり前の話で、敵としてであろうとも何らかの交渉があれば、相手が悪魔でも鬼でもなく人間であることは判る。十字軍というイスラム教徒にとって迷惑以外の何物でもない事件であったとしても、それはキリスト教徒とイスラム教徒が対等な立場（なにしろ戦争しているのだから）で出会う場でもあったのだ。実際、十字軍の時代に、遅れたヨーロッパの文明は、進んだアラブの文明を取り入れて、大いに発展を遂げた。

バフォメット

だが十字軍が終わり、イスラムとの交渉が無くなると、人々は、イスラムを悪魔か何かのように考え始めるようになる。

14世紀になって、フランス王フィリップ4世は、テンプル騎士団総長ジャック・ド・モレー、およびフランス在住の幹部たちを一斉に逮捕した。そして、彼らを異端審問と称して拷問にかけた。その上で、当時は自分の傀儡であったローマ教皇[★1]に命じてテンプル騎士団の解散命令を出させた。その目的は、国家内にあって国家を凌駕するほどの財力を持つ組織を嫌ったからだとも、その財産を没収するためだとも言われる。

その時に、テンプル騎士団が異端である証拠として持ち出されたのが、バフォメットである。テンプル騎士団は、キリスト教騎士団であるにも関わらず、その内部では悪魔のバフォメットを崇拝しているのだという名目だ。

バフォメットとは、女性の身体に、男女1対の首が生えている悪魔だとされる。だが、拷問で無理矢理言わせただけあって、手足の数などは、証言ごとに異なる。

★1：当時、教皇はローマではなく、フランスのアヴィニョンに移されていた。これを「アヴィニョン捕囚」という。

実際、後世の研究によっても、テンプル騎士団の規約その他の文書類を全てチェックしても、“Baphomet”という単語は一度として出てきたことがない。

後世になると、フリーメーソンとテンプル騎士団を結びつけて、「テンプルメーソン」と呼び、フリーメーソンが悪魔崇拝を行っているという誹謗にも使われるようになった。

近代になって、バフォメットの姿は、再び大きく変わる。

19世紀フランスの魔術師エリファス・レヴィ[★2]は、「サバトの山羊」と呼ばれる、魔女の行うサバトで崇拝されるバフォメットを描き出した[★3]。

このバフォメットは、女の胸、獣の足、鳥の羽根、山羊の頭で、白と黒の三日月を両手で指さしている。これが、最も有名な「メンデスのバフォメット」である。

さらに、魔術師アレイスター・クロウリーは、バフォメットをギリシャの沈黙の神ハルポクラテース[★4]と同一視した。

レヴィの著作の挿し絵が、あまりに悪魔らしかったので、バフォメットは、サタンと同一視されるようになった。

そして、レヴィ以降のタロ一カードの悪魔は、バフォメットの絵にそっくりに描かれるようになった。

さらには、1966年に組織された悪魔教会[★5]では、そのマークに「バフォメットの印」が使われるなど、完全に悪魔の名前として定着している。

★2:Eliphas Levi（1810-1875)。本名アルフォンス・ルイ・コンスタンチン。錬金術、カバラ、占星術などを研究し、『高等魔術の教理と祭儀』という本を執筆。近代西洋魔術に大きな影響を残した。

★3：エリファス・レヴィ著『高等魔術の教理と祭儀』（1854）

★4：ハルポクラテースは、エジプトのホルス神がギリシャ神話に取り入れられたもので、指をくわえた子供の姿で描かれることから、沈黙の神となった。

★5：アントン・ラヴェイによって設立された教団で、人の肉欲を肯定し、自己の欲望に正直に生きることを主張するもの。

Eurynome
エウリノーム

コラン・ド・プランシーの『地獄の辞典』に登場する上級魔神。

同書によれば、死の王であり、傷だらけの醜い身体で大きな長い歯がある。そして、狐の皮を身にまとっている。

だが、このプランシーの悪魔にも、原典がある。

それは、ギリシャ神話に登場する河の女神エウリュノメーだ。

エウリノーム

彼女はオケアノスとテテュス[★1]の娘だ。つまり、3,000人もいる河の女神オケアニスたちの1人だということだ。

だが、これだけでは悪魔に変化するには、印象が薄いように見える。

古代ギリシャにおける密議宗教の1つにオルペウス教（オルフェウス教とも言う）がある。これは、冥界に行って戻ってきた伝説の詩人オルペウスを開祖とする宗教だ。古代ギリシャとしては珍しく、死後の世界について詳しく考える宗教だった。

このオルペウス教において、エウリュノメーはオビーオーンという蛇神と共に、クロノス（ギリシャ神話では最初の主神）以前のオリュンポスを支配していたとされる。だが、クロノスによって、打ち破られ、タルタロス（ギリシャ神話の地獄）に放り込まれた。

神に敗北し地獄へ行ったというところから、悪魔になったのだと思われる。

とはいえ、エウリュノメーは、通常のギリシャ神話では、それほど変わった立場にはない。

テティスとともに、落ちてきた鍛冶の神ヘパイストスを保護したとされる女神だ[★2]。

★1：天空神ウラヌスと地母神ガイアの娘。

★2：ホメロス著『イリアス』

★3：パウサニアス著『ギリシャ案内記』第8巻

また、エウリュノメーはフィガリア（古代ギリシャの都市）で信仰されている女神で、アルテミスの別名だとされる[★3]。年に1度だけ、エウリュノメーの神殿の扉が開く。エウリュノメーの姿は、おしりのところまで人間の女性で、そこから下は魚になっており、黄金の鎖で縛られている。

その意味では、エウリュノメーは縛られた人魚といった姿なのだが、これがどうして前述のような男の悪魔に変わったのかは謎である。

Yahoo/Houyhnhnm

ヤフー／フウイヌム

★1：Jonathan Swift（1667-1745）。アイルランドの風刺作家。

ジョナサン・スウィフト[★1]の『ガリバー旅行記』（1735）の第4編『フウイヌム国渡航記』に登場する、架空の種族。スウィフトが、当時の人々を風刺するために作り出した生き物だ。

フウイヌムとは、馬そっくりだが、知性にあふれ、穏やかな生き物だ。もちろん、彼ら独自の言語を持っている。戦争など

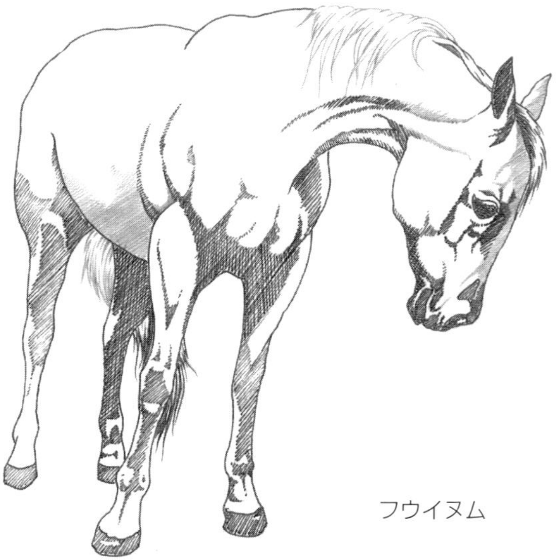

フウイヌム

の争いなど想像すらしない、倫理的には人間よりも遥かに優れた生き物だ。彼らの格言に「理性を磨け、理性によって行え」というものがある。人間の格言は、なかなか実行できないからこそ格言なのだが、フウイヌムは格言を本当に実行している。馬なので、文字は持たないが、知識は親から子へと口伝される。

非常に友好的で、見知らぬ馬にも昔からの友のように親切にする。しかも、病気に一切かからないので、年老いて死ぬまで丈夫でいられる。

しかし、保守的なフウイヌムは、このまま何年経っても何の進歩もできないだろう。現在の状態のまま、ずっと暮らして行くに違いない。

これに対し、ヤフーは人間によく似た生き物だ。外見的な差は、頭と胸、背中にモジャモジャした毛が生えていることと、手足に丈夫な爪が生えていることくらいだ。肌の色が黄褐色なのは、スウィフトの黄色人種や黒人種に対する人種的偏見のせいだろう。

ヤフーは、人間の最悪の性質を拡大し、しかも理性と知性を取り去ったような生き物だ。常に裸で、身体を洗うことなど一

ヤフー

度もない不潔さで、悪臭がする。
　しかも、貪欲で人のものを盗むことを喜びと感じる。何の価値もない光る石（金銭を風刺したもの）を集めるのが大好きで、その所有を争って互いに傷付け合う。
　あまりに汚く危険なので、穏やかなフウイヌムたちが、ヤフーを絶滅させるべきかどうか話し合うほどだ。
　このように人間と違う部分もあるヤフーだが、ヤフーはガリバーのことを無意識に同族だと感じているらしい。本文には書かれていないが、フウイヌムの国に流れ着いた人間が、長年の間に退化して生まれたのがヤフーだと、スウィフトは考えていたのかもしれない。

第8章

その他

Gorgon

ゴルゴーン

ギリシャ神話に登場する醜い女の怪物。

ゴルゴーンは、海神ポルキュスとケトの3人の娘で、名前は上からステンノ（強い女）、エウリュアレ（遠くに飛ぶ女）、メドゥーサ（女王）である[★1]。不思議なことに、姉妹であるにもかかわらず、ステンノとエウリュアレは不死で不老であり、メドゥーサは死すべき者だった。

★1：ヘシオドス著『神統記』

さて、彼女たちは最初から怪物だったわけではない。アテナの呪いを受けて怪物に変えられたのだ。その理由として、2つの説がある。

1つは、メドゥーサが、自分の髪はアテナより美しいと自慢したため、美貌は醜さに、髪は蛇へと変えられたというもの。

もう1つは、メドゥーサはポセイドンの愛人であって、アテナの神殿の中で交わったので、アテナの怒りを買って、もはやポセイドンに愛されないようにと、醜い怪物に変えられたというものだ。

いずれにせよ、姉2人は、妹の運命に抗議したため、同じ呪いを受けたのだという。

その姿は、竜の鱗で取り巻かれた頭、歯は猪のように大きく、手は青銅で翼は黄金、翼で空を飛び、ゴルゴーンを見た者は石に変わるという恐ろしい怪物となった[★2]。

★2：アポロドーロス著『ギリシア神話』

怪物に変えられたメドゥーサだが、それだけではアテナの怒りは解けなかったのか、女神は英雄ペルセウスを援助して、メドゥーサを討たせている。

とはいえ、見ただけで石になってしまうメドゥーサをどうやって倒すのか。

ペルセウスは、まず、翼のあるサンダルと、キビシス（一種の袋らしい）、そしてハデスの隠れ帽子を手に入れた。この隠れ帽子があれば、他の者の目から見えなくなるのだ。さらに、ヘルメス神から黄金の鎌を借りて、メドゥーサ退治に出かけた。

彼は、（ゴルゴーンを見ないですむように）アテナに手を取られて導かれ、ゴルゴーンが眠っているところにやってきた。そして、顔を背けたまま、青銅の盾にメドゥーサの姿を写して、その首をかききったのだ。そして、その首をキビシスに入れて逃げ出した。

別の伝説では、ペルセウスは鏡をもって、メドゥーサの視線をはね返し、彼女自身を石にしてから退治したとも伝えられる。

この時、メドゥーサの流れた血からペガサス（154ページ参照）とクリュサオルが産まれたという。

姉たちは、目覚めてペルセウスを追ったが、姿を消したペルセウスを追うことはできなかった。

メドゥーサの首を持ったペルセウスは、そのままエティオピアに来た。そして、そこで、王女アンドロメダと出会う。彼女

ゴルゴーン

は、母親がポセイドンの怒りを買ったために、海の怪物の生け贄となるところだった。

その美しさに恋に落ち、彼女を救うために怪物と戦った。だが、さすがに怪物は強い。そこで、彼はキビシスからメドゥーサの首を取りだして、怪物に見せた。怪物は、その場で石と化した。

だが、元のアンドロメダの婚約者であったピーネウスが、ペルセウスを恨んで陰謀を巡らした。しかし彼らも、ペルセウスの取り出したメドゥーサの首の前に石と化し、陰謀は破れた。

その後、自分の母親を迫害するポリュデクテースをも石とした。

さらには、天空を担う仕事に疲れたアトラスに頼まれ、アトラス自身を石にしたとも伝えられる。

そうした後で、サンダルとキビシスと鎌はヘルメス神に返し、帽子はハデスに返し、メドゥーサの首はアテナに捧げた。

アテナは、彼女のアイギスの盾の中心に首を置き、アイギスの盾は丈夫な上に、正面から見ることもできないものとなり、ますます強化された。ちなみに、アイギスを英語ではイージスという。軍艦の対空防衛システムであるイージスは、艦を護る最強の盾であることから、その名で呼ばれている。

珊瑚の誕生も、ゴルゴーンに関係する[★3]。海の怪物を倒した後で手に付いた血を洗い流そうと考えたペルセウスは、メドゥーサの首を傷付けないように、海藻の葉と枝を敷いて、その上に首を乗せた。すると、首の魔力で海藻が硬くなった。海の妖精たちが、他の海藻でも試してみると、同じことが起こる。これに喜んだ妖精たちは、硬くなった海藻の種を海に蒔いた。これが現在の珊瑚となったという。

★3:オウィディウス著『変身物語』

Fenrisulfr

フェンリル

北欧神話に登場する狼の怪物。

『散文エッダ(スノリのエッダ)』の第1部「ギュルヴィたぶら

かし」では、フェンリスウールヴという名で呼ばれている。これは、「ウールヴ」が狼という意味なので、「フェンリスという狼」という意味になる。

狡賢い神ロキと、女巨人アングルボダの間に産まれた。ヨルムンガンド（187ページ参照）は弟、ヘルは妹である。ただし、『韻文エッダ（古エッダ）』の「ヒュンドラの歌」では、アングルボダの心臓を喰ったロキが、自ら女巨人に変身して産んだという説が唱えられている。

最初は、3兄妹はヨトゥンヘイム（巨人の国）で育った。だが、彼らが、いずれ神々の強大な敵となることを知った神は、彼らを捕らえて縛り付けることにした。

最初、フェンリルは、アース神たちの家で飼われていた。だが、その恐ろしさに、チュール神だけが、狼にエサを与える勇気があった。

神々は、フェンリルが育つのを見た。そして、全ての予言が、狼は神々に災いを招くと告げたのを聞いた。そこで神々は、フェンリルの自尊心を使って罠をかけることにした。

神々は、レージングという強い足枷を作り、これを狼のところに持っていって、これで力を試してみるようにと言った。フェンリルは、足枷を大したことがないと見て取って、神々の言葉通りにした。そして、1度足を突っ張るだけで、枷は壊れてしまった。

そこで、神々は倍も強い足枷ドローメを作り、この傑作をもってしてもお前を押さえておけないとしたら、驚くべき力の持ち主だと、おだてた。狼は、今度の足枷は頑丈に違いないと思

フェンリル

ったが、自分の力はレージングを壊したときより更に増していること、危険に身をさらさなければ名は上がらないことから、挑戦を受けた。そして、身体を揺すぶり、足枷を地面に叩きつけ、しっかりと押さえて足を突っ張ると、足枷は破壊されて四方へ飛び散った。

そこで、神々は、使者をスヴァルタールヴァヘイムのドワーフ（211ページ参照）のもとへと送り、グレイプニルという足枷を作らせた。この足枷は、猫の足音、女の髭、山の根、熊の腱、魚の息、鳥の唾から作られた。これらは、存在しないものばかりだが、それはこの枷を作るために使い尽くされたからだとも言う。この足枷は、絹糸のように細く柔らかいが、恐ろしく丈夫なのだ。

この紐を持って、アース神はアームスヴァルトニルという湖にあるリングヴィという島に狼を呼び出し、紐を切ってみろと言った。まず、神々が次々手で引っ張ってみたが、紐は切れない。だが、フェンリルなら切れるだろうと言う。

だが、狼は疑った。こんな細い紐を千切っても名誉にはならないし、実は巧妙に裏があるのではないかと言って、足に付けるのを断った。

神々は、こんな紐くらい切れるだろう、前に丈夫な鉄の枷を引きちぎったのだからと、おだて、この紐が切れなかったら、神々の脅威にならないのだから、お前を放してやろうと約束した。

そこで、フェンリルは、縛った後では助けを得られないかも知れない。だから、神々の誰かが嘘偽りがないという保証に、自分の口の中に手を入れるよう要求した。神々は、顔を見合わせて誰も手を出そうとしない。そこで、チュールが右手を差し出した。

狼は、足を踏ん張らせたが、戒めは強くなるばかりだった。暴れれば暴れるほど、紐が足に食い込む。チュール以外の神々は、その姿を見て笑った。ただし、チュールは笑わなかった。なぜなら、彼は右手を狼の関節（手首の関節のこと）まで失ったからだ。

神々は、足枷からゲルギヤという綱をのばし、ギョルという石に結びつけ、石を地中深く埋めた。そして、スヴィティという さらに大きな石を、さらに深く埋めて、綱をかける杭にした。

また、狼が石に噛み付こうとしたとき、口の中に1本の剣を突っ込み、柄が下顎に、切っ先が上顎にあたるようにして、口を閉じ無くさせた。

狼は、恐ろしい叫びを上げ、口からは涎があふれた。この涎が、ヴォーン川だ。

だが、神々の策略も、ラグナロク（神々と巨人の最終戦争）のときには破れてしまう。再び自由になったフェンリルは、太陽（アールヴレズル）を喰い、オーディンを一呑みにしてしまう。

だが、オーディンの息子ヴィーザルが、片足で狼の顎を踏みつけ、一方の手で上顎を押さえて、その口を引き裂く。こうして、フェンリルは死ぬことになると予言されている。

また、幸いにして、太陽はフェンリルに喰われる前に1人の娘を産んでいる。このため、母親の太陽が喰われた後は、娘の太陽が同じように空を巡るので太陽は存続する。

Wyvern

ワイヴァーン

ドラゴン（202ページ参照）の一種で、翼があり、足が2本のモンスター。日本語では、翼竜とか飛龍とか呼ばれる。ところが、このワイヴァーン、神話にも登場しなければ、民間伝承にもその活躍が見られない。

それもそのはず、このワイヴァーンはドラゴンの代用品として、ヨーロッパで創り出されたモンスターだからだ。

古くから、ヨーロッパでは、盾に特別な模様を描いて、個人の識別としていた。それが、12世紀ごろになって、個人ごとにただ1つの紋章が決まるようになった。さて、紋章を決めるのだが、誰だって格好のいい、強そうな（騎士が使っていたのだから）紋章を使いたい。

さて、ここにドラゴンという怪物がいる。いかにも強そうだ。よし、ドラゴンを使おうと、誰もが考える。ところがここに問題があった。王家である。王家が、ドラゴンを紋章に使っている。すると、王と同じ紋章というのは、さすがにまずい。

そこで、ドラゴンに似て強そうな、だが明らかにドラゴンではない怪物が必要になったわけだ。

では、ドラゴンとは、どんな怪物か。四つ足で、羽のあるトカゲだ。そこで、二つ足で羽のあるトカゲの怪物というものが作り出された。これなら明らかにドラゴンではない。

こうして、ワイヴァーンが生まれた。その意味では、非常に新しいモンスターなのだ。

紋章学において、ワイヴァーンは「強い敵意」を表すとされる。戦争の旗印としては、非常に適した紋章なのだ。

生まれが生まれなので、神話もなければ、伝承物語もない。名前も、中世英語では、ワイヴァー（wyvere）と呼ばれてい

ワイヴァーン

た。蛇（viper）から、もしくは羽のある蛇（winged viper）から付けられたのだと思われる。

ワイヴァーンは、そのすっきりとして、しかも強力な姿から、多くの紋章に使われている。

最後のアングロ・サクソン系英国王ハロルド2世（1022-1066）は、その旗に黄金のワイヴァーンを用いている。

英国中世の七王国時代（6～9世紀ごろ）において、ウェセックス王国の紋章も、ウェセックスのワイヴァーンと呼ばれる。現代でも、ウェセックスにある国防義勇軍第43歩兵師団は、黒地に黄金のワイヴァーンを使用している。

16～17世紀のイギリスの牧師Edward Topsell（エドワード・トプセル）の“The History of Four-Footed Beasts and Serpents”では、「羽根のあるドラゴン」という名称でワイヴァーンそのものが描かれている。

現在では、紋章学において創作されたという出自は忘れられ、通常の幻想生物と同じような扱いになっている。まるで、どこかの国の神話にワイヴァーンが存在したかのように思い込んでいる人も多い。

Ouroboros
ウロボロス

尻尾をくわえた蛇。厳密に言えば、ウロボロスは象徴であって、怪物では無い。ウロボロスとは、古代ギリシャ語で「尻尾を飲み込む」といった意味がある。

古来より、蛇は脱皮することによって新たな生命へと成長することから、「再生」や「復活」、「不老不死」という意味を持つ。

この蛇が、自分の尻尾をくわえて環になったことにより、始まりも終わりもない「永遠」を表すようになった。これがウロボロスである。

このことから、様々な魔術や神秘において、ウロボロスは「永遠」とか「単一にして全きもの」とか「永劫回帰」といった意味合いの象徴として用いられるようになった。

キリスト教に異端思想として弾圧されたグノーシス派[★1]においても、「世界」を表すものとしてウロボロスが使われている。

また、錬金術では、賢者の石の象徴として、ウロボロスが用いられることもある。

他には、その形から「0《ゼロ》」を表すとも言う。

心理学者のユング[★2]は、ウロボロスを人間の心の元型（アーキタイプ）とした。まだ自我が確立していない未成熟で、内部にまだ葛藤を持たない状態のことを言う。

ウロボロスそのものではないにせよ、尻尾を咥えて円環になった蛇というモチーフは、世界中に分布する。

アステカの翼ある蛇ケツアルコアトルも、円環をなす姿で描かれることもある。

北欧神話では、世界（ミッドガルド）の周りを囲って自分の尻尾を咥えるヨルムンガンドの蛇（187ページ参照）がいる。

もっと古く、エジプト神話には、ウロボロスの原型ではないかと考えられている、メヘンという蛇神がいる。自分の尻尾を咥えてはいないものの、太陽神ラーが夜の間に冥界を通って東から西へと移動する時、彼の周囲を囲んで守護する神だ。実際、かのツタンカーメン王の神殿には、メヘンが王の頭と足を巻いて、尻尾を口にくわえている壁画も存在するので、この説はかなり有力である。

★1：3〜4世紀ごろに流行した宗教思想。この世は悪の世界で、人は神によって、この世界に落とされたのだと考える。

★2：カール・グスタフ・ユング（1875-1961）。スイスの心理学者、精神科医。ユング心理学を作った。

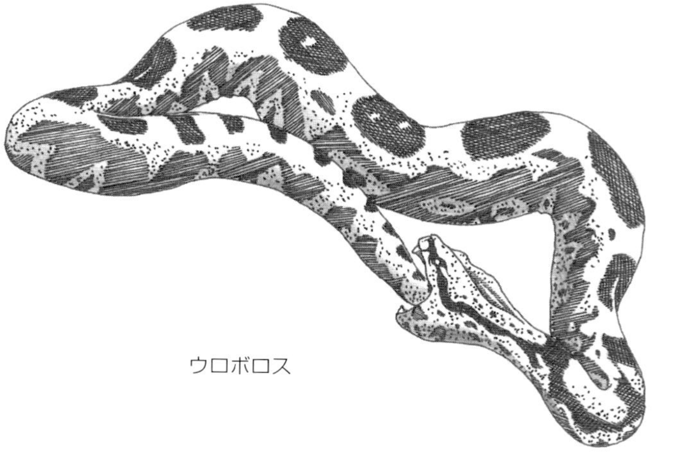

ウロボロス

インドでも、ヒンドゥーの宇宙観では、世界は4頭の象の上に乗っており、象は1匹の亀の上に乗っており、亀は自分の尻尾を咥えた蛇の上に乗っているというものだ。アジアでも、尻尾を咥えた蛇は宇宙につながっている。

また、このウロボロスのイメージは、多くの創作にも登場している。

その中では、1922年に発行されたE.R.エディスン★3の『ウロボロス』が有名だ。登場する万世一系の悪の王家を、永遠に存在するウロボロスに例えた作品である。その意味では、ウロボロスの蛇が作品中に登場するわけではない。だが、20世紀になって書かれたにもかかわらず、わざと17世紀の英語で書いた作品で、技術の進歩よりもイデアに回帰すべきという主張は、ウロボロスを想像させて意味深である。

★3：Eric Rücker Eddison (1882-1945)。イギリスの幻想作家。

Auðhumbla
アウズフムラ

北欧神話に登場する巨大な牝牛。アウズンブラ（Auðumbla）、アウドムラ（Auðumla）などとも書かれる。

世界の始まりの時、最初にユミルという巨人が現れた。その次に、現れたのがアウズフムラだ。

霜が滴り落ちたとき、次に、アウズフムラという牝牛ができた。
そして、その乳首から四つの乳の川が流れ出た。
この牛がユミルを養ったのだ★1

★1：谷口幸男訳『エッダ』「ギュルヴィたぶらかし」

こうして、世界最初の巨人を養ったアウズフムラは、神々の誕生にも大きな役割を果たしている。

ユミルを養っていたアウズフムラ自身は、塩辛い霜で覆われた石をなめていた。だが、石をなめていると、夕方になって石の中から人間の髪の毛が出てきた。翌日には顔が、3日目には全身が現れた。

こうして現れた人間は、名をブーリといい、オーディンら

アウズフムラ

神々の祖父に当たる。

アウズフムラは、その姿こそ普通の牝牛と同じだが、ものすごく巨大である。巨人ユミルは、その後に神々に殺され、血は海に、肉は大地に、骨と歯は山脈に、頭蓋は天空になった。だが、このユミルを養っていたアウズフムラも、ユミルと同等の大きさがあったとされるので、天を覆わんばかりの巨大な牛だった。

だが、ユミルが殺された後、この巨大な牝牛がどこに行ったのかを知る者はいない。

Vucub-Caquix

ヴクブ・カキシュ

中南米のマヤ神話『ポポル・ヴフ』に登場する悪しき巨人。ちなみに、ヴクブ・カキシュとは「7つのコンゴウインコ」という意味だ。その名前からか、巨人ではなく怪鳥だという伝承もある。

ヴクブ・カキシュ

まだ地上に太陽も存在しない古い時代、光はほとんど無かった。その時代に、ヴクブ・カキシュは自らを創造されたものの中で最も偉大であるとして、自分を太陽で、光で、月だと称した。

巨人の目は銀で宝石のように光を放ち、歯は天穹に似て貴石のように輝く。鼻は、月のように遠くからでも光っており、その座は銀であった。このように輝いているので、本当は太陽ではないにもかかわらず、太陽を自称したのだ。

これに怒ったのが天の神々で、フンアフブーとイシュバランケーという2人の若者の姿となって、巨人を退治することにした。

ヴクブ・カキシュが、ナンセの木（サクランボのような実がなる木）に食料を取りに来た時、吹筒（吹き矢に似ているが、矢尻ではなく土団子を飛ばす武器）で攻撃した。すると、巨人の顎骨に当たり、巨人は登っていたナンセの木から転げ落ちた。

ウクブ・カキシュが怪鳥だという説では、木に止まっていた怪鳥を吹筒で打ち落としたという話になる。
　若者たちは、巨人に駆け寄って捕まえようとしたが、巨人もさるもの、フンアフブーの腕を掴んで肩からもぎ取ってしまう。そして、取った腕を抱えながら、逃げ出した。
　ヴクヴ・カキシュは家に帰って、妻に、若い奴らに顎を外されて歯がぐらぐらになってしまって痛いとこぼした。
　2人の若者の方は、老人サキ・ニム・アク（大きい白い猪）と老女サキ・ニマ・チイス（大きい白いアライグマ）に相談に行った。老人たちは、若者を連れて、巨人の元に現れた。そして、自分たちは歯を治すことができると言った。
　顎骨に攻撃を受け、歯がぐらぐらになったヴクブ・カキシュは、喜んで治療してもらった。すると、老人たちは、巨人の歯を抜き、代わりにトウモロコシの実を入れた。一見、立派な歯に見えたが、たちまち萎んでしまった。
　さらに、目を治すといって、目玉まで取ってしまい、巨人の誇る輝くところは全て奪い取られてしまった。
　こうして、ヴクブ・カキシュの財宝は全て奪われ、巨人は死んでしまった。
　フンアフブーは、腕を取り返して、元通りにつなげることができた。
　彼らは、その後、ヴクブ・カキシュの2人の息子、シパクナーとカブラカンという巨人も、色々な策略を用いて倒してしまった。
　このような結果になったのも、彼らのうぬぼれが、神々の怒りを買ったからだという。

Slime
スライム

　ぶるぶる、ぬめぬめとした粘液状の不定形の怪物。とろみくらいに流動性の大きいものから、粘度が高く硬めのものまで、その柔らかさも動きも様々に異なる。
　基本的には、ドロドロと形を変えながら流れるように移動し、生体をその粘液状の身体で覆ってしまい体表面から消化吸収する。

その生態系は謎であり、そもそも単細胞生物なのか多細胞生物なのかすら明らかになっていない。

スライムという言葉は、もともと粘度の高く滑りやすい泥のことで、ラテン語の泥（limus）やギリシャ語の沼（limne）などから来た言葉だと言われる。それが、そのどろどろした部分を活かして怪物の名前に転用されたものだ。

アメーバや粘菌などといった微生物が発見された後で、それが巨大で人間を襲ったらどうだろうという風に想像されたものだと思われる。このため、古代の神話で、スライムに相当する怪物が登場することは無い。

そもそも、スライムを怪物名に利用するのも、20世紀になって初めて行われた。『ウィアード・テールズ[★1]』誌1953年3月号に掲載されたジョセフ・P・ブレナン[★2]の『スライム(Slime)』という作品が最初だ。

だが、それ以前にも、スライムとは呼ばれていないが、似たような怪物は登場している。

ラヴクラフトの『狂気の山脈にて』に登場する、人類以前の知性体「旧支配者」が作った人工生物ショゴスがその一例だ。ショゴスの外見はスライム同様で、しかもコントロール可能な便利な生き物とされる。

催眠による暗示のもとで組織をあらゆるたぐいの一時的な

★1：1923年創刊、1954年廃刊のアメリカのパルプ雑誌。ホラー、ファンタジー、SFなどの専門誌だった。ブレナンは、その末期に登場した作家である。

★2：Joseph Payne Brennan（1918-1990）。アメリカの幻想、ホラー作家。いわゆる通俗作家で、後世に残る作品は書けなかった。現在では、“Slime”の命名者として名前が残っている。

スライム

器官にかえることができ、それによって自分たちのかわりに重労働をなす理想的な奴隷となる、ある種の多細胞の原形質をもつくりだしていた。[★3]

★3：大瀧啓裕訳『ラヴクラフト全集4』「狂気の山脈にて」

その姿の描写もある。

ショゴスは通常、泡が凝集したものに似ている粘着性のゼリーから構成される、無定型の実体で、球体になっている場合、その平均直径はおおよそ十五フィート（5メートル）ほどだ。しかし絶えず形と大きさをかえた—自発的、あるいは暗示にしたがって、飼い主のものを真似て、視覚、聴覚、発声の器官をつくりだしたり、一時的な成長物を伸ばしたりした。[★3]

だが、支配者たちが衰退するとともに、ショゴスは自分の意志を持ち始め、ついには支配者に反乱を起こす。このショゴスも非常にスライムに似ている。

また、スティーブ・マックイーン主演の『マックイーン絶対の危機』に登場する「ブロブ」も、スライムそっくりだ。

また、ロバート・E・ハワードの『コナンと石碑の呪い』収録の短編『石碑の呪い』（1968）（といっても、L・スプレイグ・ディ・キャンプとリン・カーターによる模作だが）には、「ゼリー状の塊」と呼ばれるスライムが登場し、主人公を襲う。

みだりがましいいやらしさでうずくまっている無定型の物体が見えた。ぶるぶる震える半透明のゼリー状の塊で、しかもそれが生きているのだ。そのなかには、生命が脈打っている—動悸を示すふくれあがった生命が。生きている巨大な心臓のように、それが鼓動をくりかえしているところが、月光に濡れてきらめくのだった。[★4]

★4：L・スプレイグ・ディ・キャンプ／リン・カーター著『石碑の呪い』

このように、スライム以外にも、ブロブ、巨大アメーバ、ゼラチン、ウーズ（軟泥）、ゲル、プディング、ゼリーなど、様々な呼び方がなされる。これは、20世紀の初めごろから、SF、ヒロイックファンタジー、ホラーなどのジャンルで、小説、映画、コミックなど様々なメディアに、このぬめぬめした怪物が多数発生し、それぞれでそれぞれの名前が付けられ、描写がなされたことが原因である。

Skelton

スケルトン

人間の骸骨が、骸骨の姿のまま動き回るということがある。だが、人間の骨が動き回る怪物には、それほど長い伝統があるわけではない。

もちろん、もっと古代から、人間の髑髏は、死をイメージするものとして、世界各地で使われてきた。だが、それは人間の髑髏の顔を持つ神であったり、祖霊であったりするものだ。つまり、それはあくまでも神霊であり、それが様々な事情から髑髏の顔を持っているものだった。

では、人間の骸骨が、骸骨として登場するのはいつなのか。

スケルトン

それは、人が「死」をどう表現するかという問題から始まった。

「死」というものを、絵画で描こうとしたとき、いかなる姿に描くべきか。西洋中世の画家たちは、動く人体骨格をして、死を表すようになった。

特に、いかなる者も死を免れず、骨になってしまうことを表すために、骸骨が踊っている絵画を「ダンス・マカブル（死の舞踏）」という。その名の通り、骸骨たちが死者の周囲を踊っていたり、栄華を誇る人々の周囲に踊る骸骨がいるというものだ。

また、この絵画に影響されて、死の舞踏と称する音楽も多数作られた。

これらは、ラテン語の警句「メメント・モリ（死を想え）」を表したものである。この言葉は、古代ローマでは「だから今を楽しもう」という意味であったが、キリスト教によって「現世の栄花など空しいもの」という辛気くさい教訓へと変化した。

「死」は、15世紀ごろから、大鎌を持ち（時には寿命を測る砂時計を持っていることもある）、黒いローブを羽織り、頭もフードで覆うようになった。その名前を「グリム・リーパー」という。それは「死の天使」である。

「死の天使」とは、『聖書』から取った言葉だ。

イエスが死に支配されたままでおられるなどということは、ありえなかったからです。★1

★1：『新約聖書』使徒言行録2章24節

このように、死を擬人化した表現が、『聖書』にはしばしば存在する。このため、キリスト教徒は、死をもたらす何者かが存在すると考えるようになった。そして、それが神ではない以上（なぜなら、主はキリストと同等なので、上のような表現はおかしい）、また人間ではあり得ない以上、天使であると考えるようになったのだ。

『ヨハネの黙示録』★2に登場する青白い馬に乗る騎士の名が「死」であり、彼には、剣と飢えと死と野獣によって、地上の人々を滅ぼす権威が与えられている。この騎士も、死の天使であると考えられている。

★2：『新約聖書』ヨハネの黙示録6章8節

日本では「死神」と呼ぶことが多いが、キリスト教圏では「主」以外に神はいないので、「死神」という表現は異端もしくは異教である。

では、死の天使ではなく、創作ファンタジーなどに登場する、怪物としての動く骸骨の元ネタは何なのか。

1つは、ホラー小説である。19世紀末ごろから流行したゴシックロマン小説には、動く骸骨なども登場する。

だが、最も印象的だったのは、特撮の名人と言われたレイ・ハリーハウゼン製作の『シンドバッド七回目の冒険』(1958)および『アルゴ探検隊の大冒険』(1963)に登場した骸骨戦士である。ハリーハウゼンは、ダイナメーションと呼ばれる人形を僅かずつ動かしながら、1コマずつ撮影していくというモデルアニメーションの手法を駆使して、様々な特撮シーンを撮影している。特に『アルゴ探検隊』では、7体もの骸骨戦士を同時に動かし、それと別撮影した人間たちの動くシーンとを合成して、スケルトンと人間の剣戟シーンを描き出した。

この作品のスケルトンは、骨のゴーレム(49ページ参照)のようなものであったが、そのインパクトは非常に大きく、動く骸骨が人間を襲ってくるというイメージが人々の頭にすり込まれた。そして、この動く骸骨と、長い伝統を持つ「死」とがあいまって、死霊としてのスケルトンが考え出されたのだと言って良いだろう。

索引

あ

い

う

え

お

か

き

く

け

こ

参考文献

■A Dictionary of Fairies　Katharine Briggs 著　Penguin Books

■A Treatise on the Incubus, Or Night-mare, Disturbed Sleep, Terrific Dreams, and Nocturnal Visions　John Waller 著

■Annals of the Four Masters

■Book of Gryphons　Joseph Nigg 著　Applewood Books

■County folklore　Great Britain Folklore Society 著

■Daala-mist; or, Stories of Shetland　Jessie M. Saxby 著

■De animalibus　Albertus Magnus 著

■De Natura Animalium　Claudius Aelianus 著

■De natura rerum　Beda Venerabilis 著

■De situ orbis　Pomponii Melae 著

■Description of Greece　Pausanias 著

■Dictionary of Deities and Demons in the Bible　Karel van der Toorn, Bob Becking, and Pieter W. van der Horst 著　William B. Eerdmans Publishing Company

■Dictionary of Native American Mythology　Sam D. Gill & Irene F. Sullivan　著　Oxford University Press

■Dictionnaire Infernal　J. Collin de Plancy 著　Slatkine

■Etymologiae　Isidorus Hispalensis 著

■Gaelic-English English-Gaelic DICTIONARY　LOMOND BOOKS

■Historiae animalium　Conrad Gesner 著

■Indica　Ctesias 著

■Irish Wonder　David Russell McAnally 著

■La Argentina　Martin del Barco Centenera 著

■Légendes rustiques　George Sand 著

■Notes on the folk lore of the northern counties of England and the Borders　William Henderson 著

■Old Celtic Romance　Tales From Irish Mythology　P.W.Joyce 著　Dover Publications, Inc.

■Perceval, le Conte du Graal　Chretien de Troyes 著

■Piers the Ploughman　William Langland 著

■Popular rhymes of Scotland　Robert Chambers 著

■Rock-bound:A Story of the Shetland Isles　Jessie M. Saxby 著

■Rustic Speech and Folk-Lore　Elizabeth Mary Wright 著　Oxford University Press

■Saducismus Triumphatus: or, Full and plain evidence concerning witches and apparitions. In two parts. The first treating of their possibility. The second of their real existence　Joseph Glanvill 著

■Systema Naturae　Carl Linnaeus 著

■The Blue Fairy Book　Andrew Lang 著

■The Concise Oxford Dictionary　Oxford University Press

■The Greek Myths　Robert Graves 著　Penguin Books

■the GREMLINS　Flight Lieutenant Roald Dahl 著　Walt Disney Production

■The Notebooks of Leonardo Da Vinci　Jean Paul Richter 著

■The Popular Superstitions and Festive Amusements of the Highlanders of Scotland　William Grant Stewart 著

■Thierbuch　Conrad Gesner 著

■Whistle-Binkie; a collection of songs for the social circle　John D.Carrick, Alexander Rodger, David Robertson 著

■アイスランド・サガ　谷口幸男 訳　新潮社

■アメリカ・インディアンの神話と伝説　民俗民芸双書(74)　エラ・イ・クラーク 著／山下欣一 訳　岩崎美術社

■アルゴナウティカ　アポロニオス 著／岡道男 訳　講談社

■イギリス民話集　河野一郎 訳　岩波書店

■イタリア民話集(上・下)　カルヴィーノ 著／河島英昭 訳　岩波書店

■イリアス(上・下)　ホメロス 著／松平千秋 訳　岩波書店

■ヴィジュアル版世界の神話百科　アメリカ編　D・M・ジョーンズ、B・L・モリノー 著／蔵持不三也 訳　原書房

■ウインザーの陽気な女房たち　シェイクスピア全集(9)　シェイクスピア 著／松岡和子 訳　筑摩書房

■ヴードゥーの神々　ジャマイカ, ハイチ紀行　ゾラ・ニール・ハーストン 著／常田景子 訳　新宿書房

■ウェルギリウス ルクレティウス　世界古典文学全集(21)　泉井久之助、岩田義一、藤沢令夫 訳　筑摩書房

■ウロボロス　E.R.エディスン 著／山崎淳 訳　東京創元社

■SF百科図鑑　ブライアン・アッシュ 著／山野浩一 訳　サンリオ

■エッダ　古代北欧歌謡集　谷口幸男 訳　新潮社

■黄金伝説(1～4)　ヤコブス・デ・ウォラギネ 著／前田敬作、山口裕 訳　人文書院

■狼憑きと魔女　17世紀フランスの悪魔学論争　ジャン・ド・ニノー 著／池上俊一、富樫瓔子 訳　工作舎

■オデュッセイア(上・下)　ホメロス 著／松平千秋 訳　岩波書店

■街道をゆく(30・31)　愛蘭土紀行(Ⅰ・Ⅱ)　司馬遼太郎 著　朝日新聞社

■吸血鬼カーミラ　レ・ファニュ 著／平井呈一 訳　東京創元社

■吸血鬼伝承　「生ける死体」の民俗学　平賀英一郎 著　中央公論新社

■吸血鬼伝説　地の再発見双書(38)　ジャン・マリニー 著／池上俊一 訳　創元社

■吸血鬼ドラキュラ　ブラム・ストーカー 著／平井呈一 訳　東京創元社

■ギリシア・ローマ神話事典　マイケル・グラント、ジョン・ヘイゼル 著／西田実 他 訳　大修館書店

■ギリシア・ローマ神話辞典　高津春繁 著　岩波書店

■ギリシア案内記　パウサニアス 著／馬場恵二 訳　岩波書店

■ギリシア神話　アポロドーロス 著／高津春繁 訳　岩波書店

■ギリシア神話　呉茂一 著　新潮社

■ギリシア神話(上・下)　R.グレーヴス 著／高杉一郎 訳　紀伊國屋書店
■ギリシャ神話集　ヒュギーヌス 著／松田治、青山照男 訳　講談社
■ギルガメシュ叙事詩　月本昭男 訳　岩波書店
■クトゥルー(4・5)　暗黒神話大系シリーズ　H.P.ラヴクラフト 他 著／大瀧啓裕 編 訳　青心社
■グリム童話全集(Ⅰ・Ⅱ)　高橋健二 訳　小学館
■狂えるオルランド(上・下)　アリオスト 著／脇功 訳　名古屋大学出版会
■ケルト幻想物語　W.B.イエィツ 著／井村君江 訳　筑摩書房
■ケルト妖精物語　W.B.イエィツ 著／井村君江 訳　筑摩書房
■幻獣辞典　ホルへ・ルイス・ボルヘス 著／柳瀬尚紀 訳　晶文社
■幻想世界の住人たち　健部伸明と怪兵隊 著　新紀元社
■幻想博物誌　渋澤龍彦 著　河出書房新社
■原典対照ルイス・キャロル詩集　ルイス・キャロル 著／高橋康也、沢崎順之助 訳　筑摩書房
■高等魔術の教理と祭儀　教理編　エリファス・レヴィ 著／生田耕作 訳　人文書院
■高等魔術の教理と祭儀　祭儀編　エリファス・レヴィ 著／生田耕作 訳　人文書院
■ゴーレム　グスタフ・マイリンク 著／今村孝 訳　河出書房新社
■コナンと石碑の呪い　コナン・シリーズ(2)　ロバート・E.ハワード 著／宇野利泰 訳　東京創元社
■サー・ガウェインと緑の騎士　トールキンのアーサー王物語　J.R.R.トールキン 著／山本史郎 訳　原書房
■地獄の辞典　コラン・ド・プランシー 著／床鍋剛彦 訳　講談社
■神統記　ヘシオドス 著／廣川洋一 訳　岩波書店
■心霊研究辞典　春川栖仙 著　東京堂出版
■神話学入門　ステブリン＝カーメンスキイ 著／菅原邦城、坂内徳明 訳　東海大学出版会
■図解 火の神と精霊　山北篤 著　新紀元社
■図解 水の神と精霊　山北篤 著　新紀元社
■スケッチ・ブック　アーヴィング 著／吉田甲子太郎 訳　新潮社
■図説 ヨーロッパ怪物文化誌事典　蔵持不三也、松平俊久 著　原書房
■聖書　新共同訳　日本聖書協会
■聖ヒルデガルドの医学と自然学　ヒルデガルド・フォン・ビンゲン 著／井村宏次 訳　ビイング・ネット・プレス
■世界最古の物語　バビロニア・ハッティ・カナアン　H.ガスター 著／矢島文夫 訳　社会思想社
■世界神話辞典　アーサー・コッテル 著／左近司祥子、宮元啓一、瀬戸井厚子、伊藤克巳、山口拓夢、左近司彩子 訳　柏書房
■世界の怪物・神獣事典　キャロル・ローズ 著／松村一男 訳　原書房
■動物誌(上・下)　アリストテーレス 著／島崎三郎 訳　岩波書店
■東方旅行記　東洋文庫(19)　J.マンデヴィル 著／大場正史 訳　平凡社
■トールキン指輪物語事典　ピーター・ミルワード、デビッド・デイ 著／仁保真佐子 訳　原書房
■ドラキュラ学入門　吉田八岑、遠藤紀勝 著　社会思想社
■夏の夜の夢　シェイクスピア 著／土居光知 訳　岩波書店

■南海千一夜物語　スティーヴンスン 著／中村徳三郎 訳　岩波書店
■ハンガリー民話集　オルトゥタイ 著／徳永康元、石本礼子、岩崎悦子、粂栄美子 訳　岩波書店
■ファウスト(第1部・第2部)　ゲーテ 著／相良守峯 訳　岩波書店
■フィシオログス　オットー・ゼール 著／梶田昭 訳　博品社
■フランケンシュタイン　メアリ・シェリー 著／森下弓子 訳　東京創元社
■フランス中世文学集(2)　愛と剣と　新倉俊一、神沢栄三、天沢退二郎 訳　白水社
■フランス田園伝説集　ジョルジュ・サンド 著／篠田知和基 訳　岩波書店
■プリニウスの博物誌(1～3)　プリニウス 著／中野定雄、中野里美、中野美代 訳　雄山閣
■ベーオウルフ　中世イギリス英雄叙事詩　忍足欣四郎 訳　岩波書店
■ベーオウルフ　附 フィンズブルフの戦　厨川文夫 訳　岩波書店
■蛇と虹　ゾンビの謎に挑む　ウェイド・デイヴィス 著／田中昌太郎 訳　草思社
■変身物語(上・下)　オウィディウス 著／中村善也 訳　岩波書店
■北欧神話　菅原邦城 著　東京書籍
■ホビットの冒険(上・下)　トールキン 著／瀬田貞二 訳　岩波書店
■本当に読みたかったアンデルセン童話　イェンス・アナセン編 著／福井信子、大河原晶子 訳　NTT出版
■魔女と魔術の事典　ローズマリー・エレン・グィリー 著／荒木正純、松田英 訳　原書房
■魔女の誕生と衰退　原典資料で読む西洋悪魔学の歴史　田中雅志 訳　三交社
■マビノギオンーケルト神話物語ー　シャーロット・ゲスト版　シャーロット・ゲスト 著／井辻朱美 訳
原書房
■魔法・魔術　山北篤 著　新紀元社
■マヤ神話ポポル・ヴフ　A・レシーノス原訳 著／林屋永吉 訳　中央公論新社
■ムーンチャイルド　アレイスター・クロウリー 著／江口之隆 訳　東京創元社
■メタモルフォーシス　アントーニーヌス・リーベラーリス 著／安村典子 訳　講談社
■ユダヤ戦記(1～3)　フラウィウス・ヨセフス 著／秦剛平 訳　筑摩書房
■指輪物語　J.R.R.トールキン 著／瀬田貞二 訳　評論社
■妖術　ジャン・バルー 著／久野昭 訳　白水社
■妖術師・秘術師・錬金術師の博物館　グリヨ・ド・ジヴリ 著／林瑞恵 訳　法政大学出版局
■妖精 Who's Who　キャサリン・ブリッグズ 著／井村君江 訳　筑摩書房
■妖精事典　キャサリン・ブリッグズ 著／平野敬一、井村君江、三宅忠明、吉田新一 訳　冨山房
■妖精の系譜　井村君江 著　新書館
■四つのギリシャ神話　『ホメーロス讃歌』より　逸身喜一郎、片山英男 訳　岩波書店
■歴史(上・中・下)　ヘロドトス 著／松平千秋 訳　岩波書店
■錬金術　セルジュ・ユタン 著／有田忠郎 訳　白水社
■ロシアの神話　F・ギラン 著／小海永二 訳　青土社
■ロシア民話集　アファナーシェフ 著／中村喜和 訳　岩波書店

Truth In Fantasy 82

幻想生物 西洋編

2010年10月16日　初版発行

著者　山北　篤（やまきた あつし）
イラスト　シブヤユウジ

編集　株式会社新紀元社 編集部
デザイン・DTP　株式会社明昌堂

発行者　大貫尚雄
発行所　株式会社新紀元社
〒101-0054 東京都千代田区神田錦町3-19
楠本第3ビル4F
Tel. 03-3291-0961　Fax. 03-3291-0963
http://www.shinkigensha.co.jp/
郵便振替 00110-4-27618

印刷・製本　株式会社リーブルテック

ISBN978-4-7753-0823-3
定価はカバーに表示してあります。
Printed in Japan